高等职业教育“十四五”规划教材
新时代高职高专大学生职业素养与职业能力提升系列课程教材

高职高专大学生
职业生涯规划与辅导

夏体韬◎主　编

Gaozhi Gaozhuan Daxuesheng
Zhiye Shengya Guihua Yu Fudao

中国农业大学出版社
China Agricultural University Press
·北 京·

内 容 简 介

本书针对高职高专大学生职业生涯规划的现状及存在的问题，系统介绍高职高专大学生职业生涯规划理论、步骤、内容及方法，自我认知、职业认知、就业准备和就业心理、职业生涯辅导、职业生涯规划与设计等。通过学习使学生认识职业生涯规划的重要性，激发和唤起学生职业生涯规划意识，使学生掌握一定的职业生涯规划步骤、内容、要素及方法，培养和提升职业素质和职业素养，树立正确的就业观、职业观，更好地认识自我，能够提前做好就业的各项准备，培养良好的就业心态，能够明确规划大学学习期间的目标，充实、高效地度过大学生活，能够对未来的职业生涯发展有初步的规划。本书适用于作为高职高专院校职业生涯规划课程教材，也可供有关人员参阅。

图书在版编目(CIP)数据

高职高专大学生职业生涯规划与辅导 / 夏体韬主编. --北京：中国农业大学出版社，2023.8(2024.8 重印)

ISBN 978-7-5655-3009-8

Ⅰ.①高… Ⅱ.①夏… Ⅲ.①职业选择－高等职业教育－教材 Ⅳ.①G717.38

中国国家版本馆 CIP 数据核字(2023)第 120732 号

书　名 高职高专大学生职业生涯规划与辅导

作　者 夏体韬 主编

策划编辑 康昊婷　　**责任编辑** 康昊婷

封面设计 李尘工作室

出版发行 中国农业大学出版社

社　址 北京市海淀区圆明园西路 2 号　　**邮政编码** 100193

电　话 发行部 010-62733489,1190　　读者服务部 010-62732336

编辑部 010-62732617,2618　　出 版 部 010-62733440

网　址 http://www.caupress.cn　　**E-mail** cbsszs@cau.edu.cn

经　销 新华书店

印　刷 北京溢漾印刷有限公司

版　次 2023 年 8 月第 1 版　2024 年 8 月第 3 次印刷

规　格 185 mm×260 mm　16 开本　13 印张　325 千字

定　价 38.00 元

新时代高职高专大学生职业素养与职业能力提升系列课程教材编委会

主　任　夏体韬

副主任　李一源　徐贤明

编　委　胡　琼　徐　浩　子明高　耿立春　陈　月

编写人员

主　编　夏体韬

副主编　胡　琼　徐贤明　徐　浩

参　编　耿立春　子明高　陈　月　杨舒雯　柯筱纯

序　言

高校毕业生就业关系民生福祉、经济发展和国家未来。党的十八大以来，习近平总书记高度重视和关心高校毕业生的就业工作，多次作出重要指示。党的二十大报告指出，全面贯彻党的教育方针，落实立德树人根本任务，培养德智体美劳全面发展的社会主义建设者和接班人。如何让大学生树立正确的就业观、职业观和价值观，正确、客观、理性地认识自我，了解就业形势，不断提升就业能力和职业素养，做好就业准备，在稳步提升毕业生毕业去向落实率的前提下，不断提高就业质量，是高校教育工作的重要组成部分，就业创业工作也成为高校工作的重中之重。大学生，特别是高职高专学生往往职业生涯规划意识相对淡薄，自我认识不足，职业兴趣不清晰，职业能力判断不准确，职业价值观和职业发展目标不明确，因此针对高职高专大学生开展职业生涯教育也越发显得重要和迫切。

本书针对高职高专大学生的特点及面临的就业形势，结合编者多年承担“职业生涯规划与辅导”课程的教学经验和实际，参考借鉴国内有关著作和论文研究成果，进行教材大纲的设计。通过该课程的学习，旨在引导高职高专大学生了解职业生涯规划的基本理论，培养学生规划意识，掌握职业生涯规划的要素、内容和方法，客观、全面、理性认识自己的职业兴趣、职业能力和职业性格，树立正确的职业观、就业观，有效提高就业能力和职业素养，培养良好的就业心态，理性规划自我，提高就业质量。本书有以下 6 个方面的特点。

一是系统性。本书共 7 章，内容上注重系统性和完整性。分为职业生涯规划概述、职业生涯规划的步骤和内容、自我认知、职业认知、就业准备与就业心理、职业生涯辅导和职业生涯规划与设计。

二是针对性。教材中内容、案例的设计主要根据高职高专学生的特点和实际，以及高职高专毕业生的就业形势。如高职高专学生大学三年的规划、职业生涯规划设计、高职高专毕业生就业形势以及“1＋X”证书获得等内容。

三是理论与实践相结合。作为高职高专学生使用的教材，一方面突出实操性、可读性、针对性，如职业兴趣、职业性格的测验，职业生涯规划的步骤、方法，职业规划书的撰写以及职业生涯辅导方案的设计等。同时，兼顾理论性，介绍职业生涯规划和职业生涯辅导的主要理论。

四是课程思政。按照课程思政的要求，将社会主义核心价值观、工匠精神、家国情怀、劳动共荣、爱岗敬业、知行合一、诚信、奋斗、职业道德等融入教学内容，将习近平总书记对青年的寄语和习近平总书记对劳动者说的暖心话、党的二十大精神等融入课程，进一步加强学生的思想政治教育，引导学生树立正确的职业观、就业观和价值观。

五是将职业生涯规划与心理健康教育结合。结合大学生心理健康教育的实际和要求，就业准备与就业心理以及职业生涯辅导，将心理健康教育和职业生涯教育相结合，可以更好地帮助学生认识自我，培养学生良好的就业心态和职业生涯意识。

六是紧跟时代步伐，贴近生活实际。将 2022 年版《中华人民共和国职业分类大典》、最新的就业创业政策和文件纳入教材。让学生更好地认识职业、了解就业创业政策和制度。

本书由夏体韬设计大纲并审稿、核稿和统稿，陈月、杨舒雯、柯筱纯收集整理相关文件、资料和案例并进行校稿。第一章高职高专大学生职业生涯规划概述，由夏体韬、耿立春编写，第二章职业生涯规划的步骤和内容，由夏体韬、徐贤明编写，第三章自我认知，由胡琼、夏体韬编写，第四章职业认知，由夏体韬、徐浩编写，第五章就业准备与就业心理、第六章职业生涯辅导由夏体韬编写，第七章职业生涯规划与设计，由夏体韬、子明高编写。

在编写本教材的过程中，编者参考和借鉴了许多专家的相关著作和文章，在此谨向各位专家、学者表示感谢！由于编者水平和能力有限，教材中难免存在疏漏和不足之处，诚望读者批评指正，以便更好地修订和完善。

编　者

2023 年 3 月

目　录

第一章 高职高专大学生职业生涯规划概述

学习目标

1. 了解职业、职业生涯、职业生涯规划的基本概念。
2. 认识到职业生涯规划的重要性。
3. 唤起学生职业生涯规划意识。
4. 了解主要的职业生涯理论。

思维拓展

凡事预则立，不预则废。

——《礼记·中庸》

先谋后事者昌，先事后谋者亡。

——《意林·太公金匮》

课堂讨论

我为什么上大学？
我对大学生活有什么期待？

第一节　职业、职业生涯、职业生涯规划

一、职业

(一)职业概念

关于职业的定义，美国著名哲学家、教育学家约翰·杜威，将其简单概括为"是个人可以从中得到利益的一种活动"。从社会学角度定义，美国社会学家塞尔兹认为"职业是一个人为了不断取得收入而从事的具有市场价值的特殊活动，这种活动决定着从事它的那个人的社会地位"。另一位美国学者泰勒则在其《职业社会学》一书中指出："职业的社会学概念，可以解释为一套成为模式的与特殊工作经验有关的人群关系。这种成为模式的工作关系的结合，促进了职业结构的发展和职业意识形态的显现和形成。"《现代汉语词典》中将职业定义为"个人在社

会中所从事的作为主要生活来源的工作。”职业是一个人在其整个工作生涯中选择从事的一个总的行为过程，有可能会根据技术的变化或个人尝试不同工作的愿望而一次或多次地改变。由此可见，狭义的职业定义是建立在物质、温饱的基础之上，少有精神层次上的外延，然而随着时代的进步，社会生产力的不断提高，社会分工的不断细化，人们对职业的看法和理解也有了不断的创新和完善。职业的类别、内涵构成和外部关系也越来越丰富，职业对于人们的意义已经远远超越了保障个人或家庭衣食无忧的要求。

（二）职业与专业的关系

基于社会分工，人们从事着不同的社会劳动，在不同的产业、行业领域中，有成千上万种不同的职业。专业和职业是两种不同属性的概念，但是两者又有着密切的联系。所谓专业，是指学校根据社会分工的需要分成的学业门类，它是从学科与技术、学习与培养的角度来划分的。为帮助学生掌握更多的专业知识和技能，便于学生多方面就业，不少学校除完成本专业教学计划之外，还增开第二专业的课程供学生选修。而职业则是从生产劳动的角度对工作形式所做的区分。不管学习哪个专业，我们都可以大体上知道将来要从事的职业领域。例如，从大的分类讲，学工科的大学生就业方向多为工程师、技术员、技师、技工等；学农科的大学生就业方向多为农业劳动者、农业技术员和农业经营者等；学服务的大学生就业方向多为服务员、营业员、售票员、经理人等。一个具体的专业与职业的对应关系，可以是社会上的一个具体职业，甚至也可以只是其中的一个方面或部分。但更多的情况是，一个专业往往可以对应多种职业，甚至是一个宽广的职业群。如机电专业，由于这个专业可涉及的行业、所联系的面比较宽，可以在制造业、建筑业做钳工、电工和机修工，也可以个体经营做维修工。又如，计算机专业所对应的计算机专业群，范围更广，它包括计算机硬件和软件的开发人员、计算机制造工程师、专业软件编制员、计算机调试和维修人员、电子保安人员、计算机辅助设计人员、计算机培训人员、计算机信息情报员，还包括计算机操作和应用人员等。高等院校的专业设置是与当地社会经济发展的需要密切结合的，它强调专业对职业的适应性和应用性。在科学技术飞速发展、社会主义市场经济制度逐步完善的今天，专业设置已从过去按行业、产品、岗位细分专业的做法，逐步深化为综合交叉型。专业的课程内容也不再只为一种工作做准备，而是为某领域的通用技术奠定基础，使学生能够在相通的职业群中多专多能。因此，就读某一专业一般就会在这一专业所对应的职业类群中求职。

二、职业生涯的概念

职业生涯，又称职业发展，是指一个人在其一生中遵循一定规划去从事工作的历程，是指与工作相关的活动、态度、行为、价值观等连续性经历的过程。英文的 career，本身就既有职业之意又有生涯的意思，它作为与职业生涯规划极其关联的一个概念，有着悠久的历史渊源和广泛的外延和内涵。从该词来源看，career 来自罗马字 viacarraria 及拉丁文 carrus，二者均指古代的战车。在希腊，career 这个字有疯狂竞赛的意思。因此西方的概念中，“生涯”一词就如同在马场上奔驰竞技，隐含未知及冒险的精神。管理学中把职业生涯按类别分为组织的职业生涯和个人的职业生涯，组织的发展依靠个人的发展，组织通过引导、帮助和协调员工的职业生涯，提高员工的工作质量，形成积极向上的工作态度并增加他们对企业的忠诚度。有效的组织规划工作能够把组织的需要转化为员工个人需要和自己的职业目标。

美国的心理学家施恩教授则把职业生涯分成内生涯和外生涯。外生涯是指职业的通路，从教育开始，经工作期直到退休，包括招聘、培训、提拔、解雇、奖惩、退休等；内生涯更多侧重于所取得的成功或满足的主观感情以及工作事务与家庭义务、个人休闲等其他需要的平衡。无论是心理学的观点，还是组织管理学的观点，都强调职业生涯是与工作有关的过程或者同时也包括在此过程中的主观体验。

综上所述，我们认为不能把职业生涯仅仅理解为从开始工作到退休这一段过程，而是应该把范围扩展到从出生后对内外环境探索的时期一直到退休后的调节适应时期。因此学生时期是职业生涯非常重要的一个阶段。

三、职业生涯规划

职业生涯规划，作为一个才诞生不久的词组，不同领域的学者给出了不同的定义。著名管理学专家诺斯威尔是这样界定的：职业生涯规划是个人结合自身情况以及环境因素，为自己实现职业目标而确定行动的方向、时间和方案。Baxker 和 Kellen 认为，职业生涯规划可以被定义为获取并利用自身和职业信息，做出职业选择，形成计划以达到职业目标。帕斯认为，职业生涯规划即主动设定并积极实施职业生涯目标。Kleinlnecht 和 Hefferin 认为职业生涯规划是一个自我评估和目标设置的持续过程。Bruce 等认为职业生涯规划是一种高度个体化的职能，是一个具体的过程，包括确定职业生涯潜在的机会和职业目标，也包括所需要的资质，以便达到目标。

随着社会的发展，职业生涯规划不再是仅仅属于个人的规划，也是个人所处的组织的责任。所以在职业生涯规划方面存在着组织职业生涯规划和个人职业生涯规划两方面的观点。个人的职业生涯规划主要体现在个人制订职业目标和对实现这些目标的时间、步骤的合理安排。组织的职业生涯规划是指组织或者个人把个人发展与组织发展相结合，对决定个人职业生涯的个人因素、组织因素和社会因素等进行分析，制订有关个人一生中在事业发展上的战略设想与计划安排。例如中国学者尤敬党将职业生涯规划定义为：职业生涯规划就是指个人和组织相结合，在对一个人职业生涯的主客观条件进行测定、分析、总结研究的基础上，确定其最佳的职业奋斗目标，并为实现这一目标做出行之有效的安排。沈之非在其作品《生涯心理辅导》中认为，职业生涯规划是认识自我、收集环境资料、确立发展目标、制订行动目标、参照目标行动、评估生涯发展和实现目标等各个步骤的综合。综上所述，我们可以认为职业生涯规划就是在收集个人和环境信息的基础上，设定目标并努力实现的过程。

第二节 大学生职业生涯规划与辅导的意义

一、职业生涯规划与辅导的意义

对职业生涯进行科学、合理的规划，有助于大学毕业生顺利地踏入社会，进入职场，谋求职业发展与事业成功。职业生涯活动将会伴随我们的大半生，因此，职业生涯规划与辅导具有特别重要的意义。

(一)形成积极向上的人生观

刚踏进大学校门的新生,绝大部分不知道该以什么样的态度面对大学生活,也不知道自己的人生目标是什么,自己身上所肩负的责任更是无从谈起。因此,大学生应该以科学的方法来正确地、全面地认识自我,了解社会需求,找出自己的发展方向与目标。

一个人只有在了解自己的需要和追求后,才能确定自己的人生目标,有了目标才会有健康向上的人生态度。人们不仅有基本生存的需要,而且有爱、归属、尊重与自我实现的需要,后者的满足依赖于个人的社会化。其中,自我实现的需要可以理解为"事业有成",而事业有成一定是建立在正确的职业选择与发展基础之上的。因此,大学生应以职业发展为切入点,通过追求职业与事业的成就,实现高层次自我实现的需要,从而形成积极向上的人生观。

(二)明确职业发展方向

职业目标是一个人前进和行动的源泉和动力。职业生涯规划是学生在职业发展中的目标,帮助学生在正确目标的指引下,完成自己的职业选择。学生在职业生涯合理规划中,根据自身的性格特征与兴趣爱好,工作经历与专业经验,选择适合自己发展的岗位环境,明确自身的职业目标,合理制订自身的职业规划,使自己在竞争中能更有优势。

在制订职业生涯规划前,大学生要对个人的专业特长、性格特征、待人接物的能力、擅长的技能等做充分、全面的分析,这样可以帮助自己进行正确评估,准确定位,明白自己更适合从事什么样的工作,将来有可能在哪些方面获得成功。在逐渐理清职业生涯发展的方向,形成较明确的职业意向后,大学生再进一步提升自己的职业生涯自主意识和责任,为今后的事业发展做全面长远的打算。

明确职业生涯规划的目标,除了可以协助大学生找到一份满意的工作外,更重要的是能够帮助大学生真正了解自己,不断增强职业竞争力,实现职业目标和理想。

(三)促进学习实践的自主性

一个人一旦有了目标,就应该向这个目标努力,相信自己能够实现它。大学生制订职业生涯规划目标,主动性更强,必将更加主动完成大学阶段的学习和能力培养计划,更加如饥似渴地追求知识,充实自己,完善自我,使整个大学阶段的学习和生活由被动变为主动。如果毕业后想去政府机关工作,那么在大学期间就要主动提升自身的政策理论修养,加强个人口头表达能力和文字处理能力;如果毕业后想从事营销工作,则应注重培养自己的市场分析、预测和应变能力等。在努力达到目标的过程中,大学生应集中精力、心无旁骛,建立起一种自我激励机制,即使遇到困难和挫折,也会全力以赴地去克服,真正从内在方面来激励自己的成才愿望和成才行为。

(四)增强就业核心竞争力

高职院校不同于普通高等院校,其培养模式是基于学生发展的兴趣与工作前景来进行的。在特色教育背景下,做好学生的职业生涯规划,可以减少学生对未来职业的迷茫感和恐惧感,朝着一个正确的方向努力,最终在众多高职院校的毕业生乃至其他本科院校的毕业生中提高竞争力。

当今社会，竞争激烈。好工作不是依靠运气得来的，对大学毕业生而言，它是多种因素共同作用的结果。影响大学生就业的因素包括学校品牌、专业与社会需求、学生自身因素（如个人综合素质、就业观念、就业能力与技巧、家庭背景）、学校就业指导工作的质量等。其中，个人综合素质、就业能力与技巧是大学生本人能够控制的。

科学地规划职业生涯将引导大学生正确认识自身的个性特质、现在与潜在的资源优势，激励大学生提高自己的竞争意识，使大学生更加注重自身素质和创新能力的提升，从而增强就业的核心竞争力。

（五）奠定职业成功的基础

有效的职业生涯规划可以帮助大学生重新对自己的价值进行定位，能够引导大学生评估个人目标与现实之间的差距，使大学生学会运用科学的方法、采取可行的步骤和措施增强自己的职业竞争力，最终实现职业目标。

大学生要想在未来拥有成功的事业，实现自己的人生价值，就需要按照规划，有步骤、有计划地去实施，为自己的人生发展储备能量，创造机会。

职业生涯规划的七大作用

二、大学生职业生涯规划存在的问题

(一)高职学生自身存在的问题

职业生涯规划对于大学生虽然并不陌生,但仍有多数大学生存在缺乏科学规划职业生涯的问题。在职业生涯规划方面存在的问题主要表现在以下6个方面。

1.职业生涯规划意识淡薄

当代大学生普遍缺乏自我规划意识,不能针对自身所处的具体情况制订科学、合理的职业生涯规划。大学生一方面对工作岗位充满向往;另一方面也缺少理性的思考与规划,即使制订了职业生涯目标,也会因为对就业形势严峻性的错误预估,而缺乏竞争意识和紧迫感,不能准确确定职业发展的方向,从而导致制订的职业生涯规划缺乏竞争性、科学性和针对性,最终影响职业生涯规划。

除此之外,大学生学业规划的模糊会直接导致其职业意识的淡薄。高中阶段,将考大学作为自己唯一的奋斗目标,填报志愿时很少考虑自己的兴趣、爱好和特长;进入大学后,部分大学生没有明确的学习目标,很少进行学业规划,也就不能为将来的职业发展奠定良好的基础。

2.职业兴趣不明确

所谓职业兴趣,简单来讲,就是对某一行业领域的喜好和热爱。只有明确了自己的职业兴趣,才能确定今后的职业目标。然而不少高职学生在入学之前对自己的职业兴趣仍处于懵懂状态,十几年的埋头苦读,似乎都只是为了一个目标:考上大学。至于考什么大学,学什么专业,自己是否真的喜欢这个专业,以后的事业又要往哪个方向发展等都完全未予考虑。有的学生选择高职学校是因为家庭原因,而自己对选择就读的专业根本不感兴趣。有的学生性格外向,做事细心,有一定文字功底,本来适合学习文秘专业,但他可能最终会选择父母建议的专业或者跟风选择热门的专业。在这样的情况下考上高职学校,对所学专业抵触反感,渐渐就会失去求知的欲望和动力。学习逐渐变成了一种负担,学习生活也因此变得沉重而压抑。然而因为已经为此投入了大量的时间和精力,虽然有厌学情绪,还是没有勇气中途放弃,于是勉强继续读下去,得过且过地混日子。整整三年时间都学习一门对他来说枯燥无味的学科,又怎么能指望他会对今后将要从事的行业充满激情和热情呢?

在不少高职学生的头脑里,根本没有任何职业生涯规划的概念和想法,如果问他们对人生有什么规划,他们可能只是希望以后可以过上更好的生活,可是什么是更好的生活,如何去实现这种生活,他们茫然而不得解。他们从幼年时期已经习惯了顺从父母和老师,所以以后人生的道路,也习惯了由别人来安排。毕业后该从事什么职业,要如何发展,该取得什么样的成就,就算偶尔思考,也只是想想而已。任凭人生朝着已知的、可以预见的方向发展。虽然不是非常的满意,可也没有任何的反抗情绪。慢慢地向这种波澜不惊的生活低头妥协,甚至会对未来失去应有的憧憬和激情。许多高职学生总是误以为自己比本科生低人一等,由于自卑而开始逃避生活,要么沉迷于网络游戏,在虚幻世界中寻找寄托;要么大手大脚花着父母的钱,放任自流,无聊颓废地混日子。面对高校扩招后宽进严出的政策和愈发严峻的就业形势,不少学生把精力用于应付学校考试,或者盲目跟风考证,毫无针对性地开发自己的职业兴趣,没有任何要培养和锻炼自己特长的想法,甚至无法很好地管理自己的时间和处理各种人际关系。职业兴趣的不清晰，导致许多人在职业生涯规划的第一步就拐进了死胡同。因此，要做好职业生涯规划，首先是要发现自己的职业兴趣，确立正确的职业定位。

3. 职业能力判断不准确

职业能力指一个人完成某项任务或者从事某种职业时所必备的本领。当某人能顺利完成某项工作时，我们就认为他具备了相关的职业能力。当前大学生职业生涯规划中普遍存在的一个现象就是不能够准确判断自己的职业能力，把职业定位得过于理想化。人的一生中，有1/3的时间都在工作，如果始终看不到自己的优势所在，把精力耗费在一个自己并不擅长的领域，这将会是非常沉重的打击和挫败。错误的职业选择会对学生的未来发展造成深远的负面影响，甚至可能关乎人生的快乐美满。造成职业能力判断不准确的一部分原因是学生不能准确认识自己，能力不足，另一部分原因也可能是由于学校职业生涯辅导的不足和缺憾。尽管各个高校已经把就业工作当作了除“教学、科研”任务以外的重中之重，在政策、资金、设备、人员上都投入许多，就业指导也成为学校教育中不可或缺的一部分，然而高校对学生的职业生涯辅导教育仍缺乏系统的理论指导以及相应的培训机构及设施，使得高职学生在职业生涯规划中出现问题。许多高职院校仍然坚持“先就业，后择业”的观念，以致许多高职学生还不明白自己到底具备何种职业能力时就已经走上工作岗位。

4. 职业价值观不正确

职业价值观也称职业意向，是个人希望从事某项职业的态度倾向，也是个人对某一项职业的希望、愿望和向往。俗话说，人各有志，当一个人选择自己的职业时，这个志向指的就是他的职业价值观和职业需求，它表明了一个人通过工作要追求的理想。马斯洛的需要层次理论认为，当低层次的需要被满足时，就会产生高层次的需要。毕业生在找工作时，通常首先看中的都是大城市、大企业、大机关的工作和高收入、高福利、高地位的岗位。不少高职学生虽然能够清楚自己不喜欢的专业，不擅长的领域或者不适合某个职位，但是更多的时候他们都很茫然，不清楚究竟是怎样的职业，才值得他去投入整个人生且没有遗憾。也有的人从来没有考虑过所要追逐的人生目标，只是由于父母或者社会的影响，简单地把工作理解为人生的跳板，这样的职业价值观虽然可以刺激学生奋发努力，然而通常当物质的需求得到满足时，精神层面更加容易空虚。

有些大学生把对职业和前途的长远期盼转化为对薪酬待遇、工作地点、环境条件、休假制度等具体条件的要求，他们更加注重的是职业的经济价值，而忽视了它的理想价值。当理想与现实错位时，大学生的择业就会出现困难。

5. 自我认识不足

大学生自我认识不足是职业生涯规划不准确的重要原因。充分地认识自己，是进行科学职业规划的前提。在认识自我的过程中，一定要清楚自己想要什么、想成为什么样的人、自己能做什么、自身的优势和弱点有哪些等。这些问题看上去比较容易，回答起来却并没有想象的简单。

大学生对自我的认识往往并不全面，对事物的观察和思考容易理想化，不能准确地评价自己的优势与劣势。当所定的目标与现实相差太远时，有的大学生就会产生自责、自怨，甚至自卑的心理，从而不能正视择业过程中的不合理现象，无法承受挫折和失败。还有部分大学生在择业时会过分考虑自己的兴趣、爱好和未来的发展空间等因素。

除此之外，很多大学生仍然存在“铁饭碗”“精英就业”等观念，他们对自己缺乏准确的定位，往往高估自己，很难找到与理想匹配的工作，从而失去很多较好的就业机会。

6. 缺乏对职业生涯规划的认识

职业生涯规划是一个动态的发展过程，个人在每一阶段对职业的认识、理解，乃至终极目标的实现都会有所不同，因此需要随着自身的成长，循序渐进、动态地调整职业规划。

职业生涯规划的“动态调整过程”主要体现在以下 4 个方面。

（1）大学阶段与学业规划紧密结合。部分大学生凭“感觉”、随“潮流”规划职业，与大学生活、学习目标脱节，职业目标往往成为空想，没有学习的动力。

（2）多个阶段规划的融合。大学生活的每一阶段都能体现学业规划与职业规划的紧密结合。有了学业才会有职业，这个道理很简单。水滴石穿，积少成多，多项学业的进步，终将促成职业目标的实现。

（3）社会实践体现职业能力。有的大学生为了增加职业经验，选择了丰富多彩的兼职项目，如家教、促销员、营销员等；有的大学生则选择考证来增加择业“分量”，认为证书就代表能力，如驾驶证、教师证等。总体来说，多数大学生的社会实践活动缺乏围绕职业定位的方向性，耗费大量的时间和精力，却收效甚微。

（4）及时反馈机制。大学生初入大学制订的职业规划、实践路径与实际情况会随着时间的推移产生偏差，需要及时总结、调整，并通过有效的机制予以保障，这就需要大学生有较强的自制能力和自我约束能力。

近几年，尽管市场对从前无人问津的一些“冷门”专业需求有所上升，但总的来说还是所谓“热门”专业的毕业生更加抢手，很多高职院校都开设了外语、计算机等专业，却并没有认真考察市场对这类人才的需求变化。由于学校不够了解市场人力资源的缺失与饱和状况，大量的高职毕业生流向同一个领域，他们与同专业的本科生以及研究生之间激烈的竞争使有的高职学生开始质疑自己的能力和价值，给学生的心理健康造成不良影响，也不利于其职业生涯的规划和发展。许多高职学生在严峻的就业形势下，开始客观评估自我，明确职业兴趣，培养职业能力，树立正确的职业价值观和职业道德观。在客观分析就业环境，确定职业方向并选择相应社会实践工作上有了意识。同时，高职学生在进行职业生涯规划时，还应该注意灵活变通，将职业生涯规划与自身需求和社会需求的变化相结合。

（二）高职学生在学校职业生涯教育中面临的问题

1. 高职院校的职业生涯规划教育起步较晚

早在 20 世纪初，西方发达国家的职业生涯理论已经发展起来，职业生涯规划也开始成为现代人力资源管理学的核心内容之一，国外许多学校从开始的基础教育阶段里就已经融入了职业生涯规划教育。而在我国的教育体制中，实施基础教育的大部分学校都没有为学生提供职业生涯规划方面的课程和设施，学校教育几乎没有把职业生涯规划、职业意识教育纳入教学计划。据统计，仅有 2.8％的学生表示选择专业是出于兴趣，但兴趣也只是受社会舆论和经验的影响，而不是学校个性化、专业化教育。20 世纪 90 年代初期，国家开始实施“供需见面、双向选择”的就业模式，颁布了《国务院关于大力发展职业技术教育的决定》。“决定”对职业技术教育的性质、地位、作用以及方向、任务、措施等都做了明确规定。各个高职院校的就业部门陆续开始了就业指导工作。另外，随着国家对职业教育的投入和重视，以及就业形势的日趋严峻，各高校开始对学校就业工作给予更多的关注，高职院校更是明确了以就业为导向的高等职业技术教育。许多高职院校提出了“就业指导前移”“实施学生职业生涯规划”等口号，学生的职业生涯规划开始得到关注。

由于高职院校职业生涯规划教育起步较晚，大部分高职学校把对学生教育的重点放在了技能的培养上，缺乏提前对学生进行职业生涯规划教育的意识；很多高职院校在职业咨询和生涯教育方面投入较少，大部分高职院校的就业部门还不能够提供专业、科学的职业生涯规划服务，职业生涯辅导体系并不完善，还不能将学校的培养目标和学生的兴趣、志向统一起来，只抓就业而忽视学生的个体差异，最终有可能造成高职学生对职业生涯规划仍一知半解或者完全误解。高职学生没有机会接受比较系统的职业生涯规划培训，因为不清楚如何规划适合自身特点的职业生涯，很多高职学生对选择职业的动机模糊，缺乏利用社会资源来建立或改进自己职业规划的意识。

2. 高职院校的职业生涯规划教育开展困难

目前，高职院校在教学理念和就业辅导方面都对职业生涯规划给予了足够的重视，但是在开展和实施职业生涯规划教育的过程中，仍然面临着许多难题。首先是就业指导部门人力、物力投入的不足。学生教育、教学部门与就业部门的沟通不够，不能根据市场变化对学生进行培养与指导；就业指导部门经费投入不足，缺乏人力、物力和财力的支持。尤其是就业指导人员队伍得不到改善。此外，高职院校就业部门的工作由于人手不足和经费缺乏的关系，常常只能保证最重要的工作可以得到落实，工作方案的可行性、预见性和适应性较差，当实际情况发生变化时，不能及时对方案进行调整，保证方案的顺利实施，很多高职院校不能为学生的职业生涯规划创造必要的条件，起到保障和监督学生进行职业生涯规划的作用。其次是职业生涯规划专业师资力量薄弱。

3. 学生接受职业教育的能力也存在差异

由于我国基础阶段缺乏职业生涯规划的教育，很多高职学生在进入高校的初期完全没有任何职业生涯的概念和思维，因此，高校辅导学生进行职业生涯规划的第一步，就是在入校教育时即帮助他们确立职业生涯规划的意识。然而，当前许多高职院校都是采取集中培训或者课程灌输的方式宣传职业生涯规划的理念和理论，由于不同高职院校的生源质量不同，造成学生对职业生涯规划的认识差异，不少高职学生很难将职业生涯规划的意识融入今后的专业学习中去。一般来说，高职教育作为以就业为导向的技术型教育，有的学校的就业部门在为学生提供职业信息的时候，没有考虑到学生的实际情况以及学生能力、性格、兴趣的差异，部分学生由于缺少与自身相适应的实践机会，对职业的期望和理解虽不断改变却又不知如何调整，所以其职业生涯规划进行得也不尽如人意。

（三）职业生涯规划与辅导新时期应解决的问题

1. 扩招背景下职业教育现状分析

（1）从封闭式教育走向开放式教育。传统的生涯规划只集中在几类专业课程，教育课程范围较封闭，在高职院校逐渐扩招的背景下，高职类院校专业的范围逐渐扩大，在新媒体环境下涌现出多种新兴专业类型，专业教育培训方面的范围越来越广，职业生涯教育也随之增设了诸多方向，学生的就业面更加广泛。

(2)从单一教育走向全纳教育。职业教育招生计划从过去的单一高中毕业生，到如今扩招背景的下的生源范围逐渐扩大，退役军人、普高毕业生、中职毕业生、下岗失业人员、农民等人群均可以实现职业教育学习，人人都有受教育的权利，都可以通过增加学习机会，拓展学习内容来参加社会实践，减少教育系统内外的排斥现象，满足学生多样化的学习需求，调整教学方式，增加就业指导，多渠道经济投入与支持，实现职业教育的整体性、规模化教育体系。

(3)与企业接轨，实现定向培养模式。目前职业规划教育更多侧重于以市场为导向。市场需要哪种类型的人才，职业教育就培养哪方面的人才，职业生涯规划与企业接轨，在学校与企业的融合沟通中，根据企业的发展需要形成学校的职业生涯规划教育体系，实现定向培养，在企业和学校的一体化教育教学中，培养高质量的应用型专业人才。

2. 职业生涯规划与辅导新时期应解决的问题

(1)课程进度滞后，缺乏专业指导。职业生涯课程目前在我国并未完全普及，课程教学内容依旧停留在转变生涯规划观念等方面，缺乏实际操作经验。职业规划需要学生根据自己的兴趣爱好、个性特征来实现，但是由于学生的重视程度不够，学校又缺少开展职业规划教育的专职教师，以至于仅有的职业教育课程进度滞后，学生没有得到及时的专业指导，在高职院校学习过程中，职业规划缺失，专业教育在毕业后难以真正运用到工作中，造成高职院校教育资源的浪费。

(2)缺少合理规划，职业目标不明确。学生在职业规划过程中，对于自身的整体素质和综合能力缺乏一个客观的评价，更多会选择追随人群去做一些工资待遇相对较高，但是少有有效的学习和进修时间的工作，如电子机械厂流水线员工等，短期来看，这些侧重劳动力需求的工作，不会一直适合学生。学生缺少合理规划，职业目标不明确，工作得过且过，也就丧失了职业教育的意义。

(3)职业规划针对性弱。高职教育的职业规划更多是针对市场需求为学生提供学习机会，学生在专业内进行选择性学习，但是目前高校中的职业规划还未针对每个学生提供对应的职业规划，只是要求学生做好个人职业生涯规划。在高职扩招的背景下，学生人数增多，学校以及老师无法兼顾到每一位学生的具体职业规划，出现高校的职业规划课程针对性较弱的问题。

(4)职业规划教学重理论，轻实践。在职业生涯规划的教学过程中，课程内容通过学校教师以宣讲的方式对整个专业的学生进行普及，普及重点在职业生涯规划的意义、重要性、就业方向与前景等，缺乏职业生涯规划体验的实践式教学，缺乏相关职业体验培训，使得学生在职业生涯规划中规划目标不明确，不确定自己什么时候做什么，自我价值、自我认同感相对缺失。

延伸阅读

打造职业规划要知道的5件事

1. 职业生涯的持续时间长，包括了三个截然不同的阶段。职业生涯的持续时间至少有45年，而且未来很可能会进一步延长。对大部分人而言，40岁之后的工作年数要比之前的更多。职业生涯由三个主要阶段组成，分别持续大约15年时间。这三个阶段紧密关联，个体在一个阶段的所作所为既可能为接下来的阶段创造机会，也可能带来麻烦。

第一阶段是强势开局阶段。在职业上的努力必须着重于为前方漫长道路的挖掘来装备自己。学习的曲线要比职位、职称更加重要。在这一阶段，要为职业生涯打好基础并建立起良好的早期习惯。

第二阶段是聚焦长板阶段。该阶段的首要目标是寻找自己的甜蜜区，即你所擅长的、所热爱的和这个世界所需要的这三者之间的交集。这个时候你要展现自我，让自己想方设法平稳地走在那条收获最大的职场道路上。要专注于自己的长板，忽略自己的短板。

第三阶段致力于实现持续的影响力，以及寻找一条可以稳定延续到 60 岁甚至 70 岁的新的可持续发展的职业道路。要在第三阶段完成三个关键任务：完成继任计划、保持关联性以及为自己点燃一团新的职业之火。

2. 职场燃料很重要，职业生涯的基础决定结果。为了推动自己走完这段漫长的旅程，需要大量的职场燃料。这种燃料有三个主要来源：可迁移技能、有意义的经验和持久的关系。随着就业市场不断以不可预测的方式转变，如果没有这样的职场燃料，就有可能变得不堪一击。职场燃料对于整个职业生涯的各个时期都至关重要。在第一阶段，需要积累它；在第二阶段，需要利用它；而在第三阶段，需要更新和维护它。

3. 职业生涯需要通过对时间的巧妙投资来构建。职场燃料的可持续供应需要耐心和坚持。有人之所以能成为精通某一方面的专家或者“大师”，不仅是因为有天赋，而且是因为数千小时的学习、体验和实践。在工作和生活中如何投资时间对个体的成功和幸福有深远的影响。

4. 职业生涯并不是以线性或者可预测的方式发展的。个体必须时刻保持探索和学习的状态。职业机遇会变化，人生目标也会变化。当个体遇到了新的路径和机会时，要保持冷静，有策略地思考。时刻准备好迎接无法避免的变化，并让自己的职业策略随机应变。成功的职业生涯既需要自我的规划，也需要良好的运气。自我的规划之所以必不可少，是因为它能让你抓住机遇。

5. 职业生涯远不止于一份工作，而是生活的一大部分。这就是为什么需要职业规划框架的原因，它不仅可以用来甄选工作，而且是一种让职业生涯融入更广阔的人生追求里的整体方法，这些人生追求包括你的亲子关系、跨国工作、未来发展以及终极幸福。

第三节　职业生涯规划理论

一、霍兰德的职业兴趣理论(类型理论)

该理论是由美国约翰·霍普金斯大学心理学教授、著名职业指导专家霍兰德于 1959 年提出，沿用至今并被公认为是有效的理论。他的职业选择模型是建立在人们早期童年时的经历和以后的人格发展将会影响其职业选择的假设基础之上的，他将职业选择看作一个人人格的延伸，职业选择也是人格的表现。霍兰德根据劳动者的心理素质和择业倾向，将劳动者可能的职业兴趣分成 6 类：实用型(realistic)、研究型(investigative)、事务型(conventional)、艺术型(artistic)、企业型(enterprising)及社会型(social)，这 6 种类型可以按照固定顺序排成一个六角形。大多数人实际上都并非只有一种兴趣，而是同时包含几种兴趣。霍兰德认为，这些兴趣越相似或相容性越强，一个人在选择职业时所面临的内在冲突和犹豫就会越少。霍兰德的职业选择理论，实质在于劳动者与职业的相互适应。他认为同一类型的劳动与职业互相结合，便是达到适应状态，劳动者找到适宜的职业岗位，其才能与积极性才会得到很好的发挥。

二、施恩的职业锚理论

明确自己的优势及今后发展的重点，最终找到适合自己的长期稳定的职业定位即职业锚。职业锚理论由美国埃德加·施恩教授提出，他认为职业规划实际上是一个持续不断的探索过程。在这一过程中，每个人都根据自己的天资、能力、动机、需要、态度和价值观等慢慢地形成较为明晰的与职业有关的自我概念。随着一个人对自己越来越了解，这个人就会越来越明显地形成一个占主要地位的职业锚。所谓职业锚就是指当一个人不得不做出选择时，无论如何都不会放弃的职业中至关重要的东西或价值观。正如这一名词中“锚”的含义一样，职业锚实际上就是人们选择和发展自己的职业时所围绕的中心。一个人对自己的天资和能力、动机、需要以及态度和价值观有了清楚的了解之后，就会意识到自己的职业锚到底是什么。施恩根据自己在麻省理工学院的研究指出，要想对职业锚提前进行预测是很困难的，这是因为一个人的职业锚是在不断变化的，它实际上是一个在不断探索的过程中产生的动态结果。对于有工作经验的人而言，明确自己的职业锚是职业选择的最佳参考。而对于没有工作经验的人而言，因为不了解各个职位的内涵，所以其职业锚还没有清晰形成。

施恩根据多年研究，提出了以下 5 种职业锚。

1. 技术或功能型职业锚

具有较强的技术或功能型职业锚的人往往不愿意选择那些带有一般管理性质的职业。相反，他们更倾向于选择那些能够保证自己在既定的技术或功能领域中不断发展的职业。

2. 管理型职业锚

有些人表现出成为管理人员的强烈动机，承担较高责任的管理职位是这些人的最终目标。当追问他们为什么相信自己具备获得这些职位所必需的技能时，许多人会回答，他们之所以认为自己有资格获得管理职位，是由于他们认为自己具备以下 3 个方面的能力。

(1)分析能力。在信息不充分或情况不确定时，判断、分析、解决问题的能力。

(2)人际沟通能力。影响、监督、领导、应对与控制各级人员的能力。

(3)情绪控制力。有能力在面对紧急事件时，不沮丧、不气馁，并且有能力承担重大责任的能力。

3. 创造型职业锚

这类人需要建立完全属于自己的东西，或是以自己名字命名的产品或工艺，或是自己的公司，或是能反映个人成就的私人财产。他们认为只有这些实实在在的事务才能体现自己的才干。

4. 自由或独立型职业锚

有些毕业生在选择职业时会被一种强烈的自己决定自己命运的需要驱使着，他们希望摆脱那种因在大企业中工作而依赖别人的境况，因为当一个人在某家大企业中工作时，他的提升、工作调动、薪资等诸多方面都难免要受到诸多限制。这些毕业生中有许多人有着强烈的技术或功能导向，他们往往不是到某一个企业中去追求这种职业导向，而是决定成为一位咨询专家，要么是自己独立工作，要么是作为一个相对较小的企业中的合伙人来工作。

5. 安全型职业锚

还有一部分毕业生极为重视长期的职业稳定性和工作的保障，他们似乎比较愿意去从事这样一类职业：这些职业应当能够提供有保障的工作、体面的收入以及可预见的未来生活。这种可预见的未来生活通常是由良好的退休计划和较高的退休金来保证的。对于那些对地理安全性更感兴趣的人来说，如果追求更为优越的职业，则意味着将要在他们的生活中注入一种不稳定或保障较差的地域因素，他们会觉得在一个熟悉的环境中维持一种稳定的、有保障的职业对他们来说是更重要的。对于另外一些追求安全型职业锚的人来说，安全则意味着所依托组织的安全性。他们可能优先选择到政府机关工作。

实际应用：个人在进行职业规划和定位时，可以运用职业锚思考自己具有的能力，确定自己的发展方向，审视自己的价值观是否与当前的工作相匹配。

三、MBTI 人格理论

迈尔斯类型指标（Myers-Briggs Type Indicator，MBTI）是一种性格测试工具，用来衡量和描述人们在获取信息、作出决策、对待生活方面的心理活动规律和性格类型。MBTI 人格理论源自瑞典著名心理学家卡尔·荣格的心理类型理论，后经凯瑟琳·库克与伊莎贝·布里格斯的研究和发展，构建了四个维 16 种性格模型，现已广泛地应用于职业发展、职业咨询、团队建议、婚姻教育等方面，是目前国际上应用最广泛的职业规划和个性测评理论，该理论强调性格对职业的影响。职业咨询专家认为，大部分人在二十岁以后会形成稳定的 MBTI 类型，此后基本固定。当然，MBTI 的类型会随着年龄的增长、经验的丰富而发展完善。根据 MBTI 理论，每种个性类型均有相应的优点和缺点、适合的工作环境、适合自己的岗位特质。使用 MBTI 进行职业生涯开发的关键在于如何将个人的人格特点与职业特点结合，对于高职学生而言，在进行职业生涯设计时除了参考职业兴趣之外，最重要的是了解自己的所属类型，它不仅可以提供适合岗位、工作环境等方面的参考，还可以根据个人的情况提出系统的发展建议。

四、帕森斯的特质论

美国波士顿大学教授弗兰克·帕森斯于1908 年在波士顿创办职业指导局，正式创立职业指导。帕森斯主张在公立学校开设职业课程，配置专门的职业咨询工作者。被誉为职业指导之父的帕森斯在 1909 年出版了自己的专著《职业的选择》，首次提出“特质因素论”，又称特质论。

特质论主要观点为：每个人都具有稳定的特质（即个人的人格特质，包括一个人的价值取向、态度和行为表现等特有的思想和行为模式），而职业也具有稳定的因素（即客观工作要求人必须具备的知识结构、能力等条件）。一个人在选择职业的过程中，应当首先清楚认识个人的主客观条件，即对自我的认知，如个人兴趣、能力、资源、局限及其他特征。与此同时，还应该清楚了解职业世界，如各种职业岗位所需要的技能要求、工作环境、薪酬福利、发展前景等。简单说，就是当特质（个人特征）与因素（工作所需的条件）相匹配时，才是最佳的职业选择。

五、帕森斯的人职匹配理论

这是用于职业选择、职业指导的经典理论。帕森斯在其著作《职业的选择》中，明确阐明职业选择的三大要素：了解自己的能力、兴趣和其他特征，了解职业选择成功的条件以及上述两个要素的平衡。帕森斯的理论内涵即是在清楚认识、了解个人的主观条件和职业岗位需求条件的基础上，将主客观条件与社会职业岗位相对照、相匹配，最后选择一个与个人匹配相当的职业。

六、格休德斯的生涯发展理论

格休德斯主要研究不同年龄段职业发展的主要任务，并以此将职业生涯划分为职业准备、工作组织、职业生涯早期、职业生涯中期以及职业生涯末期5个阶段以及每一阶段的职业发展任务。

七、舒伯的职业生涯发展阶段理论

美国著名职业生涯规划大师康纳德·舒伯依据人的年龄详细地把人的职业发展划分为成长阶段、探索阶段、建立阶段、维持阶段和衰退阶段这5个大的阶段，职业贯穿人的整个生命。他认为人的能力和兴趣爱好随着年龄不断地变化发展，对于职业的态度也经历了好奇、向往、选择、厌倦、维持和放弃等变化。

八、金斯伯格的职业生涯发展理论

美国著名职业指导专家金斯伯格，对职业生涯的发展进行过长期研究。金斯伯格的职业发展理论分为幻想期、尝试期和现实期。金斯伯格认为人在每个时期的职业需求和兴趣爱好都各有变化，但是不同的是他认为人从现实期(17岁后的青年期)性格就趋于稳定，能够客观地把自己的职业愿望或要求，同自己的主观条件以及社会现实的职业需要联系和协调起来，寻找合适于自身的职业角色，在现实期内所追求的职业不再模糊不清，已有具体、现实的职业目标，表现出的最大特点是客观性和现实性。

第二章 职业生涯规划的步骤和内容

学习目标

1. 了解掌握职业生涯的原则和要素。
2. 了解掌握职业生涯规划的步骤和内容。
3. 了解掌握职业生涯规划的基本方法。

案例导入

毛毛虫都喜欢吃苹果，有四只要好的毛毛虫，都长大了，要各自去森林里找苹果吃。

第一只毛毛虫

第一只毛毛虫跋山涉水，终于来到一棵苹果树下。它根本就不知道这是一棵苹果树，也不知树上长满了红红的可口的苹果。当它看到其他的毛毛虫往上爬时，稀里糊涂地就跟着往上爬。没有目的，不知终点，更不知自己到底想要哪一颗苹果，也没想过怎么样去摘取苹果。它的最后结局是怎样呢？也许找到了一颗大苹果，幸福地生活着；也可能在树叶中迷了路，过着悲惨的生活。不过可以确定的是，大部分的毛毛虫都是这样活着的，没想过什么是生命的意义，为什么而活着。

分析：这只毛毛虫毫无目标，一生盲目，没有自己人生规划，不知道自己想要什么。遗憾的是，我们大部分的人都是像第一只毛毛虫那样活着。

第二只毛毛虫

第二只毛毛虫也爬到了苹果树下。它知道这是一棵苹果树，也确定它的“虫”生目标就是找到一颗大苹果。问题是它并不知道大苹果会长在什么地方。但它猜想：大苹果应该长在大枝叶上吧！它慢慢地往上爬，遇到分枝的时候，就选择较粗的树枝继续爬。于是它就按这个标准一直往上爬，最后终于找到了一颗大苹果，这只毛毛虫刚想高兴地扑上去大吃一顿，但是放眼一看，它发现这颗大苹果是树上最小的一颗，上面还有许多更大的苹果。更令它泄气的是，要是它上一次选择另外一个分枝，它就能得到一颗比这颗大得多的苹果。

分析：这只毛毛虫虽然知道自己想要什么，但是它不知道该怎么去得到苹果，在习惯中正确标准的指导下，做出了一些看似正确却使它渐渐远离大苹果的选择。而曾几何时，正确的选择离它又是那么近。

第三只毛毛虫

第三只毛毛虫也到了一棵苹果树下。这只毛毛虫知道自己想要的就是大苹果，并且研制了一副望远镜。还没有开始爬就先利用望远镜搜寻了一番，找到了一颗很大的苹果。同时，它发现当从下往上找路时，会遇到很多分枝，有许多不同的爬法；但若从上往下找路时，却只有一种爬法。它很细心地从苹果的位置，由上往下反推至目前所处的位置，记下这条确定的路径后开始往上爬，当遇到分枝时，它一点儿也不慌张，因为它知道该往哪条路走，而不必跟着大家去挤破头。比如说，如果它的目标是一颗名叫"教授"的苹果，那应该爬"深造"这条路；如果它的目标是一颗名叫"老板"的苹果，那应该爬"创业"这条路。这只毛毛虫最后应该会有一个很好的结局，因为它已经有了自己的计划。但是真实的情况往往是，因为毛毛虫的爬行相当缓慢，当它抵达时，苹果不是被别的虫捷足先登，就是苹果已熟透烂掉了。

分析：这只毛毛虫有非常清晰的职业规划，也总是能做出正确的选择，但是，它的目标过于远大，自己的行动又过于缓慢，成功对它来说，已经遥不可及。机会、成功不等人。同样，我们的人生也极其有限，我们必须把握机遇，单凭我们个人的力量，也许一生勤奋，也未必能找到自己的苹果。如果制订一个适合自己的计划，并且充分借助外界的力量，也许第三只毛毛虫的命运会好很多。

第四只毛毛虫

第四只毛毛虫不是一只普通的毛毛虫，做事有自己的规划，它知道自己要什么苹果，也知道苹果将怎样长大。因此当它戴着望远镜观察苹果时，它的目标并不是一颗大苹果，而是一朵含苞待放的苹果花。它计算着自己的行程，估算当它到达的时候，这朵花刚好会长成一颗成熟的大苹果，它能得到自己满意的苹果。结果它如愿以偿，得到了一颗又大又甜的苹果，从此过着幸福快乐的日子。

分析：这只毛毛虫不仅知道自己想要什么，也知道如何去得到自己的苹果，以及得到苹果应该需要什么条件，然后制订清晰实际的计划，在望远镜的指引下，一步步实现自己的理想。

其实我们就是毛毛虫，而苹果就是我们的人生目标——职业成功。爬树的过程就是我们职业生涯的道路。毕业后，我们都得爬上人生这棵苹果树去寻找未来，完全没有规划的职业生涯注定是要失败的。

现代社会，规划决定命运，好的规划成就好的人生。我们的时间非常有限，越早规划，就能越早成功。要想得到自己喜欢的苹果，想改变自己的人生，就要先从改变自己开始，做好自己的职业生涯规划，做第四只毛毛虫。

第一节　大学生职业生涯规划的主要原则

生涯规划并不难，它和制订一份旅游计划有很多相似之处。如目标的制定、实现的过程，都和一个人的兴趣爱好和自身条件等相关，对目标和过程的选择没有绝对的好坏之分。俗话说，条条大路通罗马。不同的路有不同的风景，所以在路线的选择上，没有哪条路是绝对好的，只有对某人某时比较合适的路。对个人的生涯发展来说，也是如此。相对而言，每个人的条件不同，职业目标也不完全相同，但确定目标的原则是一致的。正确的职业生涯规划能够使大学生顺利步入职场并走向成功。因此，大学生在制订自己的职业规划时，切忌随意而为，在做职业生涯设计时既要有挑战性，又要注意避免好高骛远，同时还要注意适时调整。必须在遵循职业生涯规划原则的基础上，科学地制订个人职业生涯规划。

一、SMART 原则

（一）S（Specific）——具体化

目标必须是具体的，不可以是抽象模糊的。职业规划必须明确、清晰、具体才具有可行性。当谈论具体目标的时候，不要只是单一地说“我要找份好工作”“我要成功的晋升”之类的话，这只是愿景，不是具体的规划，所以没有办法去具体执行。而“我的目标是成为××公司的超级销售员”“我要在今年把工资提升到 5 000 元/月”——这才能称之为目标。当我们开始职业规划时，应该更加注重细节的具体化，只有细节问题处理好了，才不会只有大方向，没有脚踏实地的前进步伐。

（二）M（Measurable）——可量化

可量化指的是可衡量、可测量、有一定的评定标准，尤其是针对结果而言。具体可能还含有感性的成分，量化要求理性的数据和数字，拒绝“大概”“差不多”“快了”之类的模糊修辞。面对职业规划，我们不需要任何自我欺骗和借口，因为数据、数字、事实会说明一切。比如说，你做的是销售工作，整天忙得不得了，到了月底合计时却没有多少销售额，这就不行了。你说你很努力，但是数据告诉我们，你并没有比其他人更努力。用数据说话，做到了就是做到了，没做到就是没做到，这是做任何工作都要知道的一个道理。

（三）A（Attainable）——可达成

可达成很容易理解，就是目标必须是可以达到和实现的。职业规划设定的目标要高，有挑战性，但是一定要使其是可达成的。强调“我们职业规划中所设定的目标一定是能够通过我们的努力行动可以实现的”。我们鼓励大家设定一个较高的职业目标，但不是鼓励设定一个虚无的、无法实现的目标。有的朋友也许会说“只要我想得到，就一定做得到”，其实这句话的前提是“你的目标是可达成的”。比如你刚参加销售工作，还没等熟悉业务流程，就整天鼓吹“我这个月要完成几十万元的销售额”，这样的狂妄自大往往容易引来职场同事的疏远。但是反过来，你可以第一个月设定自己销售额要达到 5 万元，第二个月达到 8 万元，这样就是可以实现、可达成的目标。当然，这里的可达成目标会随着能力水平的进步而不断增加，但是无论什么目标，都要根据自己的现实水平和能力合理设定，这样你会获得成就感，别人也会觉得你这个新同事是可靠的，愿意和你组成团队合作。

（四）R（Relevant）——达成后有满足感

你需要想象目标达成时你的状态：你会在什么地方？与什么人在一起？做哪些事情？充分调动自己的视觉、听觉、触觉、嗅觉等去感受未来目标达成时的样子，想象达到目标时是否足够兴奋？越兴奋越有推动力。比如“我要成为一个有担当的企业家”代表着“我是一个有使命感的人、我是一个坚毅的人，我能够带来社会价值和经济价值，一提起这个目标我将热血沸腾”。这是很多目标能否坚持的原动力。很多人制订的目标不能坚持，源于没有那份内在的动力。其实这也就回答了为什么要制订目标。

（五）T（Time-bound）——有时间期限

目标要规定起始时间和完成时间，以克服人的惰性。没有时间限制的目标是无法考核的，也会让执行者失去紧迫感，从而降低积极性，使目标的实现一拖再拖，但过分的紧迫感只会使人焦虑、疲惫甚至放弃。把目标进行分解，再界定以时间，可以让行动计划更有节奏和韵律。

二、目标导向原则

职业生涯的规划，首先从选定目标开始，以目标为导向是大学生进行职业生涯规划的首要原则。

在职业生涯发展过程中，只要不放弃目标，每一次挫折、每一次失败都是有价值的。

在进行职业生涯规划的过程中，目标的设定十分重要。一般而言，职业生涯目标的制订原则如下。

（1）目标要明确。目标要有针对性，主要解决的问题要明确。

（2）目标要具体。目标可以有具体的衡量标准，如实现目标的准确期限、相关约束条件等。

（3）目标要系统。全面考虑规划目标在职业生涯发展中的主次、先后关系，建立层次结构分明的目标体系。

（4）目标要切实可行。目标应依据个人能力、所处环境、某些不确定因素的影响等进行制订，大学生应避免制订一些不太现实甚至纯粹空想的目标。

三、相适应原则

随着社会的发展，职业岗位的数量和需求不断发生改变，有些新兴行业出现了新的岗位，也有些岗位可能会被市场逐步淘汰或取代。因此，大学生在制订个人职业生涯规划时，一定要分析社会需求，把社会需求与个人愿望有机结合，这样才能顺利实现自己的职业目标。

四、相匹配原则

个人职业规划要与个人专长相结合，实际上就是要在规划职业道路时，充分发挥自身优势，人尽其才，物尽其用。每一个行业，对从业者都有共性的能力素质要求，或是在某一专项上有高规格的要求，例如外贸行业对外语听说能力的要求等。大学生要在对自身能力与素质充分分析的基础上正确地确定职业目标。

一般来说，大学生的专长与专业关系密切，因此个人规划与个人专长是否匹配的评判标准之一就是职业目标与专业是否对口，但也并非绝对，例如，学法律专业的同学，擅长管理；学会计专业的同学，擅长营销。因此，大学生只有从自身实际出发，衡量比较出自己的专长才是最重要的，以专业代替专长，一味通过所学专业确定自己的职业目标，有时可能会适得其反。

大学毕业生在择业时要结合市场需求和个人专长，适时进行择业的调整，做好职业规划。专业对口固然好，但是学校在培养学生时，除了专业知识，还应注重各种拓展课程及其他综合素质的培养，当专业与职位发生冲突时，大学生可以结合自身的特点和优势，寻找既能够发挥个人专长，又能够在一定程度上发挥专业优势的职业，把眼光放长远一点，而不是一味地追求专业对口。

五、相结合原则

职业生涯规划中的相结合原则主要包括抽象与具体相结合、确定性与非确定性相结合、质化与量化相结合、实力与挑战相结合、自己主见与他人意见相结合。

(1)抽象与具体相结合。在进行职业生涯规划的过程中，有些地方要抽象、模糊，有些地方要具体、清晰。例如，战略考虑可以抽象，但具体措施则必须清晰。

(2)确定性与非确定性相结合。一般来说，在职业生涯规划过程中，职业生涯的大方向是确定的，而实现职业生涯最终目标的具体方法、途径、手段等则相对灵活。

(3)质化与量化相结合。在职业生涯规划过程中，某些问题需要通过质化和量化相结合的方式才能实现最终目标。例如，职业方向、最终的职业目标就应注重质的规定性。而具体目标的实现时间、手段、形式等，则必须量化，以便随时了解实践状况，从而进行修正或强化。

(4)实力与挑战相结合。职业生涯目标的抉择是以自己的实力为依据的，即自己的最佳才能、最优性格、最大兴趣等条件，盲目设计一个好高骛远的目标则很难实现。但作为一个大学生其职业生涯目标应高于自己的实力，这样才能最大限度地发掘自己的潜能，取得更大的成功。

(5)自己主见与他人意见相结合。自己的职业生涯规划当然应该有自己的主见，这样才能积极、主动地实现自己的目标。但是大学生的人生观、价值观等都还未完全形成，单凭自己的能力来完成职业生涯规划还有一定难度，此时，大学生应该认真听取他人的意见，更全面地掌握信息，更深入地分析问题，以最小的偏差做最正确的决策。

第二节　大学生职业生涯规划的要素、步骤和内容

一、职业生涯设计的要素

职业生涯设计具有明显的个性化特征，每个人因各自的职业生涯发展阶段和历程不同，其职业生涯设计的要点也有所不同，不同的人在做职业生涯设计时，考虑的因素也不同。总体说来，一些因素是必须考虑的，如对自我的全面认识、外部环境的评估、个人目标的抉择以及落实目标的措施安排等。

我国人事科学研究者罗双平用一个精辟的公式总结出职业生涯设计的三大要素，即

职业生涯设计＝知己＋知彼＋抉择(目标)

俗话说“知己知彼，百战不殆”。在职业生涯设计中，所谓“知己”就是自我认识与自我了解。“知彼”就是熟悉周围的环境，特别是与生涯发展有关的工作环境。知己、知彼相互关联，确定的个人职业生涯目标要符合现实，而不是一厢情愿；对从事的职业要感兴趣，而不是被动地去做；所从事的工作能发挥专长，合理利用个人的强项；对工作的环境能够适应，而不是感到

处处困难，难以生存。这就说明你的生涯设计不仅做到了“知己”“知彼”，而且还做出了正确的“抉择”。职业生涯设计要素之间的关系情况如下图所示。

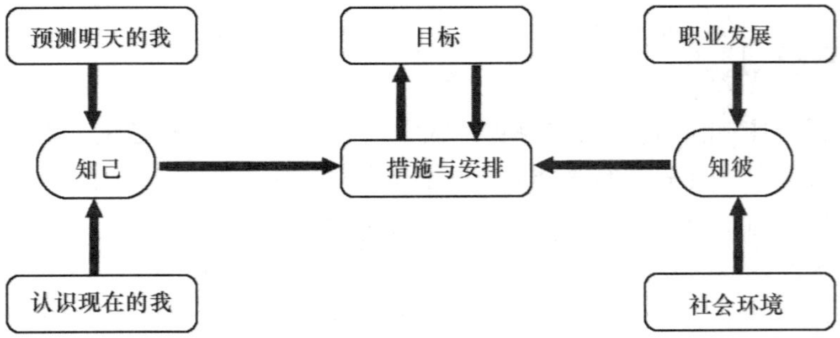

二、职业生涯设计的步骤

设计一个完整有效的职业生涯应包括自我评估、外部环境分析、目标确定、实施策略和反馈评估这 5 个环节。每一个环节都要设计若干具体内容。

1. 自我评估

自我评估的主要内容同与个人相关的所有因素有关，包括兴趣、个性、能力、特长、学识水平、思维方式、价值观、情商、潜能等。要清楚自己是谁、自己想要做什么以及自己能做什么。常言道：“当局者迷”，一个人对自己的认识总是片面的，所以在自我评估中还应该包括他人的意见，我们称之为“角色建议”。

2. 外部环境分析

外部环境分析包括对社会政治环境、经济环境和组织(企业)环境的分析，即评估和分析环境条件的特点、发展与需求的变化趋势，自己与环境的关系以及环境对自己的有利条件与不利条件等。目的是相应地调整自己，适应环境的需要。这样职业生涯设计才会切实可行，而不致流于空泛。

3. 目标确定

制订个人职业生涯计划是为了实现某种职业目标、进而获得自己理想的生活，所以目标抉择才是职业生涯设计的核心。职业生涯设计的确定，是指可预想到的、有一定实现可能的最长远目标，包括人生目标、长期目标、中期目标和短期目标。一般首先可根据个人素质与社会大环境条件确定人生目标和长期目标，然后通过目标分解、分化为符合组织需要的中期及短期目标。

4. 实施策略

所谓实施策略，是指为实现职业生涯目标而制订的行动计划。在确定职业生涯目标后，要制订相应的行动方案来实现目标，这就如同设计奔向目标的阶梯。实施策略要求具体可行、容易测评。它包括职业生涯发展路线、教育培训安排、实践计划等方面的措施。

5. 反馈评估

有效的职业生涯规划还要求便于个人不断地反省、修正目标和策略方案。现实社会中各种不确定因素的存在，会使现实与原来制订的职业生涯目标有所偏差，这就需要人们及时对规划的目标和行动方案做出调整，从而实现人生理想。从这个意义上说，反馈评估的确是一个再认识、再发现的过程。

三、职业生涯规划的内容

我国著名职业生涯学研究者与培训师程社明博士提出职业生涯设计应包括 10 项内容。

(1)题目包括姓名、年限、年龄跨度、起止时期。

(2)职业方向及总体目标是指从业方向和当前可以预见的最长远目标。

(3)社会环境分析结果包括对政治环境、经济环境、法律环境的分析，还包括职业环境分析。

(4)企业分析结果包括行业分析以及对企业制度、企业文化、企业领导、企业产品和服务、发展领域等的分析。

(5)自身条件及潜力测评结果个人分析包括了解自己的目前状况和发展潜能。

(6)角色及其建议记录是对自己职业生涯影响最大的一些人的建议。

(7)目标分解及目标组合分析是实现目标的主要影响因素，通过目标分解和目标组合的方法做出果断明确的目标选择。

(8)成功的标准。

(9)差距即自身现实状况与实现目标的要求之间的距离。

(10)缩小差距的方法及实施方案。

第三节　大学生职业生涯规划常用方法

一、PPDF 法

PPDF 的英文全称是：Personal Performance Development File。中文是指个人职业表现发展档案，也可译成个人职业生涯发展道路。

(一)PPDF 的主要目的

PPDF 是对员工工作经历的一种连续性的参考。它的设计可以使员工和他的主管领导对该员工所取得的成就，以及该员工将来想做些什么有一个系统的了解。它既指出员工现时的目标，也指出员工将来的目标及可能达到的目标。它标示出，你如果要达到这些目标，在某一阶段你应该具有什么样的能力、技术及其他条件等。同时，它还帮助你在实施行动时进行认真思考，看你是否非常明确这些目标，以及你应具备的能力和条件。

(二)怎样使用 PPDF

PPDF 是两本完整的手册。在当你希望达到某一个目标时，为你提供一个非常灵活的档案。将 PPDF 的所有项目都填好后，交给你的直接领导一本，员工自己留下一本。领导会找你，你要告诉他你想在什么时间内，以什么方式来达到你的目标。他会同你一起研究，分析其中的每一项，给你指出哪一个目标你设计得太远，应该再近一点儿；哪一个目标设计得太近，可以将它往远处推一推。他也可能告诉你，在什么时候应该和电大、夜大等业余培训单位联系，他也可能会亲自为你设计一个更适合你的方案。总之，不管怎样，你将单独地和你相信的领导一同探讨你该如何发展、奋斗。

(三)PPDF的主要内容

1. 个人情况

A. 个人简历：包括个人的生日、出生地、部门、职务、现住址等。

B. 文化教育：初中以上的校名、地点、入学时间、主修专题、课题等。所修课程是否拿到学历，在学校负责过何种社会活动等。

C. 学历情况：填入所有的学历、取得的时间、考试时间、课题以及分数等。

D. 曾接受过的培训：受过何种与工作有关的培训(如在校、业余还是在职培训)、课题、形式、开始时间等。

E. 工作经历：按顺序填写你以前工作过的单位名称、工种、工作地点等。

F. 有成果的工作经历：写上你认为以前有成绩的工作是哪些，不要写现在的。

G. 以前的行为管理论述：写上你对工作进行的评价，以及关于行为管理的事情。

H. 评估小结：对档案里所列的情况进行自我评估。

2. 现在的行为

A. 现时工作情况：应填写你现在的工作岗位、岗位职责等。

B. 现时行为管理文档：写上你现在的行为管理文档记录，可以在这里加一些注释。

C. 现时目标行为计划：设计一个目标，同时列出和此目标有关的专业、经历等。这个目标是有时限的，要考虑到成本、时间、质量和数量的记录。如果有什么问题，可以立刻同你的上司探讨解决。

D. 如果你有了现时目标。它是什么？

E. 怎样为每一个目标设定具体的期限？此处写出你和上司谈话的主要内容。

3. 未来的发展

A. 职业目标：在今后的3～5年，你准备在单位里做到的位置。

B. 所需要的能力、知识：为了达到你的目标，你认为应该拥有哪些新的技术、技巧、能力和经验等。

C. 发展行动计划：为了获得这些能力、知识等，你准备采用哪些方法和实际行动。其中哪一种是最好、最有效的，谁对执行这些行动负责，什么时间能完成。

D. 发展行动日志：此处填写发展行动计划的具体活动安排，所选用的培训方法等。如听课、自学、所需日期、开始的时间、取得的成果等。这不仅仅是为了自己，也是为了了解工作和行为。同时，你还要对照自己的行为和经验等，写上你从中学到了什么。员工在公司工作不仅是为了自身生存需要的满足，还有寻求自身价值发展需要的满足。如果公司无法满足员工发展的需求，就会增大员工离职的风险。所以，公司的人力资源部门应该为员工规划职业道路，让员工的发展目标与公司的发展目标保持一致。

二、SWOT 法

与前面介绍的 PPDF 法相比，SWOT 分析方法是一种更为常用的职业生涯规划方法。

SWOT 分析方法是一个经济管理理论，是企业在制订公司战略规划时经常使用的分析工具。

SWOT 的意思就是优势（Strengths）、劣势（Weaknesses）、机会（Opportunities）、威胁（Threats）。在世界 500 强企业和绝大多数跨国公司，SWOT 分析方法被广泛使用，市场分析人员也经常使用这一工具来扫描、分析整个行业和市场，获取相关市场资讯，为高层提供决策依据。其中，S、W 是内部因素，O、T 是外部因素。

这种方法也可以用于我们的职业规划与就业选择。面对一个具体的职位，我们不妨采用这一工具对自己进行从里到外的体检，同时面对外部环境进行认真的洞察和分析，发现我们获得该职位的可能性，并制订相应的职业生涯规划实施方案。

SWOT 分析是检查你的技能、能力、职业、喜好和职业机会的有用工具，通过分析自己的个人优点和缺点，仔细评估自己感兴趣的不同职业道路的机会和威胁所在。

一般来说，个人在进行 SWOT 分析时，应遵循以下 4 个步骤。

1. 评估自己的长处和短处

我们每个人都有自己独特的技能、天赋和能力。在当今社会分工明确的市场经济环境下，每个人都有其擅长的领域，而不是样样精通。例如，有些人不喜欢整天坐在办公桌旁，而有些人则一想到不得不与陌生人打交道时，心里就发麻，惴惴不安。请根据 SWOT 分析表格，列出你喜欢做的事情和你的长处所在，如果你觉得界定自己的长处比较困难，那么可以找身边的朋友或家人帮助你。通过列表，你可以找出自己不喜欢做的事情和你的弱势。找出你的短处和发现你的长处同样重要，因为你可以基于自己的长处和短处做两种选择：一是努力去改正你常犯的错误，提高你的技能；二是放弃那些你不擅长的、技能要求很高的职业。列出你认为自己所具备的很重要的强项和对你的职业选择产生影响的弱势，然后再标出那些你认为对你最重要的强、弱势。

2. 找出你的职业机会和威胁

不同的行业包括这些行业里不同的公司都面临不同的外部市场机会和威胁，所以找出这些外界因素将协助我们成功地找到一份适合自己的工作，这对求职和将来的职业发展是非常重要的。如果公司处于一个经常受到外界不利因素影响的行业，很显然这个公司能提供的职业机会将是很少的，而且没有升迁的机会。相反地，充满较多外界因素的行业将为求职者提供广阔的职业前景。请列出你感兴趣的一两个行业（如 IT、金融机构或者房地产），然后认真地评估这些行业所面临的机会和威胁。

3. 提纲式地列出今后 3～5 年你的职业目标

仔细地对自己做一个 SWOT 分析评估，列出你从学校毕业后 3～5 年内最想实现的 3～4 个职业目标。这些目标可以包括：你想从事哪一种职业，你将上升到什么位置，你将管理多少人，或者你希望自己拿到的薪资。请记住：你必须竭尽所能地发挥出自己的优势，使之与行业提供的工作机会完全匹配。

4. 提纲式地列出一份3～5年你的职业行动计划及实施方案

请你拟出一份实现上述第三步列出的每一目标的行动计划，并且详细地说明为了实现每一目标，你要做的每一件事，何时完成这些事。如果你觉得你需要一些外界帮助，请说明你需要何种帮助和如何获得这些帮助。举个例子，你的个人SWOT分析可能表明，为了实现你理想中的职业目标，你需要进修更多的企业管理课程或交际课程，那么，你的职业行动计划应说明你何时进修这些课程。你拟定的详尽的行动计划将帮助你做决策，就像公司事先制订的计划为职业经理们提供行动指南一样。诚然，做此类个人SWOT分析会占用很多时间，而且需要认真对待。但是详尽的个人SWOT分析后，你将有一个连贯的、与实际并行的个人职业策略供自己参考。

当今社会，拥有一份挑战和乐趣并存、薪酬丰厚的职业是每个人的梦想和成功愿望，但并不是每一个人都能成功地实现这一梦想。因此，除了SWOT分析结果和职业行动指南，你还必须保证有效地执行它，没有强有力的执行力，一切努力都是徒劳，执行中还需要逐渐地修正计划，因为世间没有最完美的方案，但当你执着地去做的时候，你会发现，梦想并不遥远，成功就在身边。

三、大学生涯愿景模型法

(一)个人愿景是什么

个人愿景是发自内心的，是一个人真正最关心的、一生最热切渴望达成的事情，它是一个特定的结果，一种期望的未来或意象。当你为一个自己认为至高无上的目标献出无限心力的时候，它就会变成一种自然的、发自内心的强大力量。

愿景有多个方面。有物质上的欲望，也有有关个人健康、自由方面的欲望，还有对社会贡献方面，对某领域知识的贡献等，所有这些，都可以成为人们心中真正愿望的一部分。总的来说，个人愿景主要包括以下几个方面。

自我形象：你希望成为什么样的人？假如你可以变成你向往的那种人，你会有哪些特征？

有形财产：你希望拥有哪些物质财产？希望拥有多大的数量？

家庭生活：在你的理想中，你未来的家庭生活环境是什么样的？

个人健康：对于自己的健康、身材、运动以及其他与身体有关的事情，有什么期望？

人际关系：你希望与你的同事、家人、朋友以及其他人保持哪种关系？

职业状况：你理想中的职业状况是什么样的？你希望你的努力可以发挥什么样的影响力？

个人休闲：在个人的学习、旅游、阅读或其他活动领域中，你希望创造出什么样的成果？

(二)如何建立个人愿景

学会把焦点放在全过程追求的目标上，而非仅放在次要的目标上，这样的能力是“自我超越”的动力。人在做自己真正想做的事情时，会精神焕发，并充满热忱。当遭受挫折的时候，会坚忍不拔，认为是自己分内该做的事，觉得很值得做，意愿很强大，效率也自然提高。

每个人都有自己的愿景，但在很多情况下，人们对自己的愿景往往是模糊的，或者是有误解的，这样会造成行动的盲目。因此，对于每个人来说，关键并不是如何建立个人愿景，而是如何理清个人愿景。以下3个步骤可以帮你理清自己的愿景。

1. 想象实现愿景后的情景(假如你得到了渴望获得的成果,那么,是什么样的情景,你怎样来形容它?你的感觉如何?这种感觉是不是你真正想要的!)。

2. 形容个人愿景(想象你正在达成你一生最热切渴望达成的愿望,这些愿望会是什么样的?):请你回顾在你的中小学时代、高中毕业时、大学毕业时、参加工作后以及现在的个人愿景,其中哪些愿景实现了,哪些还没有实现,原因是什么?这些愿望包括自我形象、有形的财产、感情生活、个人健康、人际关系、工作和个人休闲等。

3. 检验并弄清楚愿景(分步检验你写下来的个人愿景所组成的清单和每个方面,从而找出最接近你内心深处的层面):如果你现在就可以实现愿景,你会接受它吗?假定你现在实现了愿景,这愿景能为你带来什么?你接受了它,你的感受又是怎样?人生不能没有梦想,梦想不能没有翅膀。

案例分析

大学毕业生张同学的SWOT分析

基本情况:

张同学(化名),男,1982年3月生,北京人。

毕业学校:北京邮电大学;专业:通信工程;毕业后去向:北京移动。背景概述:专业成绩优秀,外语出众,有工作经验。

学习成绩:

平均分:85。

外语成绩:CET4/90.5,CET6/85,TOEFL/660+5.5,GRE/700+800+6。

社会工作:

2000—2004年:系男篮主力。

2000—2002年:班级体委。

2000—2003年:多门课程课代表。

实习兼职:

2003.11—2004.6:IBM Authorized Training Center,Aix SL associate instructor。

2003.7—2003.11:CCTV青少部彤彤工作室,灯光助理。

2001.8—2001.9:北京西城六部口交通中队,电脑、局域网维护。

所获奖励:

2001年:校三等奖学金,文体积极分子奖,校运会田径金牌。

2002年:校三等奖学金,文体积极分子奖,校运会田径金牌。

2004年:新东方学校优秀学员奖,托福高分奖,GRE高分奖,GRE单项写作高分奖(GRE作文满分)。

SWOT分析:

1. 优势及其使用

优势:(1)专业背景好,凡是专业课,没有低于85分的;(2)英语能力突出,在同龄人中出众;(3)有多次实习工作经历,比较会与成年人打交道,语言表达能力优秀。

优势的使用：(1)申请工程技术类工作时，占优势；(2)申请工作和面试时，非常显眼(现在英语好专业又好的人才稀缺)；(3)在交流沟通时更为专业，在面试中占有先机。

2. 劣势及其弥补

劣势：(1)一些基础课和文科课成绩一般；(2)性格有些暴躁。

劣势的弥补：(1)面试时强调专业技能；(2)尽量将心态放平和。

3. 机遇及其把握

机遇：(1)偶然得知 IBM 要招收兼职；(2)毕业前的各种招聘面试；(3)TOEFL、GRE 学习考试。

机遇的把握：(1)立即申请，通过几轮面试，并在其后的大半年里兢兢业业，受到领导的一致表扬与欣赏；(2)认真对待每一次面试，尽量多地抓住资源，得到很多工作机会；(3)努力提高自己的英语实力，考一次就考好一次，用考试鞭策自己的学习。

4. 挑战及其排除

挑战：(1)在 IBM 中，先要学习很多东西，并且还要有几次上岗前的测评，上岗后面对的是二三十个工程师组成的团队，压力很大；(2)GRE 作文考到满分，语文 700 分，托福 660 分接近满分；(3)面试时的各种刁难与挑战。

挑战的排除：(l)在寒假里几乎天天在公司学习、实践，回家后也是如此，长达半年的时间里每天工作十几个小时；在测评和上岗前进行心理暗示。(2)在“非典”期间和随后的暑假，每天工作 12 小时以上，练习作文，分析题型，积累写作材料；同时不忘记每天锻炼，在高强度劳动量的情况下保持精力旺盛，不生病。(3)同专业人士聊天，吸取经验，在兼职过程中积累和职业人士打交道的经验，拓宽眼界，对每一个面试公司做调研，分析其需求与特点，面试之前准备材料及应变策略，面试中发挥表达能力强、感染力强的优势。

专家点评：

(1)这是一个全面发展的典型，说明张同学对于自身和环境确实有着深刻的理解。

(2)只做分析是没有用的，关键是分析之后的行动。张同学就有一股这样的狠劲，几个月里每天工作 12 小时以上，练习作文，分析题型，积累写作材料。这不是一般人能做到的。

(3)努力的方面要综合。大学是我们提高自己综合素质的一个极好时期，张同学就很好地做到了这一点，既有好的学习成绩，又抓住了许多实习和实践的机会。实际上，这两者是相辅相成的。

视野拓展

我的大学我的梦

每个人的心中都有一个大学梦。而我有这个梦是在我初中的时候，大学对我有一种特别的吸引力。我觉得大学是一个神圣又遥远的殿堂，是一抹民族精魄的哺育之所，我什么时候才可以跨入？

曾经，大学是一个梦，是一个天天挂在嘴边的理想。

喜欢天文的时候，希望上中国科技大学。

喜欢地理的时候，希望上中国地质大。

喜欢画画的时候，希望上美术学院。

我梦想的大学，总是随着兴趣的转变而变换着。直到有一天，我将面临选择的时候，突然间彷徨了，似乎找不到方向。爱好这么多，去哪里呢？真是恼人的问题！

十二年的寒窗苦读，十二年的披荆斩棘，曾经承载太多，曾经的梦想和追求，那些尝过的欢乐与痛苦……一年前我怀着期盼的心情，踏着希望的音符，来到了这个梦里的“象牙塔”——让梦想起飞的地方。

梦想中，我的大学生活，充实而不紧张，快乐而不孤单，能够有休闲的时间做自己感兴趣的事，能够有更多志同道合的朋友，能够出去写写生，能够看看闲书，喝喝闲茶，不会再有堆积的学习任务。

现在，大一的一年已经悄然度过了，我们也被称作学长、学姐了，看着学弟、学妹们涌入曾经我走入的这扇门，心中五味杂陈。

一年的大学生活我们已经相信，命运是掌握在自己手中的，并非命中注定，想要拥有辉煌，就得自己去耕耘。我的大学必须由我来做主。

人生的花季是生命的春天，它美丽，却短暂。大学生活还有两年，作为大学生就应该在这一时期努力学习，奋发向上，找到属于自己的天空，利用这个舞台，挥洒自己的梦想，张扬自己的青春，两年之后，我们回首时，不会说“当初我要是……就好了”。

小组讨论

1. 我是一个刚上大一的学生，虽然觉得生涯规划是应该学习和有用的，但毕竟距离找工作还很远，现在学习是否有点早了？

2. 我是一个大三的学生，正忙于找工作，现在再探索什么工作适合自己是否太晚了？我真正关心的是如何才能找到一份好工作！

3. 生涯规划是要有计划地安排自己的职业发展，但是人生会按照计划按部就班吗？

第三章

自我认知

学习目标

1. 探索自己的职业兴趣。
2. 了解自己的职业性格。
3. 清楚自己的能力。
4. 明确自己的职业价值观。
5. 掌握运用自我认知的方法。

思维拓展

知人者智，自知者明。胜人者有力，自胜者强。

——老子

人生最困难的事情是认识自己。

——泰勒斯(古希腊时期的思想家、科学家、哲学家)

最不了解自己的人，总认为自己最了不起。

——波恩

活动

1. 我是谁？当我这样问自己的时候，我的答案是什么？请把它写下来。

____

____

______________________________。

2. 自我描述

我的外貌：

____

______________________________。

我的性格：

____

______________________________。

我的爱好：

____

______________________________。

我的特长：

____

____。

我的其他方面：

____

____。

通过这个小活动，我们的自我探索之旅走出了第一步。认识自我的同时也是自我职业生涯规划的起点，因为在职场中只有对自己有一个客观地评估和认识，才能选择一条适合自己发展的职业道路。

古今中外，认识自己都被看作最高智慧，而今天，作为一名大学生，每个人需要从认识自我开始，找到自己的兴趣、爱好、特长，转变角色，从而确定最适合自己的职业。因此，认识自己是职业设计的第一步，也是职业生涯规划的重点！

兴趣——决定你愿意做什么；

性格——决定你适合做什么；

能力——决定你能够做什么；

价值观——指引你追求有意义的人生。

第一节 职业兴趣探索

一、兴趣与职业生涯发展的关系

【活动】回忆自己的幸福时光——放松、深呼吸，然后回忆三个自己感到特别愉快、忘了时空和自己的时候。请仔细地回想当时的场景细节以及当时的感受。

讨论：人在什么时候感到最幸福和满足？

____

____。

1. 兴趣是人生幸福感和满足感的来源

美国芝加哥大学心理学教授米哈利用 30 多年的时间对几百位各行各业的人进行访谈，研究是什么东西真正令人们感到幸福和满足。他发现，和人们通常想象的不同，不是在人们很放松、什么事也不做（比如看电视）的时候让人们感到幸福和满足，而是当人们专心致志地从事某种活动，甚至忘我地完全沉浸在这种活动中的时候，他们感到最为幸福和满足。对不同的人而言，幸福和满足是不同的状态，可能是跳舞，可能是演奏乐器、绘画，也可能是阅读、写作或即兴演讲等。

米哈利将这种状态称为“flow”（它的原意是“流动”，也被译为“沉浸”或“心流”状态），因为这时候人们的体验好像是被一股潮流往前推动，一切都很平稳而自然地发生了。在这种状态下，人们没有考虑到做这样事情可能带来什么样的回报或担心自己的表现如何，而只是整个人都忘情地投入其中，享受从事这个活动过程本身带来的快乐。而且这种活动通常对我们的体力或智力有一定的挑战，同时人们也在最大限度地使用自己的技能。

米哈利的这一发现说明：人们的满足感、幸福感往往来源于从事某种活动，而不是无所事事或单纯的享乐游玩。他一直强调要做自己喜爱的事情，才能获得快乐。而这也正是工作原本的意义所在。对大多数人而言，工作占据的是他们一生之中、一天之中最好的时光。

2. 兴趣与职业生涯发展的关系

如果我们所从事的事情是自己喜欢的，那我们的工作和生活会愉快很多，也会对这样的工作更有激情，更有可能在这样的工作中获得满足。所以人们倾向于在他们感兴趣的事情上投入更多的时间，由于有兴趣，人们在从事自己喜欢的事情就会感到得心应手，从而形成良性循环。

大量的研究表明，兴趣和工作满意度、职业稳定性和职业成就感之间存在着明显的关联。正因为如此，在做职业生涯辅导时普遍将兴趣作为自我探索的一个重要方面，并研制出多种量表来测量人们的职业兴趣。

二、霍兰德兴趣类型理论

1. 霍兰德兴趣类型

著名的生涯辅导理论家霍兰德提出了一系列的研究假设。他认为：

①职业选择是人格(Personality)的一种表现，某一类型的职业通常会吸引具有相同人格特质的人，这种人格特质反映在职业上就是职业兴趣。

②大多数人的职业兴趣可以归纳为6种类型：实用型(Realistic type，简称R)、研究型(Investigative type，简称I)、艺术型(Artistic type，简称A)、社会型(Social type，简称S)、企业型(Enterprising type，简称E)和事务型(Conventional type，简称C)。

类型	喜欢的活动	重视	职业环境要求	典型职业
实用型R (Realistic)	用手、工具、机器制造或修理东西。愿意从事事务性的工作、体力活动，喜欢户外活动或操作机器，不喜欢在办公室工作	具体的事物，诚实，有常识	使用手工或机械技能对物体、工具、机器、动物等进行操作，与“事物”工作的能力比与“人”打交道的能力更为重要	园艺师、木匠、汽车修理工、工程师、军官、外科医生、足球教练员等
类型	喜欢的活动	重视	职业环境要求	典型职业
研究型I (Investigative)	喜欢探索和理解事物，学习研究那些需要分析、思考的抽象问题，喜欢阅读和讨论有关科学性的论题，喜欢独立工作，对未知问题的挑战充满兴趣	知识，学习，成就，独立	分析研究问题、运用复杂和抽象的思考创造性地解决问题的能力，谨慎缜密，能运用智慧独立地工作，具有一定的写作能力	实验室工作人员、生物学家、化学家、心理学家、工程设计师、大学教授等
类型	喜欢的活动	重视	职业环境要求	典型职业
艺术型A (Artistic)	喜欢自我表达，喜欢文学、音乐、艺术和表演等具有创造性、变化性的工作，重视作品的原创性和创意	有创意的想法，自我表达，自由，美	创造力，对情感的表现能力，以非传统的方式来表现自己；自由、开放	作家、编辑、音乐家、摄影师、厨师、漫画家、导演、室内装潢设计师等

类型	喜欢的活动	重视	职业环境要求	典型职业
社会型 S（Social）	喜欢与人合作，热情关心他人，愿意帮助别人成长或解决困难、为他人提供服务	服务社会与他人，公正，理解，平等，理想	人际交往能力，教导、医治、帮助他人等方面的技能，对他人表现出精神上的关爱，愿意担负社会责任	教师、社会工作者、牧师、心理咨询师、护士等
类型	喜欢的活动	重视	职业环境要求	典型职业
企业型 E（Enterprising）	喜欢领导和支配别人，通过领导、劝说他人或推销自己的观念、产品而达到个人或组织的目标，希望成就一番事业	经济和社会地位上的成功，忠诚，冒险精神，责任	说服他人或支配他人的能力，敢于承担风险，目标导向	律师、政治运动领袖、营销商、市场部经理、电视制片人、保险代理等
类型	喜欢的活动	重视	职业环境要求	典型职业
事务型 C（Conventional）	喜欢固定的、有秩序的工作或活动，希望确切地知道工作的要求和标准，愿意在一个大的机构中处于从属地位，对文字、数据和事物进行细致有序的系统处理以达到特定的标准	准确、有条理、节俭、盈利	文书技巧，组织能力，听取并遵从指示的能力，能够按时完成工作并达到严格的标准，有组织，有计划	文字编辑、会计师、银行家、办事员、税务员和计算机操作员等

③个人的职业兴趣往往是多方面的，很少只是集中在某一种类型上。大家可能或多或少地具备所有 6 种兴趣，只是偏好程度不同。因此，为了比较全面地描绘个人的职业兴趣，通常用最强的 3 种兴趣的字母代码来表示一个人的兴趣，这个代码就称为“霍兰德代码”（Holland code）。这 3 个字母间的顺序表示兴趣强弱程度的不同。比如 SAI 和 AIS 的人具有相似的兴趣，但他们对同一类型事务的兴趣强弱程度是不同的。

2. 6 种兴趣类型之间的关系

霍兰德提出了六边形模型来解释 6 种职业类型之间的关系如下图所示。在六边形模型中，任何两种类型之间的距离越近，其职业环境及人格特质的相似程度就越高。例如，企业型和社会型在六角形模型中是相邻的类型，它们的相似性也最高，因为这两种类型的人都比其他类型的人更喜欢与人打交道，只是他们打交道的方式不同而已。而事务型和艺术型处于对角线的位置，它们会因缺少一致性而具有相反的特质：事务型的人喜欢循规蹈矩，而艺术型的人则追求自由与个性化。六边形模型可以帮助我们对兴趣类型与职业环境类型之间的适配性进行评估。

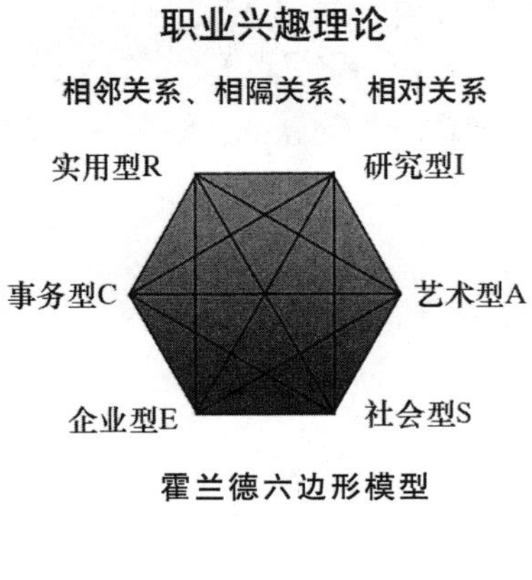

霍兰德六边形模型

相邻关系：

如 RI、RA、AI、AS、SA、SE、ES、EC、CE、RC 及 CR，属于这种关系的两种类型个体之间共同点较多。实用型 R、研究型 I 的人都不太偏好人际交往，这两种职业环境也都较少机会与人接触。人们选择从事与自身兴趣类型或相邻关系类型的职业，比较容易适应。

相隔关系：

如 RA、RE、IC、IS、AR、AE、S、SC、EA、ER、CI 及 CS，属于这种关系的两种类型个体之间共同点较相邻关系少。人们选择从事与其人格类型成相隔关系类型的职业，需经过艰苦努力才能适应。

相对关系：

在六边形上处于对角位置的类型之间即为相对关系，如 RS、IE、AC、SR、EI 及 CA，相对关系的人格类型共同点少。人们如果选择与其人格类型成相对关系类型的职业，则很难适应。

三、自我兴趣探索

恭喜你！你获得了一次免费度假游的机会，有机会去下列 6 个岛屿中的一个，如下图所示。唯一的要求是你必须要在这个岛上坚持至少一年的时间。请不要考虑其他因素，仅凭自己的兴趣挑出你最想前往的岛屿。

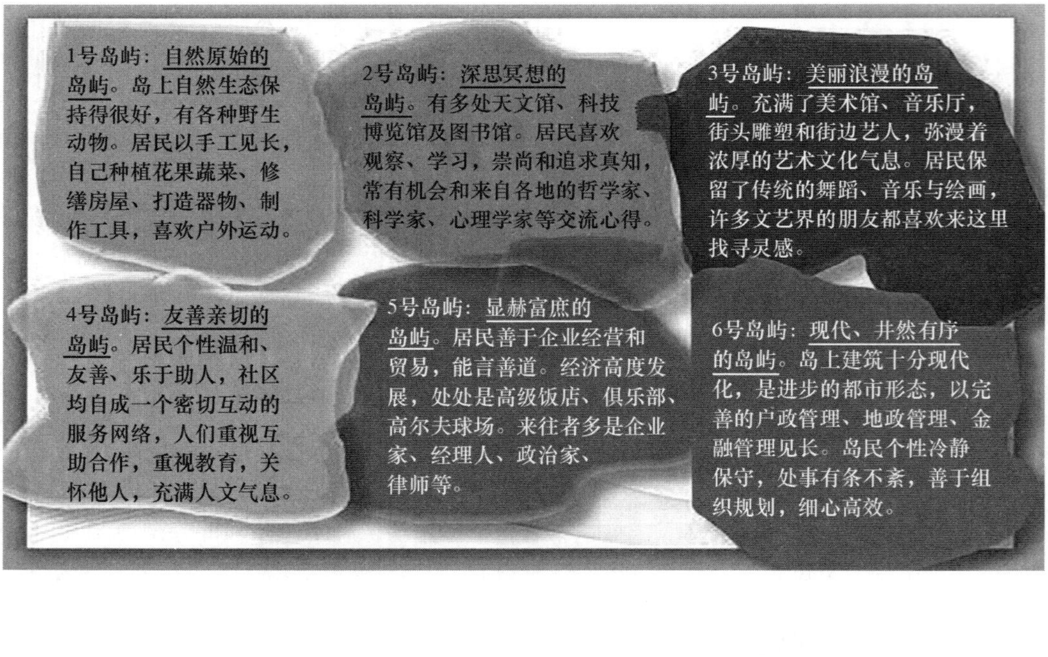

活动：喜欢去同一个岛屿的同学组合在一起。给岛屿取名、给自己的岛屿设计一个图标，写出 3～5 个关键词。居住在这个岛屿的理由，为自己的岛屿拉票，希望别的岛屿的人来和你们一起生活。

我最想去的岛屿是：________________________________

理由是：________________________________

________________________________。

我第二想去的岛屿是：________________________________

理由是：________________________________

________________________________。

我第三想去的岛屿是：________________________________

理由是：________________________________

________________________________。

完成相关测评，我的测评结果是：________________________________

____

结合兴趣岛屿游戏和霍兰德测评结果，找到自己的职业兴趣是：________________

____

________________________________。

1 号岛屿	实用型——R	Realistic
2 号岛屿	研究型——I	Investigative
3 号岛屿	艺术型——A	Artistic
4 号岛屿	社会型——S	Social
5 号岛屿	企业型——E	Enterprising
6 号岛屿	事务型——C	Conventional

或者

Step1:打开微信界面下滑出现小程序窗口。

Step2:在“搜索小程序”窗口中输入:“霍兰德职业兴趣测试 SDS”进行测试。

四、个人兴趣与职业的匹配

霍兰德提出:个人兴趣类型和职业环境之间的匹配将增加个人的工作满意度、职业稳定性和职业成就感。因此,占主导地位的兴趣类型可以为个人选择职业和工作环境提供方向。可以用霍兰德类型来了解并组织自己的兴趣,并根据它来探索及理解工作环境。通过自我探索活动或测评工具得出自己的兴趣代码后,就可以对照找出与之相匹配的职业。

当我们倡导在职业选择上寻求个人兴趣与职业环境之间的匹配时,“完全的”匹配只是我们不断接近的一个理想目标。现实中,我们做不到百分之百的匹配,但不必因此而放弃对个人兴趣的重视。我们的职业至少应当在一定程度上体现我们的兴趣,可以是 90%,也可以是 40%,其余的部分可以在生活中的其他方面、通过其他活动(如业余爱好、志愿活动、辅修专业)来实现。

即使一个人从事与自己的兴趣类型不匹配的工作,也没必要沮丧。因为具体的工作实际上千变万化,很难用简单的类型来划分。比如,像机械修理这样实用型的工作,也可以在其中加上社会型的元素,将它作为一项为客户提供满意服务的职业来从事。由于从事某一职业的典型人群通常都趋向于特定的兴趣爱好,这既是他们的长处也可能是他们的弱点。而一个与职业环境不太匹配的人,则有可能成为这个群体中独树一帜的人,并做出一些独特的贡献。当然,这个人也需要理解并能接受这样的现实。

第二节　性格探索

一、性格与职业生涯发展的关系

1. 什么是性格

大家通常会用什么词形容你?“活泼”“沉静”“内向”还是“外向”?这些词常常与一个人的性格有关。关于性格,心理学家们有多种定义。认为性格是人们对现实的稳定态度和习惯化行为方式的总和,表现为个体独特的心理特征。性格是在社会生活中逐渐形成的,同时也受个体的生物学因素影响。每个人在其成长经历中,会受到生理、遗传、家庭教养、文化和学习经验等因素的相互作用，从而形成自己的独特个性，在不同的情境中表现出特定的气质。

2. 性格与职业生涯发展的关系

【签名活动】

☺请同学们拿出一张白纸，在纸上签下自己的名字。

☺请换一只手，再次在纸上签下自己的名字。

☺两次签名有什么不同的感受？请用几个词来形容一下。

右手签名的感受：____

____。

左手签名的感受：____

____。

我的感悟：____

____。

当我们用自己常用的那只手签名时，通常会感到"得心应手"，很自如，几乎不假思索，也不用费什么力气，对自己能够做好这件事也很有自信。当我们用另一只手签名时，会感觉到不习惯、别扭、费劲，而且签的名字也歪歪扭扭，不过，我们会发现自己也是可以用这只手签名的。

在其他事情上也是如此，天生有自己擅长的一面，也有自己不擅长的一面（就如我们的右手、左手）。它们没有好坏或者对错之分。如果能够找到一个适合的环境，使我们在其中发挥自己的长处和优势，那么我们会很自信，并且往往会取得佳绩。相反，如果要求我们做不擅长的事情，那么多半会感到不舒服、不自在，而且可能很难做好。

如果我们知晓自己性格上的"左右手"，并了解与之相适应的环境和职业，就能帮助我们做出合乎自己情况的职业选择。这样的最佳匹配，会使得我们容易成为有效的工作者。

二、MBTI 性格理论

MBTI 的理论基础来源于瑞典心理学家荣格有关知觉、判断和人格态度的观点，由布里格斯和她的女儿迈尔斯研究发展成为心理测评工具，因此称作 MBTI《迈尔斯-布里格斯类型指标》性格理论。

嘉芙莲·谷嘉·布里格斯、伊莎贝·碧瑞斯·迈尔斯采取行动方式：判断（Judging）-知觉（Perceiving）构建了四维十六种性格模型，编制《迈尔斯-布里格斯类型指标》Myers-Briggs Type Indicator（MBTI）。

MBTI 性格理论的四个维度

认知方式（能量获得途径）	外向（E），内向（I）
关注方向（注意力的指向）	感觉（S），直觉（N）
判断方式（决策判断方式）	思考（T），情感（F）
生活方式（采取行动方式）	判断（J），知觉（P）

MBTI 的 16 种性格类型

SJ 保守	ESTJ	ESFJ	ISTJ	ISFJ
SP 经验	ESTP	ESFP	ISTP	ISFP
NT 概念	ENTJ	ENTP	INTJ	INTP
NF 理想	ENFJ	ENFP	INFJ	INFP

MBTI 有许多研究数据的支持，属于信度、效度都较高的心理测评工具。它的用途非常广泛，被用于自我探索、职业发展、人才选拔、团队建设、管理培训、恋爱与婚姻咨询、教育（学业）咨询及多元文化培训中。

性格的四个维度

三、自我性格的探索

外向 E（Extroversion）	内向 I（Introversion）
热情洋溢	冷静，谨慎
生机勃勃，善于表达	稳重，不愿意主动表达
听、说、想同时进行	先听，后想，再说
语速快，嗓门高	语速慢，语调平稳
注意力容易分散	注意力集中
喜欢人多的场合	喜欢独自消磨时间
关注问题的广度	关注问题的深度
能量来自与外界的互相作用	能量来自内心的思考与推理
思考一下自己更倾向于（　　）	

感觉 S(Sensing)	直觉 N(Intuition)
关注事实存在	关注事物背后的意义
谈话目标清楚,方式直接	谈话目标宏观,方式复杂
思维连贯	思维跳跃
喜欢从事实际性的工作	喜欢从事创造性的工作
留心细节	关注总体、未来
对身体敏感	精力集中于自己的思想
以客观现实为依据	习惯比喻、推理与暗示
思考一下自己更倾向于(　　)	

思考 T(Thinking)	情感 F(Feeling)
行为冷静,公事公办	行为温和,注重社交细节
关注事情的客观公平	关注个人感受与价值观
很少赞扬别人	习惯赞美别人
言语平实、生硬	言语友善、委婉
坚定、自信	犹豫、情绪化
遵照客观逻辑推理	倾向主观想法与道德评判
人际关系不敏感	尽量避免争论和矛盾
思考一下自己更倾向于(　　)	

判断 J(Judging)	知觉 P(Perceiving)
正式,严肃	随意,自然
保守,谨慎	开放,灵活
习惯做决定,有决断	做事拖拉,不愿做决定
条理清楚,计划明确	缺乏条理,保持弹性
急于完成工作	喜欢开始一项工作
遵守制度、规则与组织	常常感觉到被束缚
喜欢确立目标,然后去努力实现	经常改变目标,偏好于新的体验
外表整洁,环境干净	着装以舒服为标准,不在意环境
思考一下自己更倾向于(　　)	

完成相关测评,我的测评结果是:________________________________。

我如何看待自己的测评结果:________________________________

________________________________。

四、性格类型与职业匹配

知道自己的 MBTI 类型,可以帮助你了解职业倾向。但是人的性格非常复杂,每个维度都会彼此影响。有研究数据表明,S-N、T-F 两种维度的组合 ST、SF、NF、NT 与职业的选择更为相关。

ST 型的人更注重通过实效和实际的方式应用详细资料,如商业领域。例如,一位 ST 型的心理咨询硕士将会成为心理测评和应用方面的专家。

SF 型的人喜欢通过实践的方式帮助别人，如健康护理和教育领域。例如，一位 SF 型的心理咨询硕士将关注自己的管理、督导技能，以发展和促进同事之间有效的工作关系。

NF 型的人希望能通过在宗教、咨询、艺术等领域工作来帮助人们。例如，一位 NF 型的心理咨询硕士将成为临床专家来帮助人们，学习如何更好地了解自己和他人。

NT 型的人更关注理论框架，如科学、技术和管理，喜欢挑战。例如，一个 NT 型的心理咨询硕士将运用他的战略重点和管理技巧，成为人力资源领域的管理者。

工作安全感则受 IJ、IP、EP、EJ 的影响最大，其中 EJ 类型的人最易有工作安全感，而 IP 类型的人常常在工作中对组织、未来等缺乏安全感。

当然，16 种 MBTI 类型各有其职业倾向。其中，职业倾向的描述都是从大的类别描述的，在理解自己的职业倾向时，请不要陷入类别名称的描述，而更重要的是要看到这一类别工作的特点。因为在现实工作中，工作名称千变万化，即使相同名称的职位也可能因不同公司要求相异，所以只有清楚适合自己性格类型的工作特点才能灵活地运用这一理论帮助自己选择工作。

第三节 能力探索

一、能力与职业生涯发展的关系

在应聘时每一个求职者都要面对的一个共同问题，就是招聘方常常问“你有什么能力来胜任我们的工作?”不管这个问题是直截了当地提出来的，还是设定一些问题来间接考察，个人能力都是用人单位最关心的问题，也是求职者最需要证明的。怎样发现、培养和表现自己的能力，从而在就业中拥有竞争力，是非常关键的。

1. 能力的含义

能力，是指顺利完成某一活动所必需的主观条件，直接影响工作效率，是工作顺利完成的个性心理特征。能力与人完成一定的工作相联系，离开了具体工作既不能表现人的能力，也不能发展人的能力。在管理学中，能力指的是个体能够成功完成工作中各项任务的可能性。

2. 能力与职业的关系

能力是影响人们职业活动效果的基本因素。一方面，只有具备职业相关的能力素质，才有可能从事某项工作。能力水平越高，工作表现越好；另一方面，只有对自己的职业能力有充分的认识和判断，我们才能“量体裁衣”地找到合适自己的工作。合适的工作又有利于促进个人职业能力的进一步发展，两者相互促进，良性循环，最后的结果是带来职业上更进一步的发展。

心理学家罗圭斯特与戴维斯在对个体的工作适应问题进行研究后，提出了明尼苏达工作适应论：当工作环境能够满足个人的需求时，个人会感到“内在满意”；而当个人能够满足工作的需求时，个人能够达到“外在满意”(即令自己的雇主、同事感到满意)。当个人能够同时达到内在和外在满意时，个人与环境之间的关系就比较协调，个人的工作满意度会比较高，在该工作领域也能持久发展。

当一个人的能力和工作需求相匹配时，最容易发挥自己的潜能，并且获得一种满足感。相反，当一个人去做自己力所不及的工作时，就会感到焦虑，甚至产生挫败感。

二、能力的分类

能力按照其获得的方式(先天具有与后天培养),可以分为能力倾向和技能两大类。

能力倾向是指上天赋予每个人的特殊才能,如音乐才能、运动能力。也就是人们常说的某人在某方面具有天赋。遗传、环境和文化都可以影响天赋的发展。

技能则是指经过后天学习和练习培养而形成的能力,如阅读能力、人际交往能力、表达能力。通常表现为某种动作系统和动作方式。在个人成长的过程中,从什么也不会做的小孩到一个能生活自理,能够看、听、说、行走、阅读、写字的普通成年人,其实我们每个人都已经学会了无数的技能,在现实生活中,个人的能力水平往往是能力倾向和技能两方面的结果。比如,刘翔取得110米跨栏比赛的奥运会冠军,这中间既有他先天良好的个人身体素质的原因,也离不开他后天勤奋刻苦的技能训练。但同时,我们要注意不要将两者混为一谈。比如,我们常常会听到某人说"我这方面的能力不行",那么,是真的不具备这方面的天赋,还是由于缺乏机会培养和练习呢?事实上,像人际交往能力、沟通能力等,主要依赖后天的练习。"勤能补拙"指的是先天的不足是可以通过后天的努力弥补的。

在职业生涯规划中,我们通常探索的是后天学习和练习培养而形成的能力和技能。

对个人技能的认识,应建立在对技能分类的基础上。辛迪·梵和理查德·鲍尔斯将技能分为3种类型:①知识技能;②可迁移技能(或称通用技能);③自我管理技能(适应性技能)。通常人们比较容易想到自己所具有的知识技能,但实际上后两种技能更为重要。它们使我们有可能不局限于自己所学的专业,可以在更广的范围内选择职业。它们对我们在竞争中胜出具有关键性的作用,并且使我们能够在工作中得以长久地发展。而雇主们对它们的重视程度,也往往超过了对单纯知识技能的重视。

技能的1万小时定律:一个人的技能要达到世界级水平,练习时间必须超过1万小时,任何行业都不例外,你能够为你的职业锻炼技能1万小时吗?技能的分类如下表所示。

技能的分类

知识技能 (内容性技能)	可迁移技能 (通用技能)	自我管理技能 (适应性技能)
(用名词表述)	(用动词表述)	(用形容词、副词表述)
植物栽培	复制	认真的
森林病虫害防治	比较	冷静的
园林工程设计	计算	有创造力的
工程预算	汇编	细心的
电子商务	分析	宽容的
酒店管理	调整	顽强的
会计	综合	协作的
…	…	…

知识技能是指那些需要通过教育或者培训才能获得的特别的知识或能力,也就是个人所学习的科目、所懂得的知识。知识技能是一些静态的、我们已经学到的知识,主要用名词表述,知识技能主要用于解决具体问题。

可迁移技能指一个人会做的事,可适用于不同的工作场所,它通常以动词的方式出现,可迁移技能是完成工作任务的最主体部分。

可迁移技能的特征是它们可以从生活中的方方面面，特别是工作之外得到发展、可以迁移应用于不同的工作之中。几乎在所有的工作中，或多或少都会用到一些可迁移技能。因此，可迁移技能也被称为“通用技能”，也是个人最能持续运用和最能够依靠的技能。

与知识技能相比，可迁移技能无所谓更新换代，而且无论你的需求和工作环境有什么样的变化，它们都可以得到应用。随着个人工作经验和生活阅历的增加，可迁移技能还会得到不断发展。

自我管理技能经常被看作个性品质而非技能，因为它们被用来描述或说明个人具有的某些特征。自我管理技能在个人的职业发展中起着非常重要的作用。它涉及个体在不同的环境下如何管理自己，是勇于创新还是循规蹈矩，是认真仔细还是敷衍了事，能否在压力下保持镇定，是否对工作有热情，是否自信等。

良好的自我管理技能能够帮助个体更好地适应周围的环境，应对工作中出现的问题，因此它也被称为适应性技能。一个人是如何使用自己的专业知识、以什么样的态度从事工作的，这甚至比工作内容本身更为重要。正是这样一些品质和态度，将个人与许多其他具有相同知识技能的候选人区别开来，最终得到一份工作，并能够适应新的环境和规则，在工作中取得成就，获得加薪和晋升的机会。因此，有人称它们为“成功所需要的品质、个人最有价值的资产”。

讨论：三种技能之间的关系，哪种技能更重要？为什么？

____

____

______________________________。

三、自我能力探索

【活动 1】夸夸我自己

在 5 分钟内尽可能多地写下自己所拥有的能力。与你的同伴分享，看看有什么样的规律。大家写的一样吗？有什么不同？

我能：______________________________

我能：______________________________

我能：______________________________

我能：______________________________

我能：______________________________

……

1. 知识技能的发现

我大学学习的是什么专业？我的专业课有哪些？除了专业课之外，我还选修了哪些课程？我参加过哪些相关培训？

列出我的知识技能清单

序号	课程	获得的专业知识技能
1		
2		
3		
4		
…		

我最重要的5项知识技能是：____

____。

2. 可迁移技能的发现

我都会做什么？我参加过哪些社会实践？用5～10个动词来概述我的工作能力。我觉得自己最突出的工作能力有哪些？哪些能力使我能够胜任这项工作？

我最重要的5项可迁移技能是：____

____。

3. 自我管理技能的发现

用5个形容词来描述我的优点。在老师眼里，我是一个什么样的学生？我的同学通常怎么评价我？通常我给人留下最深刻的印象会是什么？我觉得自己身上最明显的特点是什么？

我最重要的5项自我管理技能是：____

____。

【活动2】撰写成就故事

请写下生活中令自己有成就感的具体事件然后对其进行分析，看看你在其中使用了哪些技能（尤其是可迁移技能）。

这些“成就事件”不一定是工作或学习上的，也可以是课外活动或家庭生活中发生的，比如同学会、一次美好而难忘的旅游等。它们不必是惊天动地的大事，只要符合以下两条标准，就可以被视为“成就”：①自己喜欢做这件事时体验到的感受；②自己为完成它所带来的结果感到自豪。如果同时自己还获得了他人的认可和表扬那就更好。

在写成就故事时，每一个故事都应当包含以下要素：

(1)自己想达到的目标，即需要完成的事情。

(2)当时面临的障碍、限制或困难。

(3)具体行动步骤，即你是如何一步一步克服障碍、达成目标的。

(4)对结果的描述，即你取得了什么成就。最好能够量化评估（用某种方法衡量或以数据说明）。

至少写出3～5个故事（越多越好）。如果有条件的话，请和同伴一起逐一进行分析讨论，在其中自己都使用了一些什么样的技能。最后看看在这些故事中是否有重复出现的技能，如果它们就是自己喜爱施展也擅长的技能，将这些技能按优先次序加以排列。

我的成就故事：____

____。

我所喜爱使用且擅长的技能是：____

____。

四、雇主们最重视的能力

能力是雇主们通常在大学毕业生身上寻求的、也是使得这些学生有资格担任某一职位的东西，包括了他们的教育背景、经验和态度的综合素质。有些领域需要专门的知识或证书（如医学、程序设计、化工），但大部分职业并不要求有什么特殊的知识技能，而需要的是一些更为普遍、一般性的技能和素质（即可迁移技能和自我管理技能）。

根据美国"全国大学与雇主协会"的调查，雇主们最为重视的技能和个人品质按顺序可排列为：①沟通能力；②积极主动性；③团队合作精神；④领导能力；⑤学习成绩；⑥人际交往能力；⑦适应能力；⑧专业技术；⑨诚实正直；⑩工作道德；⑪分析和解决问题的能力。

我们可以看到，其中的第①、④、⑥、⑦、⑪都属于可迁移技能，第②、③、⑨、⑩都是自我管理技能，而知识技能排在第⑤和第⑧。

在美国劳工部及美国职业生涯咨询和发展协会对雇主进行的另一份调查结果也显示：雇主们非常重视员工的自我管理技能和可迁移技能。具体为：①善于学习；②读、写、算的能力；③良好的交流能力，包括听、说能力；④创造性思维和解决问题的能力；⑤自尊、积极、有奋斗目标；⑥有个人和事业开拓能力；⑦交际、谈判能力及团体精神；⑧良好的组织和领导能力。

事实上，中国雇主们所看重的同样是这些能力。许多企业在招聘人才时不仅看其学习成绩，更重视其他的综合能力，如良好的沟通、表达能力，较强的分析、组织能力及领导能力，尤其是团队精神。

第四节　职业价值观探索

【讨论导入】什么样的工作算是好工作？

____

____

____。

【故事引入】——渔夫与商人的对话

一个美国商人坐在墨西哥海边一个小渔村的码头上，看着一个墨西哥渔夫划着一艘小船靠岸。小船上有好几尾大黄鳍鲔鱼，这个美国商人问渔夫要多少时间才能捕这么多？墨西哥渔夫说，才一会就捕到了。美国人接着问道，你为什么不待久一点，好多捕一些鱼？墨西哥渔夫不以为然，这些鱼已经足够我一家人生活所需啦！

美国人又问：那么你一天剩下那么多时间都在干什么？墨西哥渔夫解释：我呀？我每天睡到自然醒，出海随便抓几条鱼，回来后跟孩子们玩一玩，再睡个午觉，黄昏时晃到村子里喝点小酒，跟哥儿们玩玩吉他，我的日子过得充实又忙碌呢！

美国人不以为然，帮他出主意，他说：我是美国哈佛大学企业管理硕士，我倒是可以帮你忙！你应该每天多花一些时间去抓鱼，到时候你就有钱去买艘大一点的船，再买更多渔船，你可以拥有一个船队，你可以自己开一家罐头工厂。如此你就可以控制整个生产、加工处理和营销。然后离开这个小渔村，搬到墨西哥城，再搬到洛杉矶，最后到纽约。在那里经营你不断扩充的企业。

墨西哥渔夫问：这要花多少时间呢？美国人回答：15～20 年。

然后呢？

美国人大笑着说：然后你就可以在家当皇帝啦！时机一到，你就可以宣布股票上市，把你的公司股份卖给投资大众。到时候你就发财啦！

然后呢？

美国人说：到那个时候你就可以退休啦！你可以搬到海边的小渔村去住。每天睡到自然醒，出海随便抓几条鱼，回来后跟孩子们玩一玩，再睡个午觉，黄昏时晃到村子里喝点小酒，跟哥儿们玩玩吉他喽！

墨西哥渔夫疑惑地说：我现在不就是这样了吗？

我的读后感：____

____

____

____。

我想过什么样的生活？我想要的是什么？什么东西对我而言是有价值的？什么样的工作因素会特别打动我，让我毅然选择某份职业？

一、价值观与职业生涯发展的关系

价值观是我们在生活和工作中所看重的原则、标准或品质。它指向我们一生中最重要的东西，是个体行为背后的深层动机，对个体的职业选择和发展起着重要的激励作用。

价值观是指一个人对周围客观事物（包括人、事、物）的意义、重要性的总体评价和看法，是社会成员用来评价行为、事物的准则。人们的行事风格、待人接物态度等行为模式都受价值观的影响，它是世界观的核心部分，支配和调节着一切的社会行为，涉及社会生活的方方面面。

价值观在人们的职业生涯发展中起到极其重要的、决定性的作用，它对于人们职业发展的影响甚至超过了兴趣和性格对个人的影响。实际工作中，我们也看到，一个人越清楚自己的价值观，越了解自己在工作和生活中想要寻求什么、什么对自己来说是最重要的，他的职业生涯发展目标也就越清晰。

马斯洛的需求层次模型与对应的价值观

二、价值观的激励作用

价值观是驱使人行为的内部动力，它也是一套自我激励机制。依据马斯洛的需求层次理论，人有五个层次的需求：生理需求，安全需求，感情需求，尊重需求和自我实现的需求。只有当低层次的需求得到基本满足后，个人才能关注并致力于满足更高层次的需求。这些需求体现在我们的生活中，就成为我们的价值观。

生理需求：是个人生存的基本需要，如吃、喝、住处。对食物、水、空气和住房等需求都是生理需求，这类需求的级别最低。

安全需求：包括心理上与物质上的安全保障，如不受盗窃和威胁，预防危险事故，职业有保障，有社会保险和退休基金等。安全需求包括对人身安全、生活稳定以及免遭痛苦、威胁或疾病等的需求。

感情需求：感情上的需求包括对友谊、爱情以及隶属关系的需求。人是社会的一员，需要友谊和群体的归属感，人际交往需要彼此同情、互助和赞许。

尊重需求：尊重需求既包括对成就或自我价值的个人感觉，也包括他人对自己的认可与尊重。尊重需求，包括要求受到别人的尊重和自己具有内在的自尊心。

自我实现的需求：自我实现需求的目标是自我实现，或是发挥潜能。自我实现需求，指通过自己的努力，实现自己对生活的期望，从而对生活和工作真正感到很有意义。

思考：我的需求

____

____

____。

对照需求层次模型，想一想你处在哪一级需求层次？你最希望在工作中获得对哪个层次需求的满足？什么因素能够带给你满足感、激励你更好地工作。

三、职业价值观理论

职业心理学家通过大量的调查，从人们的理想、信念和世界观角度把职业价值观分为 9 种，称为职业价值观理论。

职业价值观及其特点

序号	职业价值观	典型特点	典型职业类型
一	独立经营性	也称非工资生活者型，他们不受别人指使，凭自己的能力拥有自己的小“城堡”，不愿受人干涉，想充分施展本领	演员、记者、诗人、画家、音乐家、雕刻家、摄影师等
二	经济型	也称经理型。他们确信世界上的所有幸福都可以用金钱买到，认为人与人之间的关系是金钱关系，连父母与子女的爱也带有金钱的烙印	各类商人
三	支配型	也称独断专行型，想当管理者	政治家、律师、调度员、管理人员等
四	自尊型	受人尊重的欲望很强，追求虚荣、优越感也很强。很渴望能有社会地位和名誉，希望常常受到众人尊敬。在欲望得不到满足时，由于过于强烈的自我意识，有时反而自卑	公务员、银行出纳、工商税务人员、会计等

续表

序号	职业价值观	典型特点	典型职业类型
五	自我实现型	这种类型的人对诸如平常的幸福，一般的惯例等毫不关心，一心一意想发挥个性，追求真理。不考虑收入、地位及他人对自己的看法，尽力挖掘自己的潜力，施展自己的本领，并视此为有意义的生活	各类学科的科研人员
六	志愿者型	这种类型的人富有同情心，他们把他人的痛苦视为自己的痛苦，不愿干表面上哗众取宠的事，把默默地帮助不幸的人视作无比快乐的事	护士、社会工作者、导游、咨询人员等
七	家庭中心型	这种类型的人过着十分平凡但又安定的生活，珍惜与家人的团聚。为人踏实，生活态度保守，不敢冒险	农民、工程师、机械工、司机等
八	才能型	这种类型的人单纯，爱给别人戴高帽子，把深受周围人的欢迎视为乐趣，常常以不凡的谈吐、新颖的服装博得众人好感，以滑稽的表情使周围气氛活跃	营销人员、公关人员、司仪、节目主持人等
九	自由型	这种类型的人一开始做事无目的和计划，但能适时地使自己的行动适应当时的气氛，常被周围人认为无责任感。但他能承担有限的责任，不麻烦他人，无拘无束，生活随便	无固定职业

四、自我价值观探索

【活动 1】价值观想象

如果我有 1 000 万元，我将______________________________。

我将给我的传记起一个书名，那是______________________________。

在生活中我最想得到的是______________________________。

如果我只剩下 24 小时的生命，那我将______________________________。

我将给我的孩子的忠告是______________________________。

如果我在大火中只能救出一件东西，它是______________________________。

【活动 2】重要价值观列表

人际关系/归属感、团队合作，物质保障/高收入，稳定，安全，创造性，多样性和变化性，新鲜感，乐趣，自由独立(时间，工作任务)，被认可，受尊重，能帮助他人，能发挥自己的才能，成就感，成功，名誉，地位，自主独立，有学习/发展/成长的机会，权力(领导/影响他人)有益于社会，挑战性，冒险性，竞争，符合自己的道德观，工作环境、工作与生活平衡，家庭，朋友，亲密关系，健康，信仰，自由……

参照以上列表，挑选出对你来说 5 条最重要的价值观，分别写在 5 张小纸条上。在反面对你挑选的重要价值观进行描述，即要达到什么样的程度你才能满意。

现在，如果你不得不放弃其中的一条，你会放弃哪一条？将你准备放弃的这一条与其他人交换。

如果你不得不再次放弃剩下四条中的一条，你会放弃哪一条？请再次与其他人交换(保留刚才别人给你的，放在一边）。

继续下去，直到剩下最后一条。这是否是你无论如何也不愿放弃的？

剩下的最后一条是：____。

你是否认真地考虑，慎重地选择留下的这一条？

你是否敢公开地宣布这就是我所追求的价值观？

你最近一个月是否为了这个价值观有所行动？

五、澄清自己的真实价值观

每个人都有自己独特的价值观，而且不论喜欢与否，生活中重要的人（如父母、同学、师长）的价值观也常常会对我们产生影响。重要的不是去评判这些价值的对错，而是去考量它们给自己的生活和职业发展带来的影响，并适时做出调整，同时也需要认识到：很少有工作能够完全满足一个人所有的重要价值观。因此，我们总是要不断地做出妥协和放弃，这是不可避免的，也是必要的。只有对自己的价值观进行澄清和排序，才能知道如何取舍。

在价值观探索活动中，可能有人会发现对价值观的取舍和排序是一个最艰难的过程，甚至做完了这个活动，仍然不清楚自己想要的到底是什么。比如在“价值观列表”活动中，可能会有人发现留下来的最后一条价值观也不见得是对自己真正重要的。出现这样的情况是正常的，因为大学生还处在建立和形成个人价值观的探索期，有一些混乱是必然的。重要的是要对自己的职业和生活进行不断地思考和探索。价值观的澄清本身也不是一劳永逸的过程。因此，有必要进行进一步的探索，并在今后的生活中不断反思。

我不觉得人心智成熟的标志是越来越宽容，什么都可以接受。相反，我觉得那应该是一个逐渐剔除的过程，知道自己最重要的东西是什么，知道不重要的东西是什么。而后，做一个简单的人。

拓展阅读

习近平：在北京大学师生座谈会上的讲话（节选）

（2018 年 5 月 2 日）

同学们、老师们！

当代青年是同新时代共同前进的一代。我们面临的新时代，既是近代以来中华民族发展的最好时代，也是实现中华民族伟大复兴的最关键时代。广大青年既拥有广阔的发展空间，也承载着伟大时代使命。青年是国家的希望、民族的未来。我衷心希望每一个青年都成为社会主义建设者和接班人，不辱时代使命，不负人民期望。对广大青年来说，这是最大的人生际遇，也是最大的人生考验。

2014 年我来北大同师生代表座谈时对广大青年提出了具有执着的信念、优良的品德、丰富的知识、过硬的本领这 4 点要求。借此机会，我再给广大青年提几点希望。

一是要爱国，忠于祖国，忠于人民。爱国，是人世间最深层、最持久的情感，是一个人立德之源、立功之本。孙中山先生说，做人最大的事情，“就是要知道怎么样爱国”。我们常讲，做人要有气节、要有人格。气节也好，人格也好，爱国是第一位的。我们是中华儿女，要了解中华民族历史，秉承中华文化基因，有民族自豪感和文化自信心。要时时想到国家，处处想到人民，做到“利于国者爱之，害于国者恶之”。爱国，不能停留在口号上，而是要把自己的理想同祖国的前途、把自己的人生同民族的命运紧密联系在一起，扎根人民，奉献国家。

二是要励志，立鸿鹄志，做奋斗者。苏轼说：“古之立大事者，不惟有超世之才，亦必有坚忍不拔之志。”王守仁说：“志不立，天下无可成之事。”可见，立志对一个人的一生具有多么重要的意义。广大青年要培养奋斗精神，做到理想坚定，信念执着，不怕困难，勇于开拓，顽强拼搏，永不气馁。幸福都是奋斗出来的，奋斗本身就是一种幸福。1939 年 5 月，毛泽东同志在延安庆贺模范青年大会上说：“中国的青年运动有很好的革命传统，这个传统就是‘永久奋斗’。我们共产党是继承这个传统的，现在传下来了，以后更要继续传下去。”为实现中华民族伟大复兴的中国梦而奋斗，是我们人生难得的际遇。每个青年都应该珍惜这个伟大时代，做新时代的奋斗者。

三是要求真，求真学问，练真本领。“玉不琢，不成器；人不学，不知道。”知识是每个人成才的基石，在学习阶段一定要把基石打深、打牢。学习就必须求真学问，求真理、悟道理、明事理，不能满足于碎片化的信息、快餐化的知识。要通过学习知识，掌握事物发展规律，通晓天下道理，丰富学识，增长见识。人的潜力是无限的，只有在不断学习、不断实践中才能充分发掘出来。建设社会主义现代化强国，发展是第一要务，创新是第一动力，人才是第一资源。希望广大青年珍惜大好学习时光，求真学问，练真本领，更好地为国争光、为民造福。

四是要力行，知行合一，做实干家。“纸上得来终觉浅，绝知此事要躬行。”学到的东西，不能停留在书本上，不能只装在脑袋里，而应该落实到行动上，做到知行合一、以知促行、以行求知，正所谓“知者行之始，行者知之成”。每一项事业，不论大小，都是靠脚踏实地、一点一滴干出来的。“道虽迩，不行不至；事虽小，不为不成。”这是永恒的道理。做人做事，最怕的就是只说不做，眼高手低。不论学习还是工作，都要面向实际、深入实践，实践出真知；都要严谨务实，一分耕耘一分收获，苦干实干。广大青年要努力成为有理想、有学问、有才干的实干家，在新时代干出一番事业。我在长期工作中最深切的体会就是：社会主义是干出来的。

同学们、老师们！

辛弃疾在一首词中写道：“乘风好去，长空万里，直下看山河。”我说过：“中国梦是历史的、现实的，也是未来的；是我们这一代的，更是青年一代的。中华民族伟大复兴的中国梦终将在一代代青年的接力奋斗中变为现实。”新时代青年要乘新时代春风，在祖国的万里长空放飞青春梦想，以社会主义建设者和接班人的使命担当，为全面建成小康社会、全面建设社会主义现代化强国而努力奋斗，让中华民族伟大复兴在我们的奋斗中梦想成真！

（摘自《新华网》2018 年 5 月 3 日）

习近平对新时代中国青年的深情寄语

2019 年 4 月 30 日，纪念五四运动 100 周年大会今天上午在人民大会堂举行。中共中央总书记、国家主席、中央军委主席习近平出席大会并发表重要讲话。

“任何孤芳自赏都会陷入越走越窄的狭小天地”“让爱国主义的伟大旗帜始终在心中高高飘扬”“强者总是从挫折中不断奋起”……习近平在这次讲话中频频寄语新时代中国青年。

1. 中国青年是有远大理想抱负的青年！中国青年是有深厚家国情怀的青年！中国青年是有伟大创造力的青年！无论过去、现在还是未来，中国青年始终是实现中华民族伟大复兴的先锋力量！

2. 新时代中国青年运动的主题，新时代中国青年运动的方向，新时代中国青年的使命，就是坚持中国共产党领导，同人民一道，为实现“两个一百年”奋斗目标、实现中华民族伟大复兴的中国梦而奋斗。

3. 青年是整个社会力量中最积极、最有生气的力量，国家的希望在青年，民族的未来在青年。

4. 青年志存高远，就能激发奋进潜力，青春岁月就不会像无舵之舟漂泊不定。

5. 青年的人生目标会有不同，职业选择也有差异，但只有把自己的小我融入祖国的大我、人民的大我之中，与时代同步伐、与人民共命运，才能更好地实现人生价值、升华人生境界。离开了祖国需要、人民利益，任何孤芳自赏都会陷入越走越窄的狭小天地。

6. 一个人不爱国，甚至欺骗祖国、背叛祖国，那在自己的国家、在世界上都是很丢脸的，也是没有立足之地的。对每一个中国人来说，爱国是本分，也是职责，是心之所系、情之所归。

7. 新时代中国青年要听党话、跟党走，胸怀忧国忧民之心、爱国爱民之情，不断奉献祖国、奉献人民，以一生的真情投入、一辈子的顽强奋斗来体现爱国主义情怀，让爱国主义的伟大旗帜始终在心中高高飘扬！

8. 青年要保持初生牛犊不怕虎、越是艰险越向前的刚健勇毅，勇立时代潮头，争做时代先锋。一切视探索尝试为畏途、一切把负重前行当吃亏、一切“躲进小楼成一统”逃避责任的思想和行为，都是要不得的，都是成不了事的，也是难以真正获得人生快乐的。

9. 奋斗不只是响亮的口号，而是要在做好每一件小事、完成每一项任务、履行每一项职责中见精神。奋斗的道路不会一帆风顺，往往荆棘丛生、充满坎坷。强者，总是从挫折中不断奋起、永不气馁。

10. 新时代中国青年要增强学习紧迫感，如饥似渴、孜孜不倦学习，努力学习马克思主义立场观点方法，努力掌握科学文化知识和专业技能，努力提高人文素养，在学习中增长知识、锤炼品格，在工作中增长才干、练就本领，以真才实学服务人民，以创新创造贡献国家！

11. 面对复杂的世界大变局，要明辨是非、恪守正道，不人云亦云、盲目跟风。面对外部诱惑，要保持定力、严守规矩，用勤劳的双手和诚实的劳动创造美好生活，拒绝投机取巧、远离自作聪明。面对美好岁月，要有饮水思源、懂得回报的感恩之心，感恩党和国家，感恩社会和人民。

12. 要在奋斗中摸爬滚打，体察世间冷暖、民众忧乐、现实矛盾，从中找到人生真谛、生命价值、事业方向。

13. 新时代中国青年要自觉树立和践行社会主义核心价值观，善于从中华民族传统美德中汲取道德滋养，从英雄人物和时代楷模的身上感受道德风范，从自身内省中提升道德修为，明大德、守公德、严私德，自觉抵制拜金主义、享乐主义、极端个人主义、历史虚无主义等错误思想，追求更有高度、更有境界、更有品位的人生，让清风正气、蓬勃朝气遍布全社会！

14. 新时代中国青年，要有家国情怀，也要有人类关怀，发扬中华文化崇尚的四海一家、天下为公精神，为实现中华民族伟大复兴而奋斗，为推动共建“一带一路”、推动构建人类命运共同体而努力。

（摘自《人民网》2019 年 4 月 30 日）

习近平：在庆祝中国共产主义青年团成立100周年大会上的讲话（节选）

（2022年5月10日）

共青团员们，青年朋友们，同志们：

青春孕育无限希望，青年创造美好明天。一个民族只有寄望青春、永葆青春，才能兴旺发达。

共青团员们、青年朋友们、同志们！

中华民族是历史悠久、饱经沧桑的古老民族，更是自强不息、朝气蓬勃的青春民族。在5 000多年源远流长的文明历史中，中华民族始终有着“自古英雄出少年”的传统，始终有着“长江后浪推前浪”的情怀，始终有着“少年强则国强，少年进步则国进步”的信念，始终有着“希望寄托在你们身上”的期待。千百年来，青春的力量，青春的涌动，青春的创造，始终是推动中华民族勇毅前行、屹立于世界民族之林的磅礴力量！

“人生万事须自为，跬步江山即寥廓。”追求进步，是青年最宝贵的特质，也是党和人民最殷切的希望。新时代的广大共青团员，要做理想远大、信念坚定的模范，带头学习马克思主义理论，树立共产主义远大理想和中国特色社会主义共同理想，自觉践行社会主义核心价值观，大力弘扬爱国主义精神；要做刻苦学习、锐意创新的模范，带头立足岗位、苦练本领、创先争优，努力成为行业骨干、青年先锋；要做敢于斗争、善于斗争的模范，带头迎难而上、攻坚克难，做到不信邪、不怕鬼、骨头硬；要做艰苦奋斗、无私奉献的模范，带头站稳人民立场，脚踏实地、求真务实，吃苦在前、享受在后，甘于做一颗永不生锈的螺丝钉；要做崇德向善、严守纪律的模范，带头明大德、守公德、严私德，严格遵纪守法，严格履行团员义务。广大共青团员要认真接受政治训练、加强政治锻造、追求政治进步，积极向党组织靠拢，以成长为一名合格的共产党员为目标、为光荣。

长期以来，广大团干部发扬优良传统，认真履职尽责，为党的青年工作作出了重要贡献。团干部要铸牢对党忠诚的政治品格，高扬理想主义的精神气质，心境澄明，心力茁壮，让人迎面就能感受到年轻干部应有的清澈和纯粹。要自觉践行群众路线、树牢群众观点，同广大青年打成一片，做青年友，不做青年“官”，多为青年计，少为自己谋。要培养担当实干的工作作风，不尚虚谈、多务实功，勇于到艰苦环境和基层一线去担苦、担难、担重、担险，老老实实做人，踏踏实实干事。要涵养廉洁自律的道德修为，心有所畏、言有所戒、行有所止，不断锤炼意志力、坚忍力、自制力，做一个一心为公、一身正气、一尘不染的人。

共青团员们、青年朋友们、同志们！

革命人永远是年轻。中国共产党立志于中华民族千秋伟业，百年恰是风华正茂。列宁曾经引用恩格斯的话说过：“我们是未来的党，而未来是属于青年的。我们是革新者的党，而总是青年更乐于跟着革新者走。我们是跟腐朽的旧事物进行忘我斗争的党，而总是青年首先投身到忘我斗争中去。”历史和现实都证明，中国共产党是始终保持青春特质的党，是永远值得青年人信赖和追随的党。

共青团员们、青年朋友们、同志们！

早在两千多年前，孔子就说：“后生可畏，焉知来者之不如今也？”青年之于党和国家而言，最值得爱护、最值得期待。青年犹如大地上茁壮成长的小树，总有一天会长成参天大树，撑起一片天。青年又如初升的朝阳，不断积聚着能量，总有一刻会把光和热洒满大地。党和国家的希望寄托在青年身上！

1937 年，毛泽东同志为陕北公学成立题词时说："要造就一大批人，这些人是革命的先锋队。这些人具有政治远见。这些人充满着斗争精神和牺牲精神。这些人是胸怀坦白的，忠诚的，积极的，与正直的。这些人不谋私利，唯一的为着民族与社会的解放。这些人不怕困难，在困难面前总是坚定的，勇敢向前的。这些人不是狂妄分子，也不是风头主义者，而是脚踏实地富于实际精神的人们。中国要有一大群这样的先锋分子，中国革命的任务就能够顺利的解决。"今天，党和人民同样需要一大批这样的先锋分子，党中央殷切希望共青团能够培养出一大批这样的先锋分子。这是党的殷切期待，也是祖国和人民的殷切期待！

（摘自《新华网》2022 年 5 月 10 日）

习近平在中国共产党第二十次全国代表大会上的报告（节选）

（2021 年 7 月 1 日）

青年强，则国家强。当代中国青年生逢其时，施展才干的舞台无比广阔，实现梦想的前景无比光明。全党要把青年工作作为战略性工作来抓，用党的科学理论武装青年，用党的初心使命感召青年，做青年朋友的知心人、青年工作的热心人、青年群众的引路人。广大青年要坚定不移听党话、跟党走，怀抱梦想又脚踏实地，敢想敢为又善作善成，立志做有理想、敢担当、能吃苦、肯奋斗的新时代好青年，让青春在全面建设社会主义现代化国家的火热实践中绽放绚丽之花。

培养造就大批德才兼备的高素质人才，是国家和民族的长远发展大计。功以才成，业由才广。坚持党管人才原则，坚持尊重劳动、尊重知识、尊重人才、尊重创造，实施更加积极、更加开放、更加有效的人才政策，引导广大人才爱党报国、敬业奉献、服务人民。

统筹推动文明培育、文明实践、文明创建，推进城乡精神文明建设融合发展，在全社会弘扬劳动精神、奋斗精神、奉献精神、创造精神、勤俭节约精神，培育时代新风新貌。

（摘自《新华网》2021 年 7 月 1 日）

第五节　自我认知的方法

【活动导入】别人眼中的自己

活动目的：认识自己。

活动形式：在班级里寻找最熟悉自己的 2～3 位同学，用 10 个以内的词语相互描述对方（或者找 10 位熟悉自己的人，请他们告诉你的至少 2 个优点和缺点）。

活动准备：每人准备一张纸和一支笔。

活动规则：以他人评价的方式认识自己。

____

____

____。

认识自我的方法多种多样，下面我们可以通过橱窗分析法、SWOT 分析法、测试法、比较法等方法科学地认识自我。

一、橱窗分析法

橱窗分析法是自我剖析的重要方法之一。心理学家把对个人的了解比喻成一个橱窗（如下图）。为了便于理解，可以把橱窗放在直角坐标中加以分析。坐标的横轴正向表示别人知道，坐标横轴负向表示别人不知道，纵轴正向表示自己知道，负向表示自己不知道。

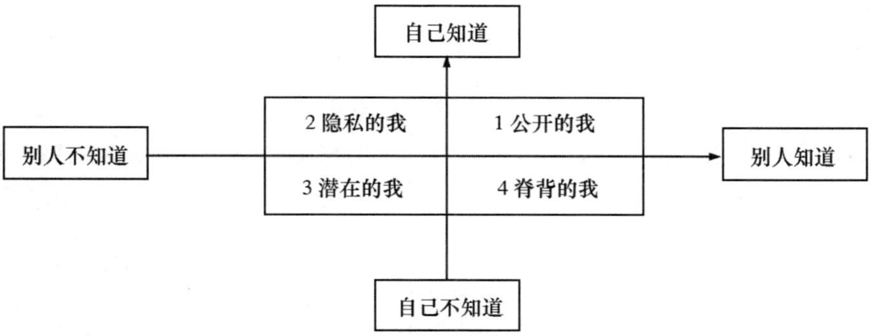

橱窗分析法示意图

橱窗 1 为自己知道、别人也知道的部分，称为“公开的我”，属于个人展现在外，无所隐藏的部分。

橱窗 2 为自己知道、别人不知道的部分，称为“隐私的我”，属于个人内在的私有秘密部分。

橱窗 3 为自己不知道、别人也不知道的部分，称为“潜在的我”，是有待开发的部分。

橱窗 4 为自己不知道、别人知道的部分，称为“脊背的我”，就如一个人的背部，自己看不到，别人却看得很清楚。

通过 4 个橱窗可知，在进行自我分析的时候，重点是了解橱窗 3 和橱窗 4。

橱窗 3 是“潜在的我”。据科学家研究发现，每个人都有巨大的潜能，人类平常只发挥了极小部分的大脑功能。如果一个人能发挥一半的大脑功能，将能够轻易地学会 40 种语言，背整套百科全书，拿 12 个博士学位。著名心理学家奥托指出，一个人一生所发挥出来的能力，只占他全部能力的 4%，也就是说，一个人 96%的能力还未开发。赫赫有名的控制论奠基人诺伯特·维纳说：“可以完全有把握地说，即使是做出了辉煌成就的人，在他的一生中利用他自己的大脑潜能还不到百亿分之一”。由此可见，认识、了解“潜在的我”是自我认识的重点之一，把个人潜能开发出来，也是职场新人的头等大事。了解“潜在的我”可以通过专业心理分析或心理测试等方式进行。我们可以采取撰写自传或 24 小时日记的方式来了解自我。撰写自传，可以了解自身成长的大致经历、自我计划及实施情况等；而 24 小时日记可以通过一个工作日和一个非工作日经历的对比，使我们了解一些不同常规的侧面信息。职场新人需要对此予以重视，尽管我们还年轻，不需要什么自传，但这却是了解自我的一种有效的途径。

橱窗 4 是“脊背的我”。如果自己诚恳地、真心实意地征询他人的意见和看法，就不难了解“脊背的我”。我们可以采取同自己的家人、朋友、同事等交流的方式，可以借助录音、录像设备，尽量做到开诚布公。想要真正了解“脊背的我”，就需要有开阔的陶怀，正确对待他人的评价，客观评价自己，做到有则改之，无则加勉，否则就不可能获得他人真诚的忠告。

二、SWOT 分析法

SWOT 分析法又称为态势分析法，是一种能够客观而又准确地分析个体现实情况的方法，也是职业决策常用的方法之一。

SWOT 分析方法主要通过四个较为宽泛的领域即优势（Strength）、劣势（Weakness）、机会（Opportunity）、挑战（Threat）进行自我分析。利用这种方法可以从中找出对自己有利的、值得发扬的因素，以及对自己不利的、如何去避开的东西，发现存在的问题，找出解决办法，并明确以后的发展方向。

自我分析中的 SWOT 矩阵

内部因素	优势（Strength）	劣势（Weakness）
	指个体可控且可利用的内在积极因素，如： ★工作经验 ★教育背景 ★丰富的专业知识和技能 ★特定的、可转移的技巧（如沟通、团队合作、领导能力） ★人格特质（如自我约束力、承受工作压力、创造力、乐观精神） ★在专业组织中的影响力	指个体可控且可以改善的内在消极因素，如： ☆缺乏工作经验 ☆学习成绩差，专业不对口 ☆缺乏目标，且对自我和工作的认知都不足 ☆缺乏专业知识 ☆较差的人际交往能力、沟通能力、团队合作、领导能力等 ☆负面的人格特征（如职业道德败坏、缺乏自律、缺少工作动机、情绪化）
外部因素	机会（Opportunity）	挑战（Threat）
	指个体不可控但可利用的外部积极因素，如： ★社会提供的就业机会增加 ★再教育的机会 ★专业领域急需人才 ★专业晋升的机会 ★职业生涯中的特殊机遇 ★地理位置优势 ★广泛的人际关系网络	指个体不可控但可使其弱化的外部消极因素，如： ☆社会提供的就业机会减少 ☆同专业大学毕业生带来的竞争 ☆名牌大学毕业生带来的竞争 ☆具有丰富工作经验、熟练专业技能的竞争者 ☆缺少培训带来的职业发展障碍 ☆工作晋升机会有限或竞争激烈 ☆专业领域发展有限 ☆企业不再招聘与你学历、专业相同的员工
你自己真实的卖点：		

三、测试法

测试法是通过回答有关问题来认识、了解自己。测试题目是由心理学家们经过精心研究设定的，只有如实回答，才能大概了解自己的情况，这是一种简便易行的自我剖析方法。随着心理学科的发展，心理测试技术日益完善，尤其是标准化的心理测试。测试结果也是相对比较可信的。

现今职业生涯规到中常见的心理测量工具主要分为两大类：正式测评心理量表和非正式测评工具，正式测评是指基于统计技术对大量人群施测后建立起来，其编制、实施、计分和测验分数的解释都是遵循统一的科学程序。因而又称标准化测验。非正式评估是指评估者依据自己的主观判断。而不是用事实和数字来加以证明的评估方法，并且在运用时不存在统一的程序，也没有对结果的标准化解释，具有运用灵活、方便，容易让被测试者充分放松等优点。

正式测评的心理量表有：兴趣测评，霍兰德自我探索量表，性格测评，迈尔斯-布里格斯类型指标测评（MBTI），价值观测评，工作价值观量表等。

非正式测评工具多采用行为分析技术（通过观察）或自我陈述分析技术（感知、态度、兴趣、经历等）进行测评。使用比较广泛的评估工具主要有：职业规划分类卡、生涯彩虹图、职业价值观拍卖、结构化工作表、想象引入、人物访谈等。

此外，还有其他几种测试方法，例如，人格测试、智力测试、能力测验、职业倾向测验等，也都能从不同侧面帮助个体认识和了解自己。

四、比较法

俗话说，有比较才有鉴别。比较法就是通过自己与他人的比较来了解自己的能力、水平以及自己发展变化的一种方法，古人云，“以铜为镜，可以正衣冠；以史为镜，可以知兴替；以人为镜，可以明得失。”通过比较，我们可以发现自己的长处和不足，从而扬长避短。

（1）通过与别人的比较来认识自我，只有在人群中间，才能认识自己。一个人对自己价值的认识，是通过与他人的能力和条件的比较获得的。在与他人比较的过程中，应注意比较的参照系和立足点。其一，跟别人比较的应该是行动后的结果，而不应该是行动前的条件。其二，跟别人比较要有标准，而且标准应该是相对标准而不应该是绝对标准。其三，比较的对象应该是与自己条件相类似的人。

（2）通过自我比较来认识自己，与过去的自己比，自己是进步了、成熟了、还是退步了；与理想中的自己相比，还有哪些差距等。前者可以发现自己的成绩和进步，提高自尊和自信；后者可以明确努力的方向，进一步完善自我，但是要注意理想中的自我要切合实际。

（3）通过分析他人对自己的评价来认识自己，要想了解自己，最好问问别人。从他人的态度和情感中认识自己，明确自我。一个人对自己的认识难免有偏差，因此有必要根据他人的评价、他人对自己表现出的言行态度来认识自己，他人的评价就像一面镜子，可以真实地观测到自己在生活中的表现，了解自己的各项特质。需要注意的是，正如镜子不一定能反映事物本来面目一样，别人对你的评价，由于受多种因素的影响，不一定是完全正确的，所以不能把别人的评价和态度作为唯一的衡量标准，还要充分结合其他有关信息进行自我综合评价。

视野拓展

霍兰德职业兴趣测验

职业兴趣测验是帮助人们明确自己的主观性向，从而能得到最适宜的活动情境并给予最大的能力投入的一种测验形式。职业兴趣测验不但对就业人员的择业有指导意义，而且对管理人员的选拔和安置也起着举足轻重的作用。

美国著名职业指导专家霍兰德编制的职业兴趣测验是目前国际上较权威的职业兴趣测验,他可以帮助被试者发现和确定自己的职业兴趣和能力专长,从而科学地做出求职择业的决策。

该测验没有时间限制,但你应尽快去做,而且要按顺序做。做完以后,请对照后面的“测试结果——职业分类表”了解你所适合的职业。

第一部分:你心中的理想职业(专业)

对于未来的职业(或升学进修的专业)你也许早有考虑,它可能很抽象、很朦胧,也可能很具体、很清晰。不管是哪种情况,现在都请你把你最想干的三种工作或最想读的三类专业,按顺序写下来:

1. ______________________________________。

2. ______________________________________。

3. ______________________________________。

第二部分:你所感兴趣的活动

下面列举了一些十分具体的活动。这些活动无所谓好坏,如果你有兴趣参加(包括过去、现在或将来),就请在“是”一栏的方框内画个“√”。

注意,这一部分测验主要想确定你“感兴趣”的某种活动,而不是你“要从事”的活动。即:答题时不必考虑你过去是否干过和是否擅长这种活动,只根据你的兴趣直接做出判断即可。请务必做完每一个题目。

R 型

你喜欢做下列事情吗?	是	否
1. 装配修理电器	□	□
2. 维修自行车、摩托车	□	□
3. 开卡车或拖拉机	□	□
4. 用木头做东西,如盒子、简易书架	□	□
5. 开摩托车或汽车	□	□
6. 学习五笔字型打字	□	□
7. 日常用品有小毛病自己修理,如手电、眼镜、收录机	□	□
8. 制作家具或布置居室	□	□
9. 选配制作家庭音响影院系统	□	□
10. 上工艺制作课	□	□
11. 开机器,或使用家庭工具、机械	□	□

“是”一栏打“√”的总数:

I 型

你喜欢做下列事情吗?	是	否
1. 阅读科技书、报、杂志	□	□
2. 做实验	□	□
3. 科研活动或自己设定一个问题进行研究	□	□

4.设计制作飞机、舰船模型	□	□
5.猜谜、做数字游戏或文字游戏	□	□
6.阅读某专业的论文	□	□
7.解数学难题	□	□
8.解一盘棋局	□	□
9.读侦探小说或悬念小说	□	□
10.上数学课	□	□
11.上物理课	□	□

"是"一栏打"√"的总数：

A 型

你喜欢做下列事情吗？	是	否
1.素描、制图或绘画	□	□
2.表演戏剧、小品、相声或音乐节目	□	□
3.设计家具或家庭居室装饰设计	□	□
4.经常唱卡拉OK、经常参加舞会	□	□
5.演奏乐器、参加合唱团	□	□
6.读流行小说、散文、诗歌	□	□
7.参加文艺、美术、音乐等培训班	□	□
8.从事摄影创作	□	□
9.读电影、电视剧本	□	□
10.做些小工艺品	□	□
11.练习书法	□	□

"是"一栏打"√"的总数：

S 型

你喜欢做下列事情吗？	是	否
1.给同学和亲友写信、发邮件	□	□
2.参加学校或工作单位组织的正式活动	□	□
3.加入某个社团组织、俱乐部或组织自发的小组	□	□
4.帮助他人解决困难	□	□
5.照顾儿童	□	□
6.参加他人的婚礼、生日宴会等活动	□	□
7.结识新朋友	□	□
8.参加讨论会或辩论会	□	□
9.看运动会或参加体育比赛	□	□
10.探亲访友、与人来往	□	□
11.阅读人际交往方面的书刊	□	□

"是"一栏打"√"的总数：

E 型

你喜欢做下列事情吗？	是	否

	是	否
1. 对他人做劝说工作	□	□
2. 买东西砍价或推销产品	□	□
3. 谈论政治、参与组织活动	□	□
4. 从事个体或独立的经营活动	□	□
5. 出席正式会议、发表个人意见	□	□
6. 进行演说	□	□
7. 在社会团体中担任一定职务	□	□
8. 检查与评价别人的工作	□	□
9. 进行谈判	□	□
10. 带领若干人去完成某项任务	□	□
11. 领导他人	□	□

"是"一栏打"√"的总数：

C 型

你喜欢做下列事情吗？	是	否
1. 保持桌子和房间整洁	□	□
2. 抄写文章或信件、校对稿件	□	□
3. 为领导起草报告或写公务信函	□	□
4. 用笔、计算器和计算机计算数据	□	□
5. 核查班费的收支情况	□	□
6. 整理文件、报告、记录并分类归档	□	□
7. 记流水账或备忘录	□	□
8. 上打字课或学速记法	□	□
9. 参加文秘、财会等实用技能培训	□	□
10. 使用复印机、传真机和计算机打字	□	□
11. 写商业贸易信函	□	□

"是"一栏打"√"的总数：

第三部分：你所擅长或胜任的活动

下面从 6 个方面分别列举若干项具体的活动，以确定你具备哪一方面的工作特长。回答时，只需考虑你过去或现在对所列活动是否擅长、胜任，不必考虑你是否喜欢这项活动。如果你认为你擅长从事某一活动，就请在"是"一栏的方框内画"√"。

注意：你如果从未从事过某一活动，那就请考虑你将来是否会擅长从事该项活动。请你务必做完每一个题目。

R 型

你擅长或胜任下列事情吗？	是	否
1. 使用锯、钳子、螺丝刀等工具	□	□
2. 会使用万用电表	□	□
3. 给自行车或汽车加油使它们正常运转	□	□
4. 使用食品研磨机、缝纫机等	□	□
5. 修整木制家具表面	□	□

	是	否
6. 看机械图或建筑设计图	□	□
7. 修理结构简单的家用电器	□	□
8. 制作航模或编织小工艺品	□	□
9. 绘制居室设计图纸	□	□
10. 修理录音机的小毛病	□	□
11. 修理自来水管或水龙头	□	□

“是”一栏打“√”的总数：

I 型

你擅长或胜任下列事情吗？	是	否
1. 了解晶体管或集成电路的工作原理	□	□
2. 知道三种以上蛋白质含量高的食物	□	□
3. 知道一种放射性元素的“半衰期”	□	□
4. 构思一个活动计划或工作方案	□	□
5. 使用计算器、对数表或计算尺	□	□
6. 使用显微镜	□	□
7. 辨认夜空中的三个星座	□	□
8. 说明白细胞的功能	□	□
9. 解释简单的化学分子式	□	□
10. 理解人造卫星不会落地的原理	□	□
11. 参加学术讨论会或科技成果交流会	□	□

“是”一栏打“√”的总数：

A 型

你擅长或胜任下列事情吗？	是	否
1. 演奏一种乐器	□	□
2. 参加二重唱或四重唱表演	□	□
3. 独奏或独唱表演	□	□
4. 模仿和扮演舞台剧和影视剧中的角色	□	□
5. 说书或讲故事	□	□
6. 在舞会上舞姿优美	□	□
7. 所照的照片具有一定艺术水平	□	□
8. 素描、画画或雕塑	□	□
9. 制作陶器、捏泥塑或剪纸	□	□
10. 设计学校、单位的海报和时装	□	□
11. 能写出漂亮的文章	□	□

“是”一栏打“√”的总数：

S 型

你擅长或胜任下列事情吗？	是	否
1. 善于向别人解释问题	□	□
2. 参加慰问、福利或救济活动	□	□

3. 与人友好相处、配合工作	□	□
4. 会邀请客人和招待客人	□	□
5. 能深入浅出地教育儿童	□	□
6. 为一次聚会安排娱乐活动	□	□
7. 帮助他人解决困难	□	□
8. 帮助护理病人或伤员	□	□
9. 安排学校或社团组织的各种集体事务	□	□
10. 善于体察人心，或善于判断人的性格	□	□
11. 善于与年长者相处	□	□

"是"一栏打"√"的总数：

E 型

你擅长或胜任下列事情吗？	是	否
1. 在学校当过学生干部并且干得不错	□	□
2. 善于督促他人工作	□	□
3. 善于使他人按你的习惯做事	□	□
4. 做事具有超常的精力和热情	□	□
5. 能做一个称职的推销员	□	□
6. 代表团体或他人向有关部门反映意见、提出建议	□	□
7. 担任某职务期间获过奖或受过表扬	□	□
8. 说服别人加入你所在的团体(如俱乐部、运动队、活动小组)	□	□
9. 创办一家商店或企业	□	□
10. 知道如何做一名成功的领导者	□	□
11. 察觉、判断问题和做决断的能力强	□	□

"是"一栏打"√"的总数：

C 型

你擅长或胜任下列事情吗？	是	否
1. 一天能誊抄近一万字	□	□
2. 能熟练地使用计算器或算盘	□	□
3. 能够熟练地打字录入	□	□
4. 善于将书信、文件迅速归档	□	□
5. 做办公室职员工作且干得不错	□	□
6. 核对文章或数据时既快又准确	□	□
7. 会使用复印机、传真机等办公机器	□	□
8. 善于在短时间内分类和处理大量文件	□	□
9. 记账、开发票、写收条时既快又准确	□	□
10. 善于为自己或集体作财务预算	□	□
11. 能迅速誊清贷方或借方的账目	□	□

"是"一栏打"√"的总数：

第四部分：你所喜欢的职业

下面列举了多种职业，对这些职业的基本情况你或多或少都已有所了解，并在此基础上形成了自己的评价态度。如果你对某项职业喜欢，请在“是”一栏中打“√”，如果不喜欢，则请在“否”一栏中打“√”。这一部分测验也要求每题必做。

R 型

你喜欢下列职业吗？	是	否
1. 飞行机械师	□	□
2. 野生动物专家	□	□
3. 自动化技师	□	□
4. 精密仪器装配工	□	□
5. 钳工	□	□
6. 电工	□	□
7. 园艺师	□	□
8. 长途汽车司机	□	□
9. 火车司机	□	□
10. 机械、仪表工程师	□	□
11. 测绘工程师	□	□

“是”一栏打“√”的总数：

I 型

你喜欢下列职业吗？	是	否
1. 气象学研究人员	□	□
2. 生理学、医学研究人员	□	□
3. 天文学研究人员	□	□
4. 药剂师	□	□
5. 法医、侦探	□	□
6. 发明家	□	□
7. 科学杂志编辑	□	□
8. 数学家	□	□
9. 物理学研究人员	□	□
10. 软件编程人员	□	□
11. 哲学家	□	□

“是”一栏打“√”的总数：

A 型

你喜欢下列职业吗？	是	否
1. 诗人	□	□
2. 文学艺术评论家	□	□
3. 作家	□	□
4. 时装设计师	□	□
5. 歌唱家或歌手	□	□

6.作曲家	□	□
7.舞蹈教师	□	□
8.画家	□	□
9.相声、小品演员	□	□
10.乐团指挥	□	□
11.影视演员	□	□

"是"一栏打"√"的总数：

S 型

你喜欢下列职业吗？	是	否
1.街道、工会或妇联负责人	□	□
2.中学班主任	□	□
3.青少年犯罪问题专家	□	□
4.慈善机构工作人员	□	□
5.心理咨询人员	□	□
6.精神病医生	□	□
7.职业介绍机构工作人员	□	□
8.导游	□	□
9.青年团干部	□	□
10.社会工作者	□	□
11.婚姻介绍所工作人员	□	□

"是"一栏打"√"的总数：

E 型

你喜欢下列职业吗？	是	否
1.厂长、经理	□	□
2.推销员	□	□
3.公司驻外机构负责人	□	□
4.民办学校校长	□	□
5.部门经理	□	□
6.律师或法官	□	□
7.电视剧制片人	□	□
8.局长、主任	□	□
9.人民代表	□	□
10.服装批发商、代理商	□	□
11.企业管理咨询人员	□	□

"是"一栏打"√"的总数：

C 型

你喜欢下列职业吗？	是	否
1.水文、气象测量员	□	□
2.会计师	□	□

3. 银行营业员	□	□
4. 法庭书记员	□	□
5. 人口普查登记员	□	□
6. 成本核算员	□	□
7. 化验员	□	□
8. 出版社编辑、校对员	□	□
9. 打字员	□	□
10. 办公室秘书	□	□
11. 产品质量检验员	□	□

"是"一栏打"√"的总数：

第五部分：能力类型的自我评定(一)

下面第五部分和第六部分的两张表，是你对 6 种职业能力的自我评分表。你可以先与同龄人比较一下自己在某一方面的能力，然后经斟酌对自己的能力做出评价。评分时请在表中适当的数字上画圈。数字越大表示你的能力越强。

注意：请勿全部圈画同样的数字，因为人的每项能力不可能完全一样。

职业能力评定(A)

R 型	I 型	A 型	S 型	E 型	C 型
机械操作能力	科学研究能力	艺术创造能力	解释表达能力	商业洽谈能力	事务执行能力
7	7	7	7	7	7
6	6	6	6	6	6
5	5	5	5	5	5
4	4	4	4	4	4
3	3	3	3	3	3
2	2	2	2	2	2
1	1	1	1	1	1

注：7 特高；6 高；5 较高；4 中等；3 较低；2 低；1 特低。

第六部分：能力类型的自我评定(二)

职业能力评定(B)

R 型	I 型	A 型	S 型	E 型	C 型
体力技能	数学技能	音乐技能	交际技能	领导技能	办公技能
7	7	7	7	7	7
6	6	6	6	6	6
5	5	5	5	5	5
4	4	4	4	4	4
3	3	3	3	3	3
2	2	2	2	2	2
1	1	1	1	1	1

注：7 特高；6 高；5 较高；4 中等；3 较低；2 低；1 特低。

第七部分:统计和确定你的职业倾向

请将第二部分至第六部分的全部测验分数按前面已统计好的 6 种职业倾向(R 型、I 型、A 型、S 型、E 型和 C 型)得分填入下表,并作纵向累加。

职业倾向测验

测验项目	R 型	I 型	A 型	S 型	E 型	C 型
第二部分						
第三部分						
第四部分						
第五部分						
第六部分						
总分						

完成上述内容后,请将上表中的 6 种职业倾向的“总分”按从大到小顺序依次从左到右重新排列:

________型、________型、________型

________型、________型、________型

分数最高的是________型,分数第二位的是________型,分数第三位的是________型。将得分前三项的顺序排列,得出你的职业倾向性:________型。然后,将上述测验中得到的职业类型,对照以下相关内容,得出你所适合的职业。

这里需要注意的有三点:第一,同样的职业倾向类别会有不同的层次,适合不同能力水平的人从事;第二,职业是一个内容丰富的范畴,同一职业可能有许多吸引人的特征,因此可能在不同类别中出现;第三,人具有相当强的可塑性,除了适应所测出的职业类型,也可以从事相接近的职业。

测试结果:

1. 实用型为主的职业(以 R 开头)

RIA:牙科技术员、陶工、建筑设计员、木模工、细木工等。

RIS:厨师、林务员、跳水员、潜水员、染色工、电器修理人员、眼镜制作人员、电工、报务员、装玻璃工人、发电厂操作工人、焊接工等。

RIE:各种工程技术人员(包括建筑和桥梁工程、环境工程、航空工程、公路工程、电力工程、信号工程、电话工程、一般机械工程、自动化工程、矿业工程、海洋工程、交通工程等)、制图员、家政管理人员、打捞员、计量员、农民、农场工人、农业机械操作员、清洁工、无线电修理人员、汽车修理人员、手表修理人员、管道工、线路维修工、修房工、电子技术员、伐木工、机械师、锻压操作工、造船装配工、工具仓库管理员等。

RIC:船上工作人员、接待员、杂志保管员、牙医助手、制帽工、磨坊工、石匠、机械制造人员、机车制造人员、农业机械装配人员、汽车装配工、钟表装配和检验人员、电动器具装配人员、鞋匠、锁匠、货物检验员、电梯机修工、托儿所所长、钢琴调音工、印刷工、卡车司机等。

RAI:手工雕刻人员、玻璃雕刻人员、模型制作人员、家具木工、制作皮革品工、手工钩针编织工、印刷拼版工人、图画雕刻工、装订工等。

RSE:消防员、交通巡警、警官、门卫、理发师、清洁工、屠宰工、锻工、开凿工人、管道安装工、出租汽车驾驶员、仓库管理员等。

RSC:汽车驾驶员、货物搬运工、送报员、勘探员、娱乐场所服务员、起卸机操作工、灭害虫者、电梯操作工、厨房助手等。

RSI:纺织工、编织工、农业学校教师、某些职业课程教师(诸如艺术、商业、技术、工艺课程)、雨衣上胶工人等。

REC:抄水表员、保姆、实验室动物饲养员、动物管理员等。

REI:轮船船长、航海领航员、大副、实验员等。

RES:旅馆服务员、家畜饲养员、渔民、渔网修补工、水手、收割机操作工、搬行李工人、公园服务员、救生员、登山导游、火车工程技术员、建筑工人、铺轨工人等。

RCI:测量员、勘测员、仪器操作员、农业工程技师、化学工程技师、民用工程技师、石油工程技师、资料室管理员、煅烧工、烧窑工、矿工、保养工、磨床工、取样员、样品检验员、纺纱工、炮手、漂洗工、电焊工、锯木工、刨床工、制帽工、手工缝纫、油漆工、染色工、按摩师、木匠、农民、建筑工人、电影放映员、勘测员助手等。

RCS:公共汽车驾驶员、水手、游泳池服务员、裁缝、建筑工人、石匠、水磨石工、泥水匠、车工、烟囱修建工、混凝土工、电话修理工、爆炸手、邮递员、矿工、裱糊工人、纺纱工等。

RCE:打井工、吊车驾驶员、农场工人、邮件分拣员、铲车司机、拖拉机司机等。

2.研究型为主的职业(以I开头)

IAS:普通经济学家、农业经济学家、财政经济学家、国际贸易经济学家、实验心理学家、工程心理学家、普通心理学家、哲学家、内科医生、数学家等。

IAR:人类学家、天文学家、化学家、物理学家、医学病理学家、动物标本制作者、化石修复者、艺术品管理员等。

ISE:营养学家、饮食顾问、火灾检查员、邮政服务检查员等。

ISC:侦察员、电视播音室修理工、电视修理服务员、编目人员、医学实验室技师、调查研究人员等。

ISR:水生生物学者、昆虫学家、微生物学家、配镜师、矫正视力者、细菌学家、牙科医生、骨科医生等。

ISA:实验心理学家、普通心理学家、发展心理学家、教育心理学家、社会心理学家、临床心理学家、目录学家、皮肤病学家、精神病学家、妇产科医生、眼科医生、五官科医生、医学实验室技术专家、民航医务人员、护士等。

IES:细菌学家、生理学家、化学专家、地质专家、地球物理学家、纺织技术专家、医院药剂师、工业药剂师、药房营业员等。

IEC:档案保管员、保险统计员等。

ICR:质量检验技术员、地质学技师、工程师、图书馆技术辅助员、计算机操作者、家禽检查员等。

IRA:地理学家、地质学家、水文学家、矿物学家、古生物学家、石油地质学家、地震学家、声学物理学家、原子和分子物理学家、电学和磁学物理学家、气象学家、设计审核员、人口统计学家、数学统计学家、外科医生、城市规划专家、气象员等。

IRS:流体物理学家、海洋物理学家、等离子体物理学家、农业科学家、动物学家、食品科学家、园艺学家、植物学家、细菌学家、解剖学家、动物病理学家、作物病理学家、药物学家、生物化学家、生物物理学家、细胞生物学家、临床化学家、遗传学家、分子生物学家、质量控制工程师、地理学家、兽医、放射治疗技师等。

IRE:化验员、化学工程师、纺织工程师、食品技师、渔业技术专家、材料和测试工程师、电气工程师、土木工程师、航空工程师、行政官员、冶金专家、原子核工程师、陶瓷工程师、地质工程师、电力工程师、口腔科(牙科)医生等。

IRC:飞机领航员、飞行员、物理实验室技师、农业技术专家、动植物技术专家、生物技师、工商业规划者、矿藏安全检查员、纺织品检验员、照相机修理工、工程技术员、计算机程序编制者、工具设计者、仪器维修工等。

3. 艺术型为主的职业(以 A 开头)

ASE:戏剧导演、舞蹈教师、广告撰稿人、报刊专栏作者、记者、演员、外语教师、翻译等。

ASI:音乐教师、乐器教师、美术老师、管弦乐指挥、合唱队指挥、歌星、演奏家、哲学家、作家、广告经理、时装模特等。

AER:新闻摄影师、电视摄像师、艺术指导、录音指导、丑角演员、魔术师、木偶戏演员、骑士、跳水员等。

AEI:音乐指挥、舞台指导、电影导演等。

AES:流行歌手、舞蹈演员、电影导演、广播节目主持人、舞蹈教师、口技表演者、喜剧演员、模特等。

AIS:画家、剧作家、编辑、评论家、时装艺术师、家具设计师、包装设计师、布景设计师、服装设计师、新闻摄影师、男演员、文学作者等。

AIE:花匠、皮衣设计师、工业产品设计师、剪影艺术家、复制雕刻品大师等。

AIR:建筑师、画家、摄影师、绘图员、环境美化员、雕刻家、包装设计师、陶器设计师、绣花工、漫画家等。

4. 社会型为主的职业(以 S 开头)

SEC:社会活动家、退伍军人服务官员、工商会事务代表、教育咨询者、宿舍管理员、饮食服务管理员等。

SER:体育教练、游泳指导等。

SEI:大学校长、学院院长、医院行政管理人员、历史学家、财政经济学家、职业学校教师、资料员等。

SEA:娱乐活动管理员、国外服务办事员、社会服务助理、一般咨询者、宗教教育工作者等。

SCE:部长助理、福利机构职员、生产协调人、环境卫生管理人员、戏院经理、餐馆经理、售票员等。

SRI:外科医师助手、医院服务员等。

SRE:体育教师、职业病治疗者、体育教练、专业运动员、房管员、儿童家庭教师、警察、引座员、传达员、保姆等。

SRC:护理员、护理助手、医院勤杂工、理发师、学校儿童服务人员等。

SIA:社会学家、心理咨询者、心理学家、政治科学家、大学或学院的系主任、大学或学院的教育学教师、大学农学教师、大学工程和建筑课程教师、大学法律教师、大学数学(医学、物理、社会科学、生物科学）教师、研究生助教、成人教育教师等。

SIE：营养学家、饮食学家、海关检查员、安全检查员、税务稽查员、校长等。

SIC：描图员、兽医助手、诊所助理、体检检查员、娱乐指导咨询人员、社会科学教师等。

SII：理疗员、救护队工作人员、手足病医生、职业病治疗助手等。

SAC：理发师、指甲修剪师、包装艺术家、美容师、整容专家、发型设计师等。

SAE：听觉病治疗者、演讲矫正者等。

SAI：图书馆管理员、小学教师、幼儿园教师、学前儿童教师、中学教师、师范学院的教师、盲人教师、智力障碍者教师、聋哑人教师、学校护士、牙科助理、飞行指导员等。

5. 企业型为主的职业（以 E 开头）

ECI：银行行长、审计员、信用管理员、地产管理员、商业管理员等。

ECS：信用办事员、保险人员、各类进货员、海关服务经理、售货员、会计等。

ERI：建筑物管理员、工业工程师、农场管理员、护士长、农业经营管理员等。

ERS：仓库管理员、房屋管理员、货栈监督员等。

ERC：邮政局长、渔船船长、机械操作领班、木工领班、瓦工领班、驾驶员领班等。

EIR：科学、技术和有关定期出版物的管理员等。

EIC：专利代理人、运输服务检查员、安全检查员、废品收购人员等。

EIS：警官、侦察员、交通检查员、安全咨询者、合同管理者、商人等。

EAS：法官、律师、公证人等。

EAR：展览室管理员、舞台管理员、播音员、驯兽员等。

ESC：理发师、裁判员、政府行政管理员、财政管理员、工程管理员、职业病防治员、售货员、商业经理、办公室主任、人事负责人、调度员等。

ESR：家具售货员、书店售货员、公共汽车驾驶员、日用商店售货员、护士长、自然科学和工程部门的行政领导等。

ESI：博物馆管理员、图书馆管理员、古迹管理员、饮食业经理、地区安全服务管理员、技术服务咨询者、超级市场管理、商品零售店店员、批发商、出租汽车服务站调度等。

ESA：博物馆馆长、报刊管理员、音乐器材售货员、广告商、营业员、导游、轮船或班机上的事务长、飞机上的服务员、船员、法官、律师等。

6. 事务型为主的职业（以 C 开头）

CRI：簿记员、会计、记时员、铸造机操作工、打字员、复印机操作员等。

CRS：仓库保管员、档案管理员、缝纫工、讲解员、收款员等。

CRE：标价员、实验室工作者、广告管理员、自动打字机操作员、电机装配工、缝纫机操作工等。

CIS：记账员、顾客服务员、报刊发行员、土地测量员、保险公司职员、会计师、估价员、邮政检查员、外贸检查员等。

CIE：打字员、统计员、支票记录员、订货员、校对员、办公室工作人员等。

CIR：校对员、工程职员、检修计划员、发报员等。

CSE：接待员、通信员、电话接线员、售票员、旅馆服务员、私人职员、商学教师、旅游办事员等。

CSR：运货代理商、铁路职员、交通检查员、办公室通信员等。

CSI：簿记员、出纳员、银行财务职员等

CSA：秘书、图书管理员、办公室办事员等。

CER：邮递员、数据处理员、航空邮件检查员等。

CEI：推销员、经济分析人员等。

CES：银行会计、记账员、法人秘书、速记员、法院报告人等。

第四章 职业认知

学习目标

1. 了解职业分类及职业发展趋势。
2. 培养和树立正确的职业价值观。
3. 了解大学生就业形势，树立正确的就业观。
4. 熟悉和了解就业制度及相关就业政策。
5. 培养和提升职业素质和素养。
6. 新兴热门专业及发展前景。

思维拓展

创造人的是自然界，启迪和教育人的却是社会。

——别林斯基

在你最感兴趣的领域中，隐藏着你人生的最大秘密。

——比尔·盖茨

第一节 职业探索

案例导入

陈强就读于某高职高专院校，学习的是市场营销专业。他上学时主动按照专业要求，在暑假花大量时间观察、体验、积累实践经验，平时参加学校社团活动培养自己的组织能力和沟通能力，为自己今后的职业生涯奠定了良好的实践基础。毕业时，他去某商贸公司应聘，参加小组面试。面试官只问了他一个问题“你为这个职业做了什么样的准备?”陈强清楚地陈述了自我职业生涯发展计划，还指出了观察过的其他商贸企业的企业文化和产品特色。面试官当场决定录用他，并说“一个有职业准备的人，一个有职业生涯发展意识的人，就是一个有较高职业精神的人，这样的人是用人单位最欢迎的”。

陈强从入学起，就开始树立职业概念，对自己将来“想干什么”“能干什么”“怎么干”的问题进行了思考，并付诸实践。面对日益严峻的就业形势，在不少大学生感叹就业难的情况下，陈强在就业时做到了“人职匹配”。由此可见，职业意识的树立贯穿于我们在校期间学习、生活的全过程，是职业生涯设计的基础，也是社会角色转换的重要标志。

作为高职高专学校的学生，虽然还处在学生时代，但是已经开始接近就业和工作的大门了。对于工作，你是不是有很多的憧憬和幻想？面对未来的职业选择，你是不是既兴奋又紧张？那就让我们一起先好好地认识“职业”吧。

一、职业的含义及功能

(一)职业的含义

1. 什么是职业

在现实生活中，人们总是要在一定的工作岗位上实现就业。而人们对“职业”一词有着许多不同的理解和认识。有的人认为，职业就是“某一种工作”，如军人、医生、教师、律师等；有的人认为职业是一种“生活来源”；有的人则认为职业是一种“专业类别”，或是一种“等级身份”。

2. 高职高专学生应从以下几个角度去认识职业

(1)从历史角度看，职业是社会分工的产物　分工是职业产生的基础。随着人类社会的不断发展，需要人们从事各种社会劳动，于是形成了不同的职业，每个人在社会分工中都占有自己的一席之地，这就是他们的职业，而职业化意味着要专门从事某项事务。

(2)从社会角度看，职业是社会发展的需要　职业劳动为社会的发展奠定了物质基础；职业的分工保证了社会经济制度的运行，职业是维持社会稳定的保证；职业活动构成了人类社会的存在，促进了社会活动的进行，是不断推进社会进步的动力。

(3)从个人角度看，职业是个人生存和发展的需要　职业是人们创造社会财富和参与社会活动的载体，是人们实现自我价值的体现，同时也是人们谋生和创造幸福生活的手段。

我们认为职业是指由于社会分工而形成的具有特定专业和专门职责，并以所得收入作为主要生活来源的工作。根据职业的上述定义可以看出，职业由三个最基本的要素组成：一是劳动；二是有固定的报酬收入；三是要承担一定的职责并得到社会的认可。

(二)职业的特征

职业作为人类的一种劳动和工作，它既有一般劳动形式的特点，也在其产生和发展过程中逐渐形成了与其他劳动形式相区别的特点。

我国学者姚裕群根据中国职业的特点提出了职业的6大特征。

1. 同一性

在某一类别的职业内部，其劳动条件、工作对象、生产工具、操作内容等都是相同或相近的。由于环境的同一性和劳动的相似性，在同一单位工作的人们往往会形成同一的行为模式，有共同的语言习惯和行为准则。因此，形成了诸如行业工人、行业联合体等社会组织。不同职业之间也存在着一定的相似性和同一性，如岗位的基本固定、工作时间的基本固定、按劳动获得报酬等方面基本是同一的。

2. 差异性

不同职业之间存在着巨大的差异，并且随着职业的相近性减小而逐步扩大，包括职业活动的内容、目标、个人行为模式、道德规范等。随着科技的进步，一些新的职业也会应运而生，各种职业之间的差异也会不断地变化。

3. 层次性

在众多的职业类型中，可以区分为不同的层次；在同一职业内部，也存在着不同的管理层次，这是职业分工导致的必然结果。虽然从社会需要的角度来看，职业没有高低贵贱之分，但是在现实生活中，由于对从事职业的素质要求不同，以及人们对职业的看法或评价不同，职业便有了层次之分。这种差异本身不以人的意志为转移，从而决定了人们对职业层次的认识。

4. 基础性

职业是个人和社会存在和发展的基础。通过人们的职业活动，社会获得了得以生存和发展的物质基础和精神引导，通过职业角色、行业规范、社会法规等维持社会的稳定和正常运行。

5. 广泛性

职业问题涉及社会的大多数成员，也涉及社会的各个领域，如经济、政治、心理、教育、科学技术、伦理等诸多方面，因此具有广泛性。

6. 时代性

职业的时代性一般指两个方面：一是职业随着时代的发展而变化，一些过时的职业会被淘汰，一些新的职业也会产生；二是在每一个时代，社会职业都有自己的"时尚"代表，表现为人们热衷和向往的职业，如我国曾一度出现的"参军热""公务员热""考研热""下海热"等。

（三）职业的功能

1. 职业活动是为人们提供物质生活的基本条件

职业是人们赖以生存的手段，是个人收入的主要来源。人们总是通过一定形式的职业进行劳动，以获取生存和发展所必需的生活资料，维持个人和家庭生活的基本需要。

2. 职业能满足人们的精神需要，促进个性的健康发展

职业是个人获得名誉、地位、权利以及友谊、情感、交往等精神需要的重要来源。同时，在人们按照一定的社会规范从事特定的职业时，由于每种职业都有不同于其他职业的活动内容和形式，必然对从业者的生理和心理产生重大影响。当这种工作能够使个人的才能得到发挥、个性得到不断发展与完善时，就成为促进个性健康发展的重要途径。而随着个性和才能的逐步提高，人们自我实现的需要才会不断得到满足。

3. 职业是劳动者实现人生价值的舞台，是劳动者为社会做贡献的岗位

通过职业，人们获得一定的社会角色，得到社会的承认，人生的价值正是在为社会做出贡献的过程中更好地得以体现。对社会而言，职业和职业活动构成了人类的社会生活，是社会存在和发展的基础。通过职业劳动，生产出的物质产品极大地丰富了人们的物质生活，创造了巨大的社会财富。

总之，职业是一个人通过提供劳动、智慧和技术来换取报酬的一种持续性活动。通过职业活动，一个人履行了自己的社会角色和职责，实现了自己的抱负和价值。

二、当代职业发展的趋势

随着科学技术的发展、经济体制的变革、产业结构的调整以及人才素质的提高，职业也发生诸多变化。职业发展呈现以下趋势。

（一）职业分工趋于精细化，职业种类不断增加

职业种类越来越多，分工趋于精细，职业间的差异不断加大，许多新兴职业应运而生。这些新兴职业有：随着现代科学技术的发展而出现的职业，如高新技术研究与应用，新材料、新工艺、新能源开发，网络设计与管理，计算机软件开发等；随着市场经济的发展而出现的职业，如注册会计师、营销策划、广告策划、资产评估、商务代理等；随着一些边缘科学的开发而出现的职业，如生命科学研究、人口学研究、社会学研究、心理咨询、应用美学研究等；随着社会服务需求的扩大而出现的职业，如公益慈善事业管理、社区服务、家政服务、法律顾问、中介服务、环境设计与保护等；为适应政治体制及其管理需要而出现的职业，如公共事业管理、行政监督、司法监督等。随着产业结构调整出现的职业，如现代职业农民、农业经理人、大数据分析师等。

（二）职业结构急速调整

职业结构是指从业人员个人所从事的具体劳动，即劳动工种的搭配和排列。新技术的发展与运用带来产业结构的变化，职业结构也随之发生变化。第一、第二产业中的职业自动化、智能化程度不断增强，劳动者大量转向第三产业，第三产业得到大力发展，就业人口比例上升。例如，服务型行业将大力发展，社会将从以生产为中心的时代逐渐过渡到以服务为中心的时代，在服务型行业就业的人员将逐渐超过生产型行业。服务型行业将对社会发展和人类生活产生重大影响。服务型行业主要有商业服务型、社会服务型、生活服务型和私人服务型，如社区服务、家政服务、法律顾问、中介服务等。

（三）职业向高科技化、智能化、专业化方向发展，技术含量要求增加

在知识经济时代，生产工艺和管理手段日益现代化和高科技化，产品的科技含量越来越高，技术性工作将成为各行业的先导。各种类型的科学技术人员和现代技术型管理人员将支撑起整个行业，成为生存和发展的决定性因素。失去科学技术工作的支撑，这些行业将落后甚至被淘汰，相关的职业也将会随之消失。掌握现代科学技术和现代管理手段的人才，在竞争中显现出优势地位。

（四）职业对劳动者的素质技能要求综合化

由于未来职业的专业性、技术性和创造性等特点，要求从业人员应具有较高的素质能力，要求其具有综合技能。体力劳动类职业和各种职业中的体力要求将大大降低，逐渐被脑力劳动和创意性工作代替。随着社会进步和市场经济规范化发展，文化素质较低的人将失去职业竞争力。社会将需要具备高等文化水平、掌握现代科学技术、熟悉国际惯例和国际竞争形势、具备全球战略视野和创新能力的人才。职业对从业人员的知识、经验、技能和能力的要求越来越全面。由于职业综合化，各种就业岗位更加欢迎那些具有多种技能的人才。

(五)多重职业发展方向

经济结构及技术的快速变化催生了许多新领域的工作机会。加之新兴雇员群体成为职场生力军,他们大胆地转向新行业、新市场,从而使中国人才流动意愿也在经历一个前所未有的高峰期。但与此同时,也必须承认在意愿与行动中仍然存在差距,新兴雇员群体一方面有着强烈的流动意愿,另一方面面对生活与未来的压力,他们依然能够保持理性的态度。单纯为谋生而工作的模式正在改变,人们开始根据自己的兴趣、专业倾向及生活态度等谋求多重方向的职业发展。雇员追求工作生活平衡和高薪的比例日趋接近。随着收入水平的提高,中国雇员越来越关注自己的生活质量,甚至为了追求生活质量而改变当前的工作。

拓展阅读

《中华人民共和国职业分类大典》(2022年版)修订说明

2021年4月,人力资源和社会保障部(以下简称"人社部")会同国家市场监督管理总局、国家统计局联合启动《中华人民共和国职业分类大典》(以下简称《大典》)第二次修订工作。119个部门和行业组织、981家企业院校,近万名专家学者、一线从业者和有关工作人员,历时一年多,经反复论证,修订完成2022年版《大典》。

一、修订背景

1999年5月,劳动和社会保障部、国家质量技术监督局、国家统计局根据我国经济社会、科学技术和社会职业的发展状况,并借鉴国际劳工组织和发达国家职业分类基本原则、框架结构、内容描述等经验做法,颁布了我国第一部《大典》(即1999年版《大典》)。

2010年,随着我国经济社会发展、科学技术进步和产业结构调整,人社部与国家质量监督检验检疫总局、国家统计局联合启动了《大典》的第一次修订工作,并于2015年7月颁布了2015年版《大典》。

"十三五"时期,我国经济实力、科技实力、综合国力跃上新台阶,新经济、新业态、新模式不断涌现,引发了社会职业结构的新变迁。为适应新时代我国人力资源管理的需要,于2021年4月启动了《大典》的第二次修订工作。

二、修订过程

本次《大典》修订工作共分组织筹备、征集建议、专家论证、征求意见、审定颁布五个阶段。

我国职业分类体系变迁

类别	1999年版《大典》	2015年版《大典》	2022年版《大典》
大类	8	8	8
中类	66	75	79
小类	413	434	450
细类(职业)	2 028	1 481	1 639

(一)组织筹备

人社部会同国家市场监督管理总局、国家统计局牵头成立由中央和国家机关有关部门、行业组织、企事业单位组成的国家职业分类大典修订工作机构。为确保《大典》修订工作的科学性、规范性,制定了《大典》修订工作方案和实施方案、《大典》修订专家工作手册等技术性文件,并设计开发了“国家职业分类大典与新职业工作平台”。

(二)征集建议

为充分调动社会各界力量,扩大公众参与度,通过人社部官网向社会发布征集修订意见建议的通告,共收到来自各方面意见建议1 000余条。

(三)专家论证

论证过程中,充分发挥专家作用,职业分类专家、行业专家对大典内容和数字职业、绿色职业标识进行了充分论证。共召开职业分类专家全体会议2次、职业分类专家组长联席会议25次、行业专家全体会议2次,召开数字、网络安全、电子商务和涉碳相关职业等专题论证会38次。

(四)征求意见

以书面形式征求了中央和国家机关有关部门、行业组织、企事业单位的意见,在充分吸收合理化意见的基础上,通过人社部官网向社会公众征求意见,共收到意见建议近3 000条。对这些意见建议,组织专家逐条进行研究论证。

(五)审定颁布

2022年9月27日,组织召开《中华人民共和国职业分类大典(2022年版)》审定颁布会,审议并表决通过了2022年版《大典》(送审稿)。由人社部、国家市场监督管理总局、国家统计局三部门以人社部发〔2022〕68号文颁布。

三、修订工作原则及内容

(一)修订基本原则

本次修订工作,以习近平新时代中国特色社会主义思想为指导,深入贯彻落实习近平总书记对就业创业、人才、职业教育等工作的重要指示精神,主动适应新形势,积极开拓新思路,遵循客观性、科学性、创新性原则,坚持统一性和灵活性相结合,在保持职业分类原则、原大类结构基本不变的基础上,对中类、小类、细类(职业)等进行适当调整,优化更新描述信息,力求做到与时俱进,全面、准确、客观地反映现阶段我国经济社会和科技发展带来的社会职业的发展变化,使《大典》成为反映经济社会发展状况的“晴雨表”,成为引领产业转型升级发展的“风向标”,成为规范人力资源开发管理的“标准尺”。

(二)总体修订内容

修订的主要内容包括三个方面。

1. 职业分类体系修订。本次修订优化调整了部分归类,围绕建设制造强国、数字中国,发展绿色经济和依法治国等要求,专门增设或调整了相关中类、小类和细类(职业)。与2015年版《大典》相比,中类新增5个,取消1个,净增4个;小类新增21个,取消5个,净增16个;细类(职业)新增168个,取消10个,净增158个;工种新增377个,取消80个,净增297个。据此，2022年版《大典》职业分类为8个大类、79个中类、450个小类、1 639个细类(职业)和2 967个工种。

2. 职业信息描述修订。与2015年版《大典》相比，大类中，维持不变的6个，修改名称的1个，修改定义的1个；中类中，维持不变的47个，修改名称的7个，修改定义的25个；小类中，维持不变的345个，修改编码的17个，修改名称的25个，修改定义的67个；细类(职业)中，维持不变的1 125个，调整归类的15个，修改编码的55个，修改名称的52个，修改定义的196个，修改主要工作任务的251个；工种中，维持不变的2 423个，调整归类的12个，修改名称的88个。

2015年版《大典》与2022年版《大典》职业分类体系对比表

2015年版《大典》					2022年版《大典》				
大类	中类	小类	细类（职业）	工种	大类	中类	小类	细类（职业）	工种
第一大类 党的机关、国家机关、群众团体和社会组织、企事业单位负责人	6	15	23		第一大类 党的机关、国家机关、群众团体和社会组织、企事业单位负责人	6	16	25	
第二大类 专业技术人员	11	120	451		第二大类 专业技术人员	11	125	492	
第三大类 办事人员和有关人员	3	9	25	15	第三大类 办事人员和有关人员	4	12	36	24
第四大类 社会生产服务和生活服务人员	15	93	278	338	第四大类 社会生产服务和生活服务人员	15	96	356	460
第五大类 农、林、牧、渔业生产及辅助人员	6	24	52	138	第五大类 农、林、牧、渔业生产及辅助人员	6	24	54	150
第六大类 生产制造及有关人员	32	171	650	2 179	第六大类 生产制造及有关人员	32	172	671	2 333
第七大类 军人	1	1	1		第七大类 军队人员	4	4	4	
第八大类 不便分类的其他从业人员	1	1	1		第八大类 不便分类的其他从业人员	1	1	1	
合计	75	434	1 481	2 670		79	450	1 639	2 967

3. 增加数字职业标识和延续绿色职业标识。随着数字经济在国民经济中占比越来越高，本次修订首次标识了数字职业97个(标识为S)，约占职业总数的6%。数字职业是从数字产业化和产业数字化两个视角，围绕数字语言表达、数字信息传输、数字内容生产三个维度，以及工具、环境、目标、内容、过程、产出6项指标进行综合论证而界定的。标识数字职业是我国职业分类的重大创新，对推动数字经济和数字技术发展以及提升全民数字素养具有重要意义。

为顺应碳达峰碳中和形势发展要求，契合绿色发展理念，本次修订沿用2015年版《大典》

做法，将具有环保、低碳、循环特征的职业标识为绿色职业，共标识绿色职业134个（标识为L），约占职业总数的8%。2015年版《大典》中标识绿色职业127个，经专家重新论证，调减为119个，此次新增15个，如碳管理工程技术人员、节水工程技术人员、增材制造工程技术人员、农业数字化技术员等。

此外，上述职业中既是绿色职业又是数字职业的有23个（标识为L/S）。

（三）分类修订内容、主要依据及相关说明

1.第一大类的修订。2018年3月颁布了《中华人民共和国监察法》，根据实际情况新增了"监察机关负责人"小类和细类（职业）；新增了"中国共产党基层组织负责人"职业；将"民办非企业单位负责人"修改为"社会服务机构负责人"。根据国家现代管理理念，将大类定义中的"管理权"修改为"管理职权"，体现"职"与"权"相统一，更符合依法治国的要求。

2.第二大类的修订。随着我国数字经济、社会保险、监察制度的发展，新增了"数字技术工程技术人员""金融科技专业人员""社会保险专业人员""监察人员""检察辅助人员"等小类。将数字技能类职业、人工智能类职业和智能制造类职业进行重新归类。按照新修订的《中华人民共和国职业教育法》调整了教育类职业设置，在"高等学校教师"小类下设置"普通高等学校教师"和"高等职业学校教师"2个细类（职业）；取消了"中等职业教育教师"小类，将"中等职业学校教师"与"高级中学教师"等一并列入"中小学教师"小类。

3.第三大类的修订。为更好地厘清行政事务和法律事务的关系，将中类"办事人员"更名为"行政办事及辅助人员"，新增了"仲裁、调解及相关法律事务辅助人员"中类。为加强基层建设，新增了"社区和村镇工作人员"小类，下设"村务和社区工作者""退役军人事务员""医疗保障专理员"等细类（职业）。

4.第四大类的修订。为适应电子商务、养老服务、教育服务等产业发展的新要求，满足人们对美好生活的需求，新增了"电子商务服务人员""生产现场技术工艺人员""社区生活服务人员""教育服务人员""康养、休闲服务人员"5个小类。将健康、体育、教育、智能、数字类的相关职业进行了重新归类。

5.第五大类的修订。为适应乡村振兴新形势，新增了"农业数字化技术员""农业经理人"2个新职业，新增了"村镇供暖员""植物组织培养工"等12个工种。

6.第六大类的修订。为推动智能制造行业发展，新增了"工业机器人操作运维人员"小类；将"增材制造设备操作员""工业机器人系统运维员""工业机器人系统操作员""管廊运维员""装配式建筑施工员""工业视觉系统运维员"6个职业进行了重新归类。

7.第七大类的修订。顺应国防和军队改革要求，将大类名称"军人"修改为"军队人员"，并增设"军官（警官）""军士（警士）""义务兵""文职人员"4个中类，以及相应4个小类和4个细类（职业）。

8.第八大类。维持2015年版《大典》的内容表述不变。

三、职业观

（一）职业观的作用

现代职业观指的是人们对某一特定职业的根本看法和态度。它是个人对职业的根本观点，是个人的世界观、人生观、价值观在职业问题上的反映，也是社会对从事某种专业工作人员的较为恒定的角色认定。社会生活中职业化程度越高、职业地位越巩固的职业，人们对其从业者的角色认定也越明确。如医护人员被称为"白衣天使"，教师被视为"人类灵魂的工程师"等。

职业观有改善生活、发展个性、服务社会三大要素，三者不同的结构和功能形成不同层次的职业观，对个人的择业意向、从业态度、创业效果和专业行为起支配作用。

1. 职业观影响着择业者的择业意向

职业观决定着择业者对职业的认识和评价。每个择业者都会不自觉地以一种就业观指导自己选择职业的行为。人们生活、学习环境的不同，外界环境如老师、家长对职业的认识不同，社会择业指导水平的差别等，都会影响择业者选择职业。特别是刚从学校毕业第一次走向职场的大学生们，他们对选择什么职业、什么是好职业、个人适合从事什么职业等问题会有不同的看法。正是由于在这些问题上的看法不同，个人也就产生了不同的择业方向和职业行为。

2. 职业观影响职业人的从业态度

职业观对从业态度有着特殊的影响。一个人积极性的高低和完成任务的好坏，在很大程度上取决于他的职业观。职业伦理学研究表明，先进生产者的职业态度指标最高。做任何事情，其成败进退，与职业人所采取的态度密切相关。严谨客观、精益求精的从业态度，使人有积极强烈的使命感，打造"敬业、乐业、专业"的个人职业信誉品牌。反之，从业态度不端正，就会过分追求短期利益，谁给的钱多就为谁"打工"，一年吃掉几年的饭，不爱惜自己的名声、前途与个人形象，甚至为了钱可以置道德与法律于不顾，发生诸如携款潜逃之类的恶性事件。

3. 职业观影响职业人的创业效果

在职场中有两类人：一类人踌躇满志，觉得自己是一步登天的淘金者；另一类人则踏踏实实从小事做起。事实证明，淘金者更像是赌徒，由于不切实际的幻想，最终赔上自己的未来；后者尽管看上去毫不起眼，但身在其位，心"谋"其政，通过努力获得成功。

4. 职业观影响职业人的专业行为

正确的职业观是"全心投入，尽职尽责"的前提。北宋诗人张耒，有感于邻家孩子以卖饼为职业的辛勤，为儿子写下了一首诗，诗中有这样两句："业无高卑志当坚，男儿有求安得闲！"诗中明确表达了职业无高低贵贱之分的观点，在今天对我们依旧有借鉴意义。不论从事的是何种工作，都应该全身心地热爱，全身心地投入，对本职工作保持积极乐观的态度，保持高度负责、尽心竭力的精神，而不应该以对本职工作没兴趣为借口，得过且过；也不应该以本职工作经济效益低为托词，消极怠工。美国著名思想家巴士卡里雅说过："你在哪个位置，就应该热爱这个位置，因为这里就是你发展的起点。"对一个喜欢自己的工作，并认为它很有价值的人来说，工作会成为其生活中十分愉快的一部分。只有对自己的工作发自内心地热爱，即使是在平凡的岗位上，也能创造出奇迹。

观念决定思想，思想支配行为，行为决定结果。职业观是在长期的职业实践中逐步形成的，有其产生和发展的规律；一经形成，又反过来影响甚至指导具体的职业工作和职业行为。特别是当一种职业观"内化"为职业人员价值体系的一部分时，往往表现出很强的自主性，研究显示，有时候这种自主性可能达到与职业组织力量相抗衡的程度。

（二）在现代职场上更看重怎样的职业人

会做人，会做事，是现代职场所看重的。做人包括做一个好下属，做一个好同事；做事就是不断学习、提高业务技能，做一个好职员。职场成功定律告诉我们，一个优秀的“职场”人士应该具备以下素质。

1. 修心做人，“品格”至上

做人比做事更重要。在职场上，真正的成功之士，必是品行高尚之人。让人品熠熠生辉的八个因素有：正直如山、善良如水、宽容似海、仁爱在心、诚实守信、自律自制、学会感恩、知足常乐。生活中，人们对人品的感悟如“我把人品排在人才所有素质的第一，超过了智慧、创新、情商、激情等”“我认为一个人的人品如果有了问题，公司就应考虑是否雇用他”“一个非常有学问、非常有能力的人，如果人品不好，也会对企业造成极大的损害”。

2. 了解自我，注重健康

通过对自我的了解，选择合适的工作或事业。人生目的明确、自我能力强的职业人是不会人云亦云、随波逐流的。他们即使面临挫折，也能努力坚持，投身其中并为之奋斗，对财富、家庭、社交、休闲等做出切实可行的规划，以满足自己的期望，能够在生产或其他工作中充分发挥主观能动性。成功的事业寓于健康的身体之中。一个身体健康的职业人，做起事来精力充沛，干劲十足，并能担负较繁重的工作，不会因体力不支而无法完成任务。一个心理健康的职业人士，才能够可持续发展。

3. 踏实认真，敬业乐业

近年来，对“职场”中用人需求的调查结果表明，做事踏实认真是“职场”遴选人才时应优先考虑的条件。工作积极主动、做事不计较大小得失、不为自己找借口、敬业乐业、责任感强的人在职场中是最受欢迎的，而那些动辄跳槽，耐心不足、不虚心、办事不踏实的人，则是在职场中最不受欢迎的。一般来说，工作成效的高低往往取决于对工作的态度，此项也备受“职场”人的认同，踏实认真的人也易得到职场负责人的器重和同事们的信赖。

4. 善于沟通，合作和谐

随着社会日趋开放和多元化，沟通能力已成为现代人必备的能力。对一个职业人而言，必然要面对同事、老板、客户，甚至还需要处理企业与股东、同行、政府、社区居民的关系，平时经常会有与其他单位或个人进行协调、解说、宣传等工作。同时在当今社会中，一个人再优秀、再杰出，如果仅凭自己的力量也难以取得事业上的成功，凡是能够顺利完成工作的人，必定要具有合作精神和团队意识。职业人在个性特点上要具有合群性，这几乎已成为各种职业的普遍要求。个性极端或太理想的人，较难与人和谐相处，即使满腹才学，也难以施展，在职场中不太容易立足。因此想要做好一件事情，绝对不能仅凭个人爱好独断专行。只有通过不断沟通、协调、讨论，从整体利益优先考虑，集合众人的智慧和力量，才能做出被大家所接受和支持的决定，才能把事情办好，才能在职场中从容行走。有此潜力的人在当今时代必定备受青睐。

5. 知识专精，“职感”敏锐

现代社会分工越来越细，各行各业所需要的专业知识越来越专业而且精深。因此，掌握专业知识的水平已成为在职场上招聘人才时重点考虑的问题。同时现代职场面临诸多变化，几乎每天都处在变化之中，只有抢先发现机遇，确切掌握时效，妥善应对各种局面，才能立于不败之地。“职感”敏锐是指职业敏感性，包括职业人对自己的兴趣、优势和不足的自知能力，包括对组织结构的变化、经营环境的变化以及新技术的采用对自己从事的工作岗位和职业影响的感知能力。职业敏感性强的职业人能及时收集各种信息，及时做好职业应对的准备。专业能力强、分析能力强、反应敏捷、快速正确有效地解决问题的“职场”中人，将是备受重视而大有发展前途的人。

6. 潜力无限，开拓创新

潜力，是指具有极高的追求成功的动机、学习欲望和学习能力的素质。现代社会，科学技术的发展日新月异，市场竞争瞬息万变，任何行业要想得到持续进步，只有不断开拓创新，保持现状即意味着落后。在职场中所开展的一切工作都是以人为主体的。因此，拥有学习意愿强、善于开拓创新的职业人的行业，其发展必然比较迅速。在注重专业的同时，现在越来越多的行业在选择人员时，更倾向于选用有学习潜力的人。近年来，各行业流行的做法是在招聘人员时加考其志向及智力方面的试题，其目的在于测验应聘者的学习潜力。

四、现代职业精神

现代职业精神不是自古就有的，它是伴随着工业革命和市场经济的确立而出现的。没有社会分工就没有职业，没有市场经济的兴起与发展也就没有现代职业精神。

（一）西方职业精神的变化

从16、17世纪开始，伴随着文艺复兴、启蒙运动和宗教改革，西方经历了工业革命和城市化，西方人的价值观念、伦理道德也随之发生了根本改变。一种积极入世、“入世修行”的人生信仰开始主导其对生命的理解，同时对财富、牟利、工商业等经济活动也给予了有力肯定，把职业看作确证自己的人生信仰的一种方式，甚至推崇为“天职”的职业观念也开始形成。

在西方人的理解中，职业是天职，所以职业是神圣的、美好洁净的、必须完成的。职业是天职，那么就应该以虔敬、勤奋、忠诚、主动、追求卓越等高尚的人类精神来对待工作，那些懒惰、疏忽、萎靡不振、不履行道德操守的所有工作表现，都将会受到谴责和惩罚。

西方职业精神对于西方企业和个人的成功起着不可忽视的推动作用。这种真正地热爱工作，将自己的生命、热情和自我实现都融进工作的职业观是人类共同的精神财富。

（二）现代职业精神的特色

改革开放后我国开始确立市场经济体系，虽然步履艰难，但成绩非凡。在物质成果以及经济制度基础上，我们迅速取得了西方国家花几百年才能取得的成功。但在职业精神方面我们仍比较匮乏，还存在诸多问题。

近年来一些宣扬职业精神的书惊人地畅销，如《致加西亚的信》《细节决定成败》等动辄销售上百万册。企业对职业精神的巨大需求让人震惊。这种需求是必然的，因为我国企业正处于塑造现代职业精神的关键阶段。

北京某公司一位副总经理曾经谈到，“公司的员工待遇是很好的，但在职业观上却差强人意：唯利是图，把工作当成捞钱的手段，为一些蝇头小利不惜采取行贿受贿等不正当手段，工作打不起精神、难以积极主动、敷衍了事、拖延任务、执行能力差，而且最痛心的是没有自己的人生目标及职业生涯规划，得过且过，毫无高尚的生命追求和人生动力”。我们不可否认这样一个现实：中国企业急需现代职业精神的塑造。

1. 以人的生命信仰的完满实现为职业观的主旨

现代职业精神是以生命信仰为基石的职业观，它不仅把工作当作人生的使命，而且将工作与生命信仰的实现完全融为一体，在工作中体验爱、美、和谐、意义与永恒。任何一个伟大的事业背后，都需要伟大的精神来支撑。我国发展市场经济，同样需要相应的精神来支撑和推动。如果仅仅靠对财富的饥渴本能、对发达国家经济表象的快速借鉴，是不能真正获得有力的精神资源的。在这个历史的关口，时代要求我们树立和塑造现代职业精神。

2. 职业就是事业

(1)赚钱不是职业的唯一。有人曾经在一些企业对员工进行职业观调查。其中第一道选择题是：你怎样看待你的工作与生命信仰？

a. 两者是一回事；b. 两者是完全冲突的；c. 两者完全不是一回事；d. 工作是生命信仰的一部分。

结果大部分员工选择 b 和 c，只有极少数员工选择 a 和 d。在大多数员工看来，“我”的生命信仰的实现与工作无关，工作只是“我”养活自己、赚取财富、不得不经历的一种人生方式。

还有的员工说，他们真心想做的是另外的事情，只是条件所限，只能干这个工作，这几个员工将那些自己想真心投入的事情称为“事业”。事业可以实现自己的生命信仰和人生价值，是应该投入生命要做的事，但职业不是，工作更不是。

赚钱只是工作其次的目的与意义，工作的首要意义在于它确定了一个人信仰的方式，也就是说，工作是一个人安身立命、确证自己生命价值的方式，是一种与宇宙万物联系沟通的方式。

(2)职业是生命信仰的一部分。信仰是对生命的看法，帮助人们明白我们从哪里来，要到哪里去，现在需要干什么。人有了信仰之后，不仅会懂得自己从哪里来，要到哪里去，而且可以清楚自己在这个世界上活着的意义和价值。

人活着的意义究竟是什么，人生的价值究竟在哪里？有人认为人生的意义在于吃喝玩乐，有人认为是成为自己偶像那样的人，还有人认为是充分施展自己的所有才华和潜能，得到世人的承认和肯定。

人生在世，必须明确自己活在世上的意义和目的，当你一旦确立了自己的人生目的和信仰，那么这个信仰就不是抽象的、空洞的，它必须以某种具体方式实践出来。我们每个人所拥有的职业，就是自己信仰的具体实现方式。

“这个世界上的工作就是我们入世修行的主要方式”，美国作家理查德·C. 卡伯特说：“一个人的工作代表了他在这个世界的位置。”当你将工作作为实践自己人生观、世界观的方式时，当你知道职业就是你安身立命的具体方式时，你的工作就不是乏味的，就不是一种劳苦。

职业是第一位的，赚钱是其次的，人首先要找到一个自己在这个世界上安身立命的方式，这是第一位的。

3. 职业是自我实现的重要部分

(1)从调查看人们职业观念的变化。2005 年 6 月，中国人力资源开发网进行了“2005 年中国·你为‘什么’而工作”的调查问卷活动。

根据收到的 7 632 份有效问卷发现：中国人最为看重的工作价值观共有 5 项，它们均占 70%以上。

①能够被人尊重。

②自己在工作方面能够有影响力。

③工作对个人成长有帮助。

④工作上有成功感。

⑤工作能够得到认可。

从这一调查结果可以发现，起码就心目中的理想状态而言，中国人在工作中最看重的并不是“薪资”“福利”等外部回报，也不是“工作稳定”“工作环境”等外界条件，而是一些“内在的回报”，它们有关个人的自我实现。

(2)自我实现是人的最高需求。心理学家马斯洛的“需要层次说”所提出的五个层次中较高级的后三种需要是有关人的自我实现。

①爱的需要：要求他人、团体的接纳，友爱和爱人的需要。

②获得尊重的需要：要求别人赞扬和认可的需要。

③充分发挥能力、自我实现的需要：自我实现与充分发挥自身潜能的需要。

从中国人力资源开发网有关工作价值观的调查结果看，当代职业人更注重的是在工作中人的较高需要的实现。工作已不再是为自己的生存和安全所需要，他们更认同在工作中发挥自己的潜能和价值，得到他人、企业和社会的认可和肯定，也从中得到爱、美等永恒价值的享受。

自我实现是人们对完成与自己能力相称的工作的渴望，来源于对自己潜力充分发挥的内在需要。国外研究人员曾对两千多位成功人士进行调查，发现很少有人是由于谋生的目的而工作，他们大多是出于个人对某一领域的强烈兴趣而孜孜以求，不计名利和报酬，忘我地工作，他们的成功是与他们的兴趣相联系的。

自我实现就是一个人做他最适宜的职业，在工作中发挥他最大的才华、能力和潜在素质，展现个人的情感、思想、能力、友爱、美感等特性，实现自己的理想和人生目标，并不断地自我创造和发展。

北京某地产大亨是一位对工作颇具心得的成功人士，他作为“精品职业顾问团”中的一员曾针对职业问题说：“如果你觉得工作很不适合、很郁闷，天天对着电脑让你‘脑死亡’，那你就要换工作。就像路一样，慢慢走下去，你会发现，有一份工作可以把你身上的各种潜能都调动起来，让你很兴奋，那你就要坚持下去。”

(3)职业是理想的实现。理查德·博尔斯先生是全球著名的职业选择指导书《你的降落伞是什么颜色》的作者，他在他的著作中写道：“工作是人梦想的实现，所以一定要进行职业生涯策划。职业生涯策划是一种建筑在现实、理想和梦想之上的管理艺术。”

职业生涯策划最重要的准备就是充分了解潜在的真实自我，首先要从自己的性格、天赋、兴趣进行全面分析，才能找到最有可能获得成功的领域。

能实现你梦想的工作，必须是一份能让你从工作中找到满足感的工作。对于你梦想的工作，要带着感激的态度去珍惜它。

4. 人生需要确立使命

当向很多职业人士询问他们人生的使命时，他们大多一脸茫然，不知道使命为何物？人们大多被日常工作和生活的惯性所裹挟，在工作和生活的旋涡中很难有机会停下来思考人生的使命以及眼前工作与使命的关系，他们基本上是为活着而活着。

(1)人生的目的绝不只是“活着”。为活着而活着的人实际上只具有生物学上的价值。这样的人活在世上，只是在完成新陈代谢、生老病死的自然规律，与自然界的花开花落、草枯草荣没有区别。一个人想具有价值和尊严就必须知道他存在的意义，知道他工作与生活的目的和使命。没有使命的人生是浑浑噩噩的人生，没有使命的人生也是被动懒惰、毫不主动上进的人生。

在《重新整理你的包》一书中，作者理查·雷德和大卫·沙皮洛根据他们的研究结果指出：人们最恐惧的是“过着毫无意义的生活”。他们认为，确立人生的使命，然后完成它，是一个人一生中最重要的工作。

使命感是一种促使人们采取行动，实现自我理想和信仰的心理状态，是决定人们行为取向和行为能力的关键因素。

(2)有使命的人才能主宰自己，实践证明，具有明确使命的人，总是领导和驾驭那些没有使命的人。没有自己的使命，便会存在于别人的使命中。大多数人因为没有明确的使命，只能过着得过且过、受人操纵和摆布的人生，而当你幡然觉醒，意识到自己的使命时，你就可以不再受他人的操纵和左右。

在人的一生中，我们首先要真正了解自己，知道自己要做什么，被赋予了什么样的使命，然后找到使命，并把使命与自己的工作完全结合起来。这样的人生和工作，才富有意义和价值，才能时刻活出积极主动、自动自发、自有方向与目标的职业精神。

人的使命中，最重要的就是他的职业。职业是确证我们人生价值的最重要的方式，也是我们在世界上的身份。职业是人所承担的使命，职业的选择实际上就是对自己使命的认可。

5. 现代职业呼唤服务精神

(1)为他人做贡献。德鲁克在强调企业的社会责任时说：“企业的目的一定在企业之外。”同样，人生的意义也在于为他人提供服务，做出贡献。曾经有一个年轻人问德鲁克“我怎样才能成功?”德鲁克回答说：“你不改变问问题的方法就永远不会成功。”小伙子急忙问该怎样问，德鲁克说：“一个人首先应当问自己，我可以为别人做出怎样的贡献”。

(2)企业内外都是服务。许多公司提倡组织的“倒金字塔”结构。总经理的位置处在倒金字塔的最底层，而基层员工处在上层，这一结构的变化代表了当今一些优秀企业的价值观念。总经理的最高位变成了最低位，服务于其上部的高级管理人员，而“高管们”要服务于中低层管理人员，管理人员要服务于广大员工，而员工要服务于公司的所有客户。

这种服务精神，实际上也是现代职业精神的标志。这种服务意识取代了高高在上的领导和管理概念，不是以控制、专横来面对下级，也不是以阿谀奉承来迎合上级；是指导而不是命令，是循循善诱而不是颐指气使，是教导而不是批评。

下级也要以爱心对待上级。对上级要尽心、忠心而不是阳奉阴违，是体贴而不是顶撞，是服务而不是对立。而在企业中享受服务的员工同样还要充满爱心、细致入微地服务客户，是施爱而不是索取，是关心客户而不是榨取客户，是满足客户需求而不是推销产品。

服务意味着所有职业人士为了共同的事业而互相帮助和支援，用爱心来促成团队的稳固和企业愿景的实现。

五、大学生应树立的正确职业观念

1. 专业观念

专业要求每个人在自己的本职工作中，都必须具有很强的专业能力和专业水平，必须是某个行业或某个领域专家。

2. 敬业观念

敬业是现代职业人的重要品质，再宏伟的工程也只有通过勤勉努力地工作才能成功。

3. 乐业观念

发展中领略乐，奋斗中感知乐，竞争中体味乐，专注中享受乐。从自己职业中领悟人生趣味。

4. 创业观念

创业是要有勇气去开创新业务，去建立全新的目标。

5. 务实观念

务实就是讲究实事求是，这是中国农耕文化较早形成的一种民族精神。中国人注重现实、崇尚实干精神。务实精神作为传统美德，仍在职业生活中熠熠生辉。

6. 诚信观念

诚信，即待人处事真诚、老实、讲信誉，言必信、行必果，一言九鼎，一诺千金。诚信是行业立身之本。如果一个从业人员不能诚实守信，那么他所代表的社会团体或是经济实体就得不到人们的信任，无法与社会进行经济交往，或是对社会缺乏号召力和响应力。

7. 发展观念

在职场中要明白自己想做什么，会做什么，长处是什么，短处是什么。在职场中要定位准确，在工作转变、职能转换和职位变迁时，快速调整自己，自我充电，顺利度过职业疲劳和职业倦怠期，从而在职场中做到持续发展。

8. 和谐观念

“我们在个人的发展过程中，家庭、事业、身体以及朋友各个方面都必须依照自己的标准找到平衡点，要能够比较全面地兼顾。每做一件事情都要考虑其他因素，所以给你的建议就是决定结婚就去结婚，但是不要忘了还有事业。同样，有事业后不要忘了感情和健康，有感情不要忘了还要有孩子。事业失意还有东山再起的机会，家庭、健康、朋友这三个玻璃球是摔不得的，自己要找到平衡点……”这个平衡点就是和谐。

第二节　高职高专大学生就业形势分析

案例导入

就业该走什么样的路？

张同学目前在浙江一家私营企业从事人事专员的工作，但她对这一工作并不满意。张同学去年毕业于某高职高专院校的财务管理专业，她本人也并不喜欢这个专业。因此，她在毕业实习和找工作时，未选择与所学财务管理专业相关的岗位，而是选择了对专业要求并不高的人事工作。一年下来，她觉得这个岗位也不适合自己的性格和特长，而且由于是小型私营企业，工作内容比较繁杂，她觉得工作不自在，发挥不了自己的才干，因此对于今后到底该走哪条路，显得有些迷茫。

[**点评**]初涉职场的年轻人在就业方面总会遇到这样或者那样的问题，他们当中很多人都存在没有明确的职业目标、搞不清楚自己的优势和不足的问题。

张同学就是一个比较典型的例子。毕业后不愿意从事与所学专业相关的工作，找到工作以后，又发现这份工作也非自己所爱，更苦恼的是，自己又不知道今后的职业该如何定位。

张同学性格外向，思维比较周密，善解人意，观察力也比较强，而这些特质正是人事主管应具备的素质，因此建议她应该认真考虑，是否真的不打算从事人事工作？她的性格、特长是否真的不适合这一岗位？如果经过自我剖析仍感到对人事工作毫无兴趣，那么再考虑其他岗位也未尝不可。要想在工作岗位上做出成绩，是需要结合自己的特长和兴趣的。

此外，对于张同学提到的工作内容比较繁杂、单位规模较小等问题，建议她还是要积极发挥主观能动性，适时调整自己的短期目标。只有积极地适应工作，才能把工作做得更好；只有自身的能力不断提升，才能为今后的发展打下基础。

一、高职高专学生就业形势分析

随着社会的发展，市场的竞争逐渐转变为对人才的竞争，高等院校毕业生就业压力也在逐年增大，毕业生面临着巨大的挑战。据统计，每年有20%～30%的高校毕业生未就业或者不能及时就业，高校毕业生就业已成为社会关注的热门话题。与此同时，有调查显示，50%的应届高校毕业生找不到合适的工作，同时也有45%的企业招聘不到合适的人才，企业招聘与毕业生就业之间的落差正在逐年扩大。

（一）大学毕业生就业形势不容乐观

应届毕业生既将走出校门，走上社会，迎接挑战，寻找适合自己的工作，据统计2023年毕业生人数为1 174万，同比增加167万人。2023届普通高校毕业生规模、增量均创历史新高，就业形势严峻复杂。全国应届生就业压力较大，就业形势不容乐观，其主要原因有：

1. 社会环境带来就业影响

目前，处于经济复苏时期，许多企业订单减少，企业需求减少，工作岗位也必然随之减少，许多大企业纷纷进行大量裁员，因此应届生就业会相对困难。

2. 外部压力加大

地区冲突仍然存在，许多出口外向型企业面临诸多困境，企业生产困难，势必会对应届生就业造成影响。

3. 企业转型升级对人员需求减少

我国企业门类齐全，同质同类企业，尤其是小企业和个体户数量众多，导致部分产品附加值不高、利润低，完全靠廉价劳动力来提高利润的企业将面临淘汰，产业升级、技术升级是每个企业生存的必由之路。企业转型升级到了瓶颈期，国家也在大力倡导和扶持，由于企业转型升级，对高端人才需求加大，对一般人才和劳动需求必然减少，而今年应届毕业生又比往年多，这个突出矛盾势必影响学生就业。

4. 应届毕业生人数增多，企业和政府岗位数量相对减少

2023 年应届毕业生人数超过 1 000 万人，但目前全国企业对应届毕业生需求减少了很多，虽然政府在前几年采取许多措施，释放了大量政府就业岗位，但仍旧很难在短时间内解决就业难的问题。

（二）高职高专院校毕业生就业形势

从 2019 年高考人数突破 1 000 万人后，近几年的高考报名人数都在 1 000 万以上。到了 2020 年，高考录取人数 967 万人，高考录取率首次突破 90%。随着高考报名人数和高考录取率的上涨，大学毕业生人数也会越来越多。从大学扩招，包括高职扩招，大学毕业生人数屡创新高的趋势来看，未来的大学生就业形势依然不容乐观。

在对未来市场环境预测不利的前提下，很多企业为了生存，采用“断尾”的方式求生，即采用裁员的方式来消减成本压力，缩减校招名额。

除此之外，社会对毕业生的学历要求越来越高。在应届生求职数量远大于招聘数量的情况下，一些企业会调整招聘条件，如抬高学历要求、学校要求等，去筛选合适人选。

灵活就业成为毕业生就业新形态。这几年，我国灵活就业人数明显增加。《中国灵活用工发展报告(2021)》蓝皮书公布的数据显示，2020 年中国企业采用灵活用工比例约 55.7%，比 2019 年增加约 11%，近 30%的企业打算稳定或扩大灵活用工规模。作为思维更加活跃、创新能力更强的群体，大学生成为共享经济、平台经济中的一支生力军。与一般灵活就业不同的是，大学生的灵活就业是在互联网、大数据等新技术应用背景下、新业态下的自主就业和创业。根据全国高等学校学生信息咨询与就业指导中心数据统计，2020 届全国高校毕业生的灵活就业占 16.9%，2021 届高校毕业生灵活就业占 16.25%。

（三）高职高专院校毕业生就业存在的问题

1. 求职功利化倾向

职业选择是大学生在职业生涯中必须要面对的关键环节，反映出他们对未来职业的价值观倾向。随着大学生自我意识的增强，他们在求职过程中更关注个人利益的实现，一味地追求高薪酬、大城市，讲求高端就业，不愿选择去基层或欠发达地区就业。

2. 对初次就业的期望值过高

很多高职院校毕业生在就业时常常追求“一步到位”，要求绝对安稳，始终将眼光盯在大城市、大公司、高薪水上，不能接受“先就业，后择业”这种通过正当职业流动逐步实现自我价值的思想理念，因而在求职中屡受挫折，逐渐产生“怀才不遇”的消极情绪，不积极主动争取，影响个人的正常就业。

3. 社会奉献意识淡薄

如今不少大学生家庭环境优越，社会经验有限，对自身的认知也有限，还不能准确意识到自己的社会使命。有资料显示，近年来的"公务员热"实际上是大学生追求体制内较好的工资待遇、工作安全稳定且压力小的体现，与为人民服务的奉献精神关联不大。

4. 就业反应敏感度下降

通过调研某高职高专院校近三年的毕业生后发现，超过50%的学生认为找工作的理想时间是在毕业当年的3—6月份，也有个别学生甚至认为毕业后半年至三年内找工作比较理想。在对学生进行个别访谈时，部分学生表示因为对未来还没有规划好，毕业不急于工作。某高职院校近三年的毕业生就业数据显示：毕业生签约率、正式就业率呈下降趋势，同时毁约率增高。这一变化说明，毕业生在就业时间上较之前有延迟的趋势，从而也反映出其就业反应的敏感度有所下降，"慢就业"现象日益凸显。

(四)高校毕业生就业形势前景展望

由于社会所能提供的工作岗位数量与毕业生人数仍有很大差距，高校毕业生就业前景仍不容乐观。在未来一段时间内，高校毕业生就业会体现几个方面的特征：

1. 人才主要流向偏远地区和基层

一线城市、中心城市、核心部门往往人才济济，高校毕业生想进中心城市、核心部门，求职难度非常大，对于高职高专学生来说更是难上加难。近几年来，随着经济的发展，偏远地区基层人才需求的数量逐渐加大，国家也有相关政策倾斜，相信在未来的一段时间内，偏远地区和基层会成为人才的主要流向。

2. 奢谈"专业对口"

每年都有大量专业人才从高等院校毕业，而专业性强的岗位却趋于稳定。所以，对高校毕业生来说，"专业对口"则成了一种奢望。加之高校毕业生没有工作经验，还没有在专业领域证明自己，所以常常在竞争中处于不利地位。因此，未来会有相当部分高校毕业生在就业时从事非所学专业的职业，实现职业转型。

3. 创业成为新的选择

面对就业困难，很多高校毕业生会想到通过创业来实现自身价值。随着社会制度体系的不断完善，社会经济环境的改善，人们思想观念的转变以及创新创业教育的普及，相当数量的高校毕业生将加入创业大军之中，创业将成为高校毕业生就业的新途径。

(五)高职高专生在就业中的优势

《就业蓝皮书：2019年中国大学生就业报告》显示，2018届中国大学生毕业半年后的就业率为91.5%，高职高专毕业生就业率连续两年超过本科。

1. 专业技能方面，高职高专毕业生具有明显的优势

一直以来，普通本科院校更多地注重理论知识的传授，而忽视知识在实际生产、生活中的应用，所以大多本科层次的学生存在"眼高手低"的情况。而在日新月异的当今社会，缺乏的是既懂理论知识又能动手的高素质技能人才。虽然我国的教育改革一直在进步，但是仍缺乏实质性的突破与改变，以致目前仍然缺乏这类应用型人才。而目前我国高职院校的人才培养模式恰好适应了社会的需求，通过实践“三段式的培养模式”，即“一年学理论，一年在校实习，一年企业顶岗实习”，培养出“理论知识够用，又有比较强的实际操作能力”的高素质技能型人才。如今人们对“人才”的理解不再局限为高学历，而是具有一技之长。由于高职高专学生所学的专业一般都对应社会的各行各业，所以他们都掌握一些实用的技能和本领，在进入用人单位后，能够很快上岗作业。

2. 心理预期和社会实践方面，高职毕业生具有明显的优势

本科毕业生“就业难”既有外部环境的影响，在很大程度上也有学生自身的问题。主要是受传统世俗观念与社会大环境的影响，造成本科大学生在求职过程中心理预期过高，形成“高不成、低不就”的局面。20 世纪 90 年代中后期，我国各大高校相继进行扩招，大学毕业生数量迅速增加，而绝大部分的在校大学生并不了解市场的实际情况或正视现实，不能放低姿态，这正是造成目前大学生就业困难的主要原因。与其相比，高职毕业生就更加务实，往往能够更早也更踏实地进行工作。另外，高职院校定期组织学生到现场长期实践实习，使学生在入职前即已受到了大量的职业技能训练，高职毕业生现场工作的经验也更为丰富，处理现场问题的能力相对更强，具有一定的优势。

3. 职业证书方面，高职毕业生具有明显的优势

与同专业本科毕业生相比，高职专科文凭明显属于“弱势文凭”。而在当下，用人单位更加看重的是既拥有理论基础又拥有一技之长的毕业生。高职高专院校普遍拥有设备先进的大型实训场地以及校外实训基地；学校还会定期组织学生到一线进行长期的现场实践实习，参加相关职业资格考试。这使学生在入职前即已受到了大量的职业技能训练，在校期间获得了相关的职业资格证书，这些均成为高职毕业生就业竞争中的优势。

二、牢固树立正确的就业观

就业观是人生观、价值观在就业问题上的集中反映，是人们对于就业目的及意义的根本看法和态度。就业观正确与否将直接影响毕业生能否正确认识自我并达到成功的就业目标，同时也在一定程度上影响着国家经济的持续发展和社会的和谐稳定。

（一）认清形势，转变观念

如今，就业竞争日益激烈，形势日益严峻，就业问题引起了党和政府及全社会的高度关注。大学生在择业时，不应只倾向于党政机关、事业单位，而不愿意到基层、乡镇和民营中小企业。国家发改委统计数据表明，我国中小企业提供了 75%以上的就业岗位，所以中小企业是一片非常广阔的就业天地。

（二）把握机遇，理性选择

我国经济发展的新环境给大学毕业生带来了一些新的机遇，面对这些机遇，大学生应抓住抓牢。同时要理性选择，走最适合自己发展的道路，不盲目跟风。如果自己创业当老板，相对自由，但风险也较大，要有较强的心理素质和充分的思想准备。

（三）勇于面对竞争

大学生在择业过程中要树立强烈的竞争意识，首先要把外在的压力转化为内在的动力，积极主动地参加应聘活动，培养超群的竞争实力，因为竞争实力是逐渐培养和塑造起来的，是个人实现理想的资本。同时，竞争应遵循符合道德规范的原则，不可尔虞我诈、相互诋毁，更不能弄虚作假。大学生在就业竞争面前，要保持自己的人格尊严，诚实守信。凭自身的实力，运用恰当的技巧去赢得用人单位的青睐；要保持良好的竞争心态，勇于面对。注意提高耐挫力，把挫折看成是锻炼意志、提高能力的好机会。

（四）对暂时的待业保持良好心态，树立先就业后择业的观念

在社会主义市场经济体制下，大学生就业的多次择业比率将增加，公开竞争考试成为普遍的招聘方式之一，职业竞争进一步加剧，部分大学生会暂时待业。由于人才与市场的供求关系和择业者个人方面的原因，部分大学生在一定时期内可能处于待业状态，这是不可避免的现实，对此大学生要有充分的思想和心理准备。大学生要打破一步到位、从一而终的旧的就业观念，不必急于在短时间内找到一个固定的“铁饭碗”，要学会在流动中求生存、在流动中寻求发展。

（五）树立自主创业和终生学习的观念

当今世界，知识更新日新月异，生存发展竞争激烈，信息化社会为大学生创业提供了很好的契机。新时期的大学生头脑灵活，起点高，可塑性强，能够快速接受新事物，创新意识强烈，所以应该树立开拓、创新、创业的观念，用自己所学为个人、社会创造新的就业岗位和劳动成果。

信息化社会的成果已经渗透到我们生活的方方面面，终生学习不仅是发展的需要，更成为现代人生存的需要。只有不断学习新知识，才能适应社会，否则将被淘汰出局。大学生就业之后的继续学习，更是自我职业生涯发展的前提和基础。

（六）树立发挥专业所长，同时注重综合素质提升的观念

一个人在求职择业中是否具备合理的专业知识结构，对取得职业的岗位层次有决定性的影响。在择业过程中，毕业生应根据自己所学专业，选择合适的用人单位，充分发挥专业特长，达到学以致用的目的。很多毕业生认为大学文凭是块敲门砖，哪里实惠就往哪里搬，不考虑自己是否能够在一个岗位上学到什么，只看用人单位是否待遇高、条件好，甚至选择与自己专业毫不相干的职业，从而埋没了自身的专业特长。个人在社会上要想生存和发展，要有自己的资本，而现代社会中专业特长是每个人最宝贵的无形财富。只有在发挥专业特长的岗位上施展才华，才能体现出自己的个人价值和社会价值。

目前，大学毕业生的就业能力与用人单位岗位要求的不相适应主要体现在：专业知识与技艺不精、敬业精神不够、学习愿望不强烈、沟通协调能力以及基本解决问题的能力欠缺等。随着职业分工的细化，不同专业的毕业生对本专业的熟悉程度也越来越重要，良好的专业基础是成为一名合格职业人的前提，而良好的沟通协调能力和团队精神是成为成功人士的必备条件。因此在精修专业的基础上，大学生应充分利用在校时间，专博相济，广泛涉猎，提升自身的综合素质。

(七)艰苦奋斗,面向基层就业

当前,国家急需毕业生建功立业的岗位多在基层。然而由于基层的工作条件和工作环境相对较差,常常使求职择业的大学生望而却步。但是国家急需人才的地方,也正是大有作为的地方。我国人口中受过高等教育的专门人才相对较少,而且分布不均衡。生产一线、小城镇及农村需要大批有志向的大学生。基层是大学毕业生成长、成才的沃土。

(1)基层需要人才,可以为人才提供宽广的发展空间。据统计受过高等教育的人才在全国人口中不到7%,多集中在经济发达地区,而基层的大学生很少,特别是在一些中小企业和广大农村,人才极度匮乏。基层对大学毕业生、高科技技能型人才以及先进的生产技术的需求十分迫切。

(2)基层迫切需要科技人才,而初出校门的大学生的书本知识又亟待在具体问题的解决中去实践、认识、提高,应当说基层就业是人才成长的最佳途径之一。大学毕业生扎根基层,可巩固所学、施展才华,早日成为祖国建设的栋梁之材。

(3)基层是社会的基础,在那里大学生可以体验到主人翁的责任感,激发出立志改变基层艰苦环境的热情。虽然中、小城市和基层的物质文化生活不如大城市,但这正是大学生磨炼自己意志的好地方。在实现理想的过程中,脚踏实地、为国奉献,才应该是当今大学生应有的风采。

第三节　就业制度与政策

一、国家的就业方针

随着市场经济体制目标的确立,我国经济体制改革进入一个新阶段。与20世纪80年代相比这阶段呈现3个特点:确定了社会主义市场经济体制的改革目标,所有制结构的调整力度前所未有,经济体制改革的重点放在了国有大中型企业上。

党的二十大报告指出:实施就业优先战略。就业是最基本的民生。强化就业优先政策,健全就业促进机制,促进高质量充分就业。健全就业公共服务体系,完善重点群体就业支持体系,加强困难群体就业兜底帮扶。统筹城乡就业政策体系,破除妨碍劳动力、人才流动的体制和政策弊端,消除影响平等就业的不合理限制和就业歧视,使人人都有通过勤奋劳动实现自身发展的机会。健全终身职业技能培训制度,推动解决结构性就业矛盾。完善促进创业带动就业的保障制度,支持和规范发展新就业形态。健全劳动法律法规,完善劳动关系协商协调机制,完善劳动者权益保障制度,加强灵活就业和新就业形态劳动者权益保障。

这标志着我国新时期的就业改革步入一个非常重要的阶段。这一就业方针明确了劳动者、政府和市场在促进就业中的地位和作用。总体的指导思想是:劳动者自主择业是前提,市场调节就业是基础,政府促进就业是保障。

就业是关系经济升级、民生改善和社会稳定的大事。国家历来高度重视就业工作中存在的问题。相关部门认真分析严峻的就业形势,进而采取切实有效的针对性措施,全力以赴地提高就业。

二、国家的就业政策

(一)就业政策的作用

1. 促进经济增长、产业结构转型升级与增加就业的良性互动

首先,在总体布局中体现“就业优先”。通过健全完善产业政策、财政政策、税收政策、投资政策及收入分配政策,激励和引导有利于扩大就业的经济投入、产业调整、项目布局和企业发展,努力实现经济增长与扩大就业的良性互动。其次,将经济增长方式转变与拓展就业空间结合起来。

在产业结构上,着力发展就业容量弹性最大的第三产业,继续发展生产性服务业,培育新型消费产业,引导发展服务于社会管理和发展的社会组织、社会工作等服务性行业。在经济形式上,鼓励民营经济发展。在企业类型上,支持发展具有比较优势的劳动密集型中小企业。同时,鼓励劳动者通过自主创业发展微小型企业,通过创业带动就业岗位的增加。

2. 促进就业政策与结构调整相结合

一方面,在推动与生活相关的现代服务业的发展上下功夫,包括电子商务、社区服务、家庭服务、健康服务、养老服务等,形成放开搞活就业扶持的相关政策;另一方面,在推动与生产相关的现代服务业上下功夫,包括研发、信息、科技、物流、金融、咨询等智力密集型领域,实行鼓励、支持创新研发带动大学生就业的政策。

在推动发展中,切实落实相关的便利工商登记、财政支持、金融信贷、税收减免等扶持政策。就业和社会保险(放心保)政策主动跟进,在小额贷款、就业资金扶持、社保补贴、岗位补贴等方面加大扶持力度,营造良好条件,引导劳动者进入这些领域就业、创业。

3. 促进城镇化与农村劳动力转移就业的协调发展

在城镇化进程中,注重城镇化和农村劳动力转移就业的协调发展。加大基础设施的投入,创新小城镇建设机制,建设一批产业集聚、企业集群、就业集中的新型城镇,增强城镇就业功能。促进中小企业、小城镇和劳动密集产业发展,通过扶持农副产品加工企业和劳动密集型产业,发展乡镇企业、鼓励农民工回乡创业等多种形式拓宽就业渠道。提高农村劳动力的就业能力,加大对农村劳动力转移培训的投入,建立政府主导、多方筹集的投入机制,完善激励政策,引导农民全面提高自身素质,努力适应新的工作、生活环境。

(二)就业举措

1. 建立经济发展和扩大就业的联动机制,健全政府促进就业的责任制度

要把解决好就业问题作为经济发展的优先目标,实施就业优先战略和更加积极的就业政策,通过稳定经济增长和调整经济结构增加就业岗位,建立经济增长与扩大就业的联动机制。在制订经济发展规划、确定经济发展速度时,优先考虑扩大就业规模的需要,使经济健康发展的过程成为就业持续扩大的过程。

综合运用财政、税收、金融、产业等各项经济调节政策促进就业,通过税收优惠、社会保险补贴、小额担保贷款等扶持性政策,鼓励企业更多地吸纳就业人员,鼓励劳动者多渠道、多形式就业。积极帮扶困难群体就业。健全政府促进就业目标责任制和就业工作协调机制,强化政府促进就业的责任。

2. 创新扶持创业的体制机制

创业是就业之源，具有带动就业的倍增效应。完善政府扶持创业的优惠政策，通过税费减免为创业者减轻负担；对缺乏创业资金的创业者，给予小额担保贷款扶持；鼓励发挥各方资源优势，为创业者提供场地便利、创业孵化和跟踪服务。继续推进创业示范城市建设，健全评估机制，发挥创业引领作用。转变就业观念，增强劳动者特别是青年人的创业意识，努力营造良好的创业氛围。完善扶持创业的优惠政策，形成政府激励创业、社会支持的创业、劳动者勇于创业的新机制。

三、高校毕业生就业创业政策

（一）职业培训补贴和职业技能鉴定补贴政策

对参加就业技能培训和创业培训的高校毕业生，培训后取得职业资格证书的（或职业技能等级证书、专项职业能力证书、培训合格证书），给予一定标准的职业培训补贴。

参加培训的高校毕业生向当地人社部门提供基本身份类证明（包括身份证、就业创业证、社会保障卡，政策申办对象根据实际情况选择其一提供即可，下同）原件或复印件、培训机构开具的税务发票（或行政事业性收费票据）等材料。

人社部门审核后，将培训补贴汇到申请者本人社会保障卡银行账户（或其他银行账户，由申请者自主选择，下同）或个人信用账户中。

对通过初次职业技能鉴定并取得职业资格证书（不含培训合格证）的高校毕业生，给予职业技能鉴定补贴。

高校毕业生向当地人社部门提供基本身份类证明原件或复印件、职业技能鉴定机构开具的税务发票（或行政事业性收费票据）等材料。

人社部门审核后，将补贴资金汇到申请者本人社会保障卡银行账户中。

（二）社会保险补贴政策

小微企业招用离校2年内未就业高校毕业生，与之签订1年以上劳动合同并为其缴纳社会保险费的，按其为高校毕业生实际缴纳的社会保险费给予补贴，不包括个人缴纳部分，期限最长不超过1年。社会保险补贴实行“先缴后补”。

招用高校毕业生的小微企业，申请社会保险补贴向当地人社部门提供基本身份类证明（或毕业证书）复印件、劳动合同复印件等材料。

人社部门审核后，将补贴资金汇到单位银行账户中。

对离校2年内未就业的高校毕业生灵活就业后缴纳的社会保险费，给予一定数额的社会保险补贴，补贴标准原则上不超过其实际缴费的2/3，补贴期限最长不超过2年。

灵活就业的高校毕业生，向当地人社部门提供基本身份类证明原件或复印件、灵活就业证明材料等。

人社部门审核后，将补贴资金汇到申请者本人社会保障卡银行账户中。

（三）一次性创业补贴政策

有条件的地区，对首次创办小微企业或从事个体经营，且所创办企业或个体工商户自工商登记注册之日起正常运营1年以上的离校2年内高校毕业生，给予一次性创业补贴。

补贴标准和申领流程由各省级人社、财政部门确定。

符合条件的高校毕业生可以去当地人社部门申请。

（四）就业见习补贴政策

对吸纳离校2年内未就业高校毕业生、16～24岁失业青年参加就业见习的单位，给予一定标准的就业见习补贴，用于见习单位支付见习人员见习期间基本生活费、为见习人员办理人身意外伤害保险，以及对见习人员的指导管理费用。对见习人员见习期满留用率达到50%以上的单位，可适当提高见习补贴标准。对见习期未满与高校毕业生签订劳动合同的，给予见习单位剩余期限见习补贴。

见习单位向当地人社部门提供基本身份类证明（或毕业证书）复印件、就业见习协议书、单位发放基本生活补助明细账（单）、为见习人员办理人身意外伤害保险发票复印件等材料。

人社部门审核后，将补贴资金支付到单位银行账户。

（五）一次性求职创业补贴政策

对毕业学年有就业创业意愿并积极求职创业的低保家庭、贫困残疾人家庭、原建档立卡贫困家庭和特困人员中的高校毕业生和中等职业学校（含技工院校）毕业生，残疾及获得国家助学贷款的高校毕业生和中等职业学校（含技工院校）毕业生，给予一次性求职创业补贴。

符合条件的毕业生所在学校申请求职创业补贴，向当地人社部门提供毕业生获得国家助学贷款（或享受低保、身有残疾、原建档立卡贫困家庭、贫困残疾人家庭、特困救助供养）证明材料、学籍证明复印件等。

申请材料经毕业生所在学校初审和公示，报当地人社部门审核后，将补贴资金支付到毕业生本人社会保障卡银行账户中。

（六）创业担保贷款及贴息政策

小微企业当年新招用符合创业担保贷款申请条件的高校毕业生等人员人数达到企业现有在职职工人数15%（超过100人的企业为8%），并与其签订1年以上劳动合同的，可申请最高不超过300万元的小微企业创业担保贷款，由财政给予贴息。

符合条件的高校毕业生可申请最高20万元的个人创业担保贷款，由财政给予贴息。合伙创业的，可根据符合贷款条件的合伙创业人数适当提高贷款额度。

对10万元及以下的个人创业担保贷款，以及全国创业孵化示范基地或信用社区（乡村）推荐的创业项目，获得市级以上荣誉称号的创业人员、创业项目、创业企业，经金融机构评估认定的信用小微企业、商户、农户，经营稳定守信的二次创业者等特定群体，免除反担保要求。

（七）税收优惠政策

企业招用登记失业半年以上且持《就业创业证》（注明“企业吸纳税收政策”）的高校毕业生，与其签订1年以上期限劳动合同并依法缴纳社会保险费的，自签订劳动合同并缴纳社会保险当月起，在3年（36个月，下同）内按实际招用人数予以定额依次扣减增值税、城市维护建设税、教育费附加、地方教育附加和企业所得税优惠。

定额标准为每人每年6 000元，最高可上浮30%，各省、自治区、直辖市人民政府可根据本地区实际情况在此幅度内确定具体定额标准。

毕业年度内高校毕业生、登记失业半年以上的高校毕业生，持《就业创业证》（注明“自主创业税收政策”或“毕业年度内自主创业税收政策”）（注明“自主创业税收政策”），从事个体经营的，自办理个体工商户登记当月起，在3年内按每户每年12 000元为限额依次扣减其当年实际应缴纳的增值税、城市维护建设税、教育费附加、地方教育附加和个人所得税。

限额标准最高可上浮20%，各省、自治区、直辖市人民政府可根据本地区实际情况在此幅度内确定具体限额标准。

（八）学费补偿和助学贷款代偿政策

对高校毕业生到中西部地区、艰苦边远地区和老工业基地县以下基层单位就业、履行一定服务期限的，以及应征入伍服义务兵役的，给予学费补偿和国家助学贷款代偿。

本专科学生每人每年最高不超过8 000元，研究生每人每年最高不超过12 000元。

符合条件的高校毕业生可向高校学生资助管理部门申请。

（来源：人力资源和社会保障部政务微信公众号）

四、政府对于高校毕业生就业难问题的措施

（一）改革户籍及用人指标制度

取消大学生留在省会以上城市的指标及户口限制，代之以人才标准和专业标准限制，促进人才流动，解除大学生就业的“户籍限制”之忧，以利于大学生就业。

（二）逐步规范并严格执行行政事业单位用人“每进必考”制度

当前，行政事业单位的新进人员，执行用人制度总体不错，但也有些地方、有些单位、有些人不按规定办事，这严重地影响了就业公平，既不利于大学生就业工作，也产生极坏的社会影响。政府应该逐步规范并严格执行行政事业单位用人“每进必考”的制度，增加用人透明度，接受社会监督，严格执行规定，有错必究。

（三）制定相关政策，为大学生就业提供公平竞争的社会环境

促进高校毕业生就业是就业工作的重中之重。为使高校毕业生进一步掌握就业创业相关政策，云南省委教育工委、省教育厅、省人力资源社会保障厅把近年来国家和云南省涉及高校毕业生就业创业的相关政策汇编成《100问》，为全省高校毕业生提供就业创业指导与服务。在编写过程中，力求从政策性、实用性入手，主要涉及基层就业、企业就业、应征入伍、自主创业、见习培训、服务援助等方面的政策规定。同时，附涉及问答内容相关文件名称，以便查询。

云南省促进高校毕业生就业创业政策100问（2023年2月）相关文件名称附录

1. 中共中央办公厅国务院办公厅印发《关于引导和鼓励高校毕业生面向基层就业的意见》的通知（中办发〔2005〕18号）

2. 关于组织开展高校毕业生到农村基层从事支教、支农、支医和扶贫工作的通知（国人部发〔2006〕16号）

3. 教育部 财政部 人事部 中央编办关于实施农村义务教育阶段学校教师特设岗位计划的通知（教师〔2006〕2号）

4. 国务院办公厅转发人力资源社会保障部等部门关于促进以创业带动就业工作指导意见的通知（国办发〔2008〕111号）

5. 国务院办公厅关于加强普通高等学校毕业生就业工作的通知（国办发〔2009〕3号）

6. 财政部 国家税务总局 人力资源和社会保障部 教育部关于支持和促进重点群体创业就业税收政策有关问题的补充通知（财税〔2015〕18号）

7. 国务院关于进一步做好新形势下就业创业工作的意见（国发〔2015〕23号）

8. 国务院办公厅关于深化高等学校创新创业教育改革的实施意见（国办发〔2015〕36号）

9. 中共中央办公厅 国务院办公厅关于进一步引导和鼓励高校毕业生到基层工作的意见（中办发〔2016〕79号）

10. 国务院关于做好当前和今后一段时期就业创业工作的意见（国发〔2017〕28号）

11. 财政部 税务总局 人力资源社会保障部 国务院扶贫办关于进一步支持和促进重点群体创业就业有关税收政策的通知（财税〔2019〕22号）

12. 国家税务总局 人力资源社会保障部 国务院扶贫办 教育部关于实施支持和促进重点群体创业就业有关税收政策具体操作问题的公告（国家税务总局公告2019年第10号）

13. 国务院办公厅关于应对新冠肺炎疫情影响强化稳就业举措的实施意见（国办发〔2020〕6号）

14. 人力资源社会保障部 教育部 公安部 财政部 中国人民银行关于做好当前形势下高校毕业生就业创业工作的通知（人社部发〔2020〕72号）

15.中组部 人社部 民政部 中央文明办 教育部 财政部 国家卫健委关于引导和鼓励高校毕业生到城乡社区就业创业推进行动的通知(人社部发〔2020〕53 号)

16 中组部 人社部 教育部 科技部 民政部 财政部 团中央关于实施高校毕业生就业创业推进行动的通知(人社部发〔2020〕65 号)

17.人社部办公厅 财政部办公厅关于做好 2020 年高校毕业生"三支一扶"计划实施工作的通知人社厅发〔2020〕57 号

18.人社部 财政部 商务部 国务院国资委 团中央 全国工商联关于进一步加强就业见习工作的通知人社部函〔2020〕66 号

19.人力资源社会保障部 教育部 国务院扶贫办关于进一步加强贫困家庭高校毕业生就业帮扶工作的通知人社部函〔2020〕75 号

20.科技部 教育部 人力资源社会保障部 财政部 中科院 自然科学基金委关于鼓励科研项目开发科研助理岗位吸纳高校毕业生就业的通知(国科发资〔2020〕132 号)

21.中组部 人社部 民政部 中央文明办 教育部 财政部 国家卫健委关于引导和鼓励高校毕业生到城乡社区就业创业的通知(人社部发〔2020〕53 号)

22.《教育部办公厅关于严格核查 2020 届高校毕业生就业数据的通知》(教学厅函〔2020〕19 号)

23.云南省人力资源和社会保障厅 云南省财政厅 云南省地税局 云南省工商局关于贯彻落实云南省人民政府鼓励创业促进就业若干意见有关问题的通知(云人社发〔2009〕13 号)

24.云南省人民政府办公厅关于印发云南省鼓励创业贷免扶补实施办法(暂行)的通知(云政办发〔2009〕60 号)

25.关于印发云南省鼓励创业贷免扶补实施办法细则(暂行)的通知(云人社发〔2009〕76 号)

26.关于云南省鼓励创业贷免扶补实施办法细则(暂行)的补充通知(云人社发〔2009〕230 号)

27.云南省教育厅 云南省人力资源和社会保障厅 云南省财政厅 云南省农村信用社联合社关于鼓励大学生创业贷免扶补工作有关问题的通知(云教学〔2010〕10 号)

28.云南省人民政府办公厅关于转发云南省鼓励创业促进就业小额担保贷款实施办法的通知(云政办发〔2010〕163 号)

29.关于进一步规范我省高校毕业生就业见习工作的通知(云人社发〔2011〕323 号)

30.云南省人民政府转发国务院关于进一步做好普通高等学校毕业生就业工作文件的通知(云政发〔2011〕159 号)

31.云南省农村义务教育阶段学校教师特设岗位计划实施方案(2012 年修订)

32.云南省人力资源和社会保障厅 云南省财政厅关于提高"三支一扶"大学生工作生活补助标准的通知(云人社发〔2013〕244 号)

33.云南省财政厅 云南省人力资源和社会保障厅关于省级大学生创业扶持资金管理有关问题的通知(云财社〔2014〕169 号)

34.关于印发《云南省微型企业创业扶持实施办法》的通知(云工信中小〔2014〕474 号)

35.云南省财政厅《云南省移民开发局关于印发〈云南省大中型水库移民后期扶持培训资金管理暂行办法〉的通知》(云财企〔2014〕226 号)

36. 中共云南省委办公厅 云南省人民政府办公厅关于深化高校创新创业改革的若干意见(云办发〔2015〕40号)

37. 中共云南省委 云南省人民政府 云南省军区关于加强和改进征兵工作的若干意见(云发〔2016〕7号)

38. 云南省财政厅 云南省军区司令部 云南省教育厅关于对大学生参军入伍实施奖励相关事项的通知(云财政法〔2016〕9号)

39. 云南省人力资源和社会保障厅 云南省教育厅关于实施云南省高校毕业生就业创业促进计划的通知(云人社发〔2017〕57号)

40. 云南省财政厅 云南省教育厅 云南省人力资源和社会保障厅关于印发《云南省普通高等学校毕业生学费和国家助学贷款代偿办法》的通知(云财教〔2017〕180号)

41. 中共云南省委办公厅 云南省人民政府办公厅印发《关于进一步引导和鼓励高校毕业生到基层工作的实施意见》的通知(云办发〔2017〕43号)

42. 中共云南省委 云南省人民政府关于深化新时代中小学教师队伍建设改革的实施意见(云发〔2018〕21号)

43. 云南省财政厅 国家税务总局云南省税务局 云南省人力资源和社会保障厅 云南省人民政府扶贫开发办公室转发财政部 税务总局 人力资源社会保障部 国务院扶贫办关于进一步支持和促进重点群体创业就业有关税收政策文件的通知(云财税〔2019〕26号)

44. 共青团云南省委 云南省教育厅 云南省财政厅 云南省人力资源和社会保障厅关于进一步做好云南省大学生志愿服务西部计划工作的意见(云青联〔2019〕23号)

45. 云南省人力资源和社会保障厅 省财政厅等六部门关于实施万名青年见习计划的通知(云人社通〔2019〕22号)

46. 云南省人民政府办公厅关于印发云南省降低社会保险费率实施方案的通知(云政办发〔2019〕48号)

47. 云南省人力资源和社会保障厅 云南省财政厅 国家税务总局云南省税务局 云南省医疗保障局关于贯彻落实《降低社会保险费率实施方案》的通知(云人社发〔2019〕18号)

48. 云南省人力资源和社会保障厅关于做好基层服务项目高校毕业生参加企业职工基本养老保险工作的通知(云人社通〔2020〕102号)

49. 中共云南省委办公厅印发《关于鼓励引导人才向艰苦边远地区和基层一线流动的若干措施》的通知(云办发〔2020〕2号)

50. 共青团云南省委 云南省教育厅 云南省财政厅 云南省人力资源和社会保障厅关于印发《深入推进大学生志愿服务西部计划实施管理方案》的通知(云青联〔2020〕14号)

51. 云南省委组织部等十部门关于做好2020年高校毕业生“三支一扶”计划实施工作的通知(云人社通〔2020〕110号)

52. 云南省人民政府办公厅关于应对新冠肺炎疫情影响进一步做好稳就业工作的若干意见(云政办发〔2020〕36号)

53. 云南省人力资源和社会保障厅 云南省人民政府征兵办公室关于做好未就业大学毕业生参军工作的通知(云人社通〔2020〕9号)

54. 云南省人力资源和社会保障厅关于做好基层服务项目高校毕业生参加企业职工基本养老保险工作的通知(云人社通〔2020〕102号)

55.云南省委组织部 云南省人力资源和社会保障厅 云南省民政厅 云南省教育厅 云南省财政厅关于设置城乡社区服务岗位引导和鼓励高校毕业生到城乡社区服务的通知(云人社通〔2020〕148号)

56.中共云南省委教育工委 云南省财政厅 云南省退役军人事务厅 云南省军区动员局关于明确高校征兵工作几个事项的通知(动〔2021〕25号)

57.国家发展改革委等部门关于深入实施创业带动就业示范行动(发改高技〔2022〕187号)

58.教育部办公厅关于进一步做好普通高校毕业生就业统计与核查工作的通知(教学厅函〔2021〕19号)

59.云南省人民政府办公厅关于进一步促进高校毕业生等青年就业创业若干措施的通知(云政办发〔2022〕64号)

60.云南省人民政府办公厅关于印发云南省进一步支持大学生创新创业若干措施的通知(云政办发〔2022〕19号)

61.云南省人力资源和社会保障厅等6部门关于进一步加大创业担保贷款支持力度服务保障创业就业工作的通知(云人社发〔2022〕41号)

62.云南省人力资源和社会保障厅等3部门关于进一步引导高校毕业生服务乡村振兴的通知(云人社通〔2022〕35号)

63.云南省人力资源和社会保障厅等9部门关于印发云南省推进重点群体创业行动实施方案的通知(云人社发〔2023〕3号)

拓展阅读

国务院办公厅关于支持多渠道灵活就业的意见

国办发〔2020〕27号

各省、自治区、直辖市人民政府,国务院各部委、各直属机构:

个体经营、非全日制以及新就业形态等灵活多样的就业方式,是劳动者就业增收的重要途径,对拓宽就业新渠道、培育发展新动能具有重要作用。为全面强化稳就业举措,落实保居民就业任务,经国务院同意,现就支持多渠道灵活就业提出以下意见。

一、总体要求

以习近平新时代中国特色社会主义思想为指导,全面贯彻党的十九大和十九届二中、三中、四中全会精神,坚持以人民为中心的发展思想,把支持灵活就业作为稳就业和保居民就业的重要举措,坚持市场引领和政府引导并重、放开搞活和规范有序并举,顺势而为、补齐短板,因地制宜、因城施策,清理取消对灵活就业的不合理限制,强化政策服务供给,创造更多灵活就业机会,激发劳动者创业活力和创新潜能,鼓励自谋职业、自主创业,全力以赴稳定就业大局。

二、拓宽灵活就业发展渠道

(一)鼓励个体经营发展。持续深化商事制度改革,提供便捷高效的咨询、注册服务。引导劳动者以市场为导向，依法自主选择经营范围。鼓励劳动者创办投资小、见效快、易转型、风险小的小规模经济实体。支持发展各类特色小店，完善基础设施，增加商业资源供给。对下岗失业人员、高校毕业生、农民工、就业困难人员等重点群体从事个体经营的，按规定给予创业担保贷款、税收优惠、创业补贴等政策支持。（财政部、人力资源社会保障部、商务部、人民银行、税务总局、市场监管总局等按职责分工负责）

（二）增加非全日制就业机会。落实财政、金融等针对性扶持政策，推动非全日制劳动者较为集中的保洁绿化、批发零售、建筑装修等行业提质扩容。增强养老、托幼、心理疏导和社会工作等社区服务业的吸纳就业能力。加强对非全日制劳动者的政策支持，对就业困难人员、离校2年内未就业高校毕业生从事非全日制等工作的，按规定给予社会保险补贴。（民政部、财政部、人力资源社会保障部、住房城乡建设部、商务部、人民银行等按职责分工负责）

（三）支持发展新就业形态。实施包容审慎监管，促进数字经济、平台经济健康发展，加快推动网络零售、移动出行、线上教育培训、互联网医疗、在线娱乐等行业发展，为劳动者居家就业、远程办公、兼职就业创造条件。合理设定互联网平台经济及其他新业态新模式监管规则，鼓励互联网平台企业、中介服务机构等降低服务费、加盟管理费等费用，创造更多灵活就业岗位，吸纳更多劳动者就业。（国家发展改革委、教育部、工业和信息化部、人力资源社会保障部、交通运输部、商务部、文化和旅游部、国家卫生健康委、市场监管总局等按职责分工负责）

三、优化自主创业环境

（四）加强审批管理服务。开通行业准入办理绿色通道，对需要办理相关行业准入许可的，实行多部门联合办公、一站式审批。在政府指定的场所和时间内销售农副产品、日常生活用品，或者个人利用自己的技能从事依法无须取得许可的便民劳务活动，无须办理营业执照。加大“放管服”改革力度，引导劳动者规范有序经营。（市场监管总局和地方各级人民政府按职责分工负责）

（五）取消部分收费。取消涉及灵活就业的行政事业性收费，对经批准占道经营的免征城市道路占用费。建立公开投诉举报渠道，依法查处违规收费行为。（财政部、住房城乡建设部、市场监管总局和地方各级人民政府按职责分工负责）

（六）提供低成本场地支持。落实阶段性减免国有房产租金政策，鼓励各类业主减免或缓收房租，帮助个体经营者等灵活就业人员减轻房租负担。有条件的地方可将社区综合服务设施闲置空间、非必要办公空间改造为免费经营场地，优先向下岗失业人员、高校毕业生、农民工、就业困难人员提供。（国家发展改革委、民政部、住房城乡建设部和地方各级人民政府按职责分工负责）

四、加大对灵活就业保障支持

（七）推动新职业发布和应用。密切跟踪经济社会发展、互联网技术应用和职业活动新变化，广泛征求社会各方面对新职业的意见建议，动态发布社会需要的新职业、更新职业分类，引导直播销售、网约配送、社群健康等更多新就业形态发展。及时制定新职业标准，推出新职业培训课程。完善统计监测制度，探索建立新就业形态统计监测指标。（人力资源社会保障部、国家统计局等负责。列第一位者为牵头单位，下同）

（八）开展针对性培训。将有创业意愿的灵活就业人员纳入创业培训范围，组织开展开办店铺、市场分析、经营策略等方面的创业培训，促进提升创业能力和创业成功率。支持各类院校、培训机构、互联网平台企业，更多组织开展养老、托幼、家政、餐饮、维修、美容美发等技能培训和新兴产业、先进制造业、现代服务业等领域新职业技能培训，推进线上线下结合，灵活安排培训时间和培训方式，按规定落实职业培训补贴和培训期间生活费补贴，增强劳动者就业能力。（人力资源社会保障部、教育部、财政部等负责）

（九）优化人力资源服务。把灵活就业岗位供求信息纳入公共就业服务范围，开设灵活就业专区专栏，免费发布供求信息，按需组织专场招聘，送岗位进基层进社区，提供职业指导等服务。指导企业规范开展用工余缺调剂，帮助有“共享用工”需求的企业精准、高效匹配人力资源。有条件的城市可选择交通便利、人员求职集中的地点设立劳务市场或零工市场，组织劳务对接洽谈，加强疫情防控、秩序维护和安全管理。鼓励各类人力资源服务机构为灵活就业人员提供规范有序的求职招聘、技能培训、人力资源外包等专业化服务，按规定给予就业、创业服务补助。（人力资源社会保障部、财政部等负责）

（十）维护劳动保障权益。研究制定平台就业劳动保障政策，明确互联网平台企业在劳动者权益保护方面的责任，引导互联网平台企业、关联企业与劳动者协商确定劳动报酬、休息休假、职业安全保障等事项，引导产业（行业、地方）工会与行业协会或行业企业代表协商制定行业劳动定额标准、工时标准、奖惩办法等行业规范。依法纠正拖欠劳动报酬等违法违规行为。持续深入推进工程建设领域农民工按项目参加工伤保险，有针对性地做好工伤预防工作。（人力资源社会保障部、应急部、全国总工会等按职责分工负责）

（十一）加大对困难灵活就业人员帮扶力度。2020 年缴纳基本养老保险费确有困难的灵活就业人员，可按规定自愿暂缓缴费。对符合条件的灵活就业人员，及时按规定纳入最低生活保障、临时救助范围。（民政部、财政部、人力资源社会保障部、税务总局等按职责分工负责）

五、切实加强组织实施

（十二）强化组织领导。地方各级人民政府特别是市、县级人民政府要切实履行稳就业主体责任，把支持多渠道灵活就业作为就业工作重要内容，结合实际创新工作举措，加强规范引导，完善监督管理，促进灵活就业健康发展。各级人民政府要统筹用好就业补助资金和其他稳就业、保就业的资金，保障灵活就业扶持政策落实。各有关部门要同向发力、分工合作，坚持问题导向，完善政策措施，共同破解工作难题。（各有关部门、单位和地方各级人民政府按职责分工负责）

（十三）加强激励督导。各地区各有关部门要加强督促检查和政策实施情况评估，狠抓政策落实，简化手续，提高效率，确保灵活就业人员便捷享受各项支持政策和就业创业服务。将支持多渠道灵活就业有关工作纳入文明城市创建和测评内容。对灵活就业政策落实好、发展环境优、工作成效显著的城市，优先纳入创业型城市创建范围。（中央文明办、人力资源社会保障部和地方各级人民政府按职责分工负责）

（十四）注重舆论引导。充分利用各种宣传渠道和媒介，大力宣传支持灵活就业的政策措施和典型做法，宣传自主就业创业和灵活就业的典型事迹。建立舆情监测和处置机制，积极主动回应社会关切，营造良好舆论氛围。（各有关部门、单位和地方各级人民政府按职责分工负责）

国务院办公厅

2020 年 7 月 28 日

国务院办公厅关于进一步做好高校毕业生等青年就业创业工作的通知

国办发〔2022〕13号

各省、自治区、直辖市人民政府,国务院各部委、各直属机构:

高校毕业生等青年就业关系民生福祉、经济发展和国家未来。为贯彻落实党中央、国务院决策部署,做好当前和今后一段时期高校毕业生等青年就业创业工作,经国务院同意,现就有关事项通知如下。

一、多渠道开发就业岗位

(一)扩大企业就业规模。坚持在推动高质量发展中强化就业优先导向,加快建设现代化经济体系,推进制造业转型升级,壮大战略性新兴产业,大力发展现代服务业,提供更多适合高校毕业生的就业岗位。支持中小微企业更多吸纳高校毕业生就业,按规定给予社会保险补贴、创业担保贷款及贴息、税费减免等扶持政策,对吸纳高校毕业生就业达到一定数量且符合相关条件的中小微企业,在安排纾困资金、提供技术改造贷款贴息时予以倾斜;对招用毕业年度高校毕业生并签订1年以上劳动合同的中小微企业,给予一次性吸纳就业补贴,政策实施期限截至2022年12月31日;建立中小微企业专业技术人员职称评定绿色通道和申报兜底机制,健全职业技能等级(岗位)设置,完善职业技能等级认定机制,落实科研项目经费申请、科研成果等申报与国有企事业单位同类人员同等待遇。设置好"红灯"、"绿灯",促进平台经济健康发展,带动更多就业。稳定扩大国有企业招聘规模,指导企业规范发布招聘信息,推进公开招聘。(国家发展改革委、科技部、工业和信息化部、财政部、人力资源社会保障部、商务部、人民银行、国务院国资委、税务总局、市场监管总局等按职责分工负责)

(二)拓宽基层就业空间。结合实施区域协调发展、乡村振兴等战略,适应基层治理能力现代化建设需要,统筹用好各方资源,挖掘基层就业社保、医疗卫生、养老服务、社会工作、司法辅助等就业机会。社区专职工作岗位出现空缺要优先招用或拿出一定数量专门招用高校毕业生。继续实施"三支一扶"计划、农村特岗教师计划、大学生志愿服务西部计划等基层服务项目,合理确定招募规模。对到中西部地区、艰苦边远地区、老工业基地县以下基层单位就业的高校毕业生,按规定给予学费补偿和国家助学贷款代偿、高定工资等政策,对其中招聘为事业单位正式工作人员的,可按规定提前转正定级。(中央组织部、最高人民法院、最高人民检察院、教育部、民政部、财政部、人力资源社会保障部、农业农村部、国家卫生健康委、共青团中央等按职责分工负责)

(三)支持自主创业和灵活就业。落实大众创业、万众创新相关政策,深化高校创新创业教育改革,健全教育体系和培养机制,汇集优质创新创业培训资源,对高校毕业生开展针对性培训,按规定给予职业培训补贴。支持高校毕业生自主创业,按规定给予一次性创业补贴、创业担保贷款及贴息、税费减免等政策,政府投资开发的创业载体要安排30%左右的场地免费向高校毕业生创业者提供。支持高校毕业生发挥专业所长从事灵活就业,对毕业年度和离校2年内未就业高校毕业生实现灵活就业的,按规定给予社会保险补贴。(国家发展改革委、教育部、科技部、财政部、

人力资源社会保障部、人民银行、税务总局、市场监管总局等按职责分工负责）

（四）稳定公共部门岗位规模。今明两年要继续稳定机关事业单位招录（聘）高校毕业生的规模。深化落实基层法官检察官助理规范便捷招录机制，畅通政法专业高校毕业生进入基层司法机关就业渠道。支持承担国家科技计划（专项、基金等）的高校、科研院所和企业扩大科研助理岗位规模。充分考虑新冠肺炎疫情影响和高校毕业生就业需要，合理安排公共部门招录（聘）和相关职业资格考试时间。受疫情影响严重地区，在2022年12月31日前可实施中小学、幼儿园、中等职业学校教师资格"先上岗、再考证"阶段性措施。（中央组织部、最高人民法院、最高人民检察院、教育部、科技部、人力资源社会保障部等按职责分工负责）

二、强化不断线就业服务

（五）精准开展困难帮扶。要把有劳动能力和就业意愿的脱贫家庭、低保家庭、零就业家庭高校毕业生，以及残疾高校毕业生和长期失业高校毕业生作为就业援助的重点对象，提供"一人一档"、"一人一策"精准服务，为每人至少提供3～5个针对性岗位信息，优先组织参加职业培训和就业见习，及时兑现一次性求职创业补贴，千方百计促进其就业创业。对通过市场渠道确实难以就业的困难高校毕业生，可通过公益性岗位兜底安置。实施"中央专项彩票公益金宏志助航计划"，面向困难高校毕业生开展就业能力培训。实施共青团促进大学生就业行动，面向低收入家庭高校毕业生开展就业结对帮扶。及时将符合条件的高校毕业生纳入临时救助等社会救助范围。实施国家助学贷款延期还款、减免利息等支持举措，延期期间不计复利、不收罚息、不作为逾期记录报送。（教育部、民政部、财政部、人力资源社会保障部、人民银行、共青团中央、中国残联、开发银行等按职责分工负责）

（六）优化招聘服务。推进公共就业服务进校园，逐步实现公共就业招聘平台和高校校园网招聘信息共享。建立高校毕业生就业岗位归集机制，广泛收集机关事业单位、各类企业、重大项目等高校毕业生就业岗位需求计划，集中向社会发布并动态更新。构建权威公信的高校毕业生就业服务平台，密集组织线上线下专项招聘服务，扩大国家24 365名大学生就业服务平台、百日千万网络招聘、"千校万岗"、中小企业网上百日招聘等招聘平台和活动影响力。积极组织服务机构、用人单位进校园招聘。（教育部、工业和信息化部、人力资源社会保障部、国务院国资委、共青团中央、全国工商联等按职责分工负责）

（七）加强就业指导。健全高校学生生涯规划与就业指导体系，开展就业育人主题教育活动，引导高校毕业生树立正确的职业观、就业观和择业观。注重理论与实践相结合，开展多种形式的模拟实训、职业体验等实践教学，组织高校毕业生走进人力资源市场，参加职业能力测评，接受现场指导。高校要按一定比例配齐配强就业指导教师，就业指导教师可参加相关职称评审。打造一批大学生就业指导名师、优秀职业指导师、优秀就业指导课程和教材。举办全国大学生职业规划大赛，增强大学生生涯规划意识，指导其及早做好就业准备。（教育部、人力资源社会保障部、共青团中央等按职责分工负责）

（八）落实实名服务。深入实施离校未就业高校毕业生就业创业促进计划，强化教育、人力资源社会保障部门离校前后信息衔接，持续跟进落实实名服务。运用线上失业登记、求职登记小程序、基层摸排等各类渠道，与有就业意愿的离校未就业高校毕业生普遍联系，为每人免费提供1次职业指导、3次岗位推荐、1次职业培训或就业见习机会。（人力资源社会保障部牵头，教育部等按职责分工负责）

（九）维护就业权益。开展平等就业相关法律法规和政策宣传，坚决防止和纠正性别、年龄、学历等就业歧视，依法打击“黑职介”、虚假招聘、售卖简历等违法犯罪活动，坚决治理付费实习、滥用试用期、拖欠试用期工资等违规行为。督促用人单位与高校毕业生签订劳动（聘用）合同或就业协议书，明确双方的权利义务、违约责任及处理方式，维护高校毕业生合法就业权益。对存在就业歧视、欺诈等问题的用人单位，及时向高校毕业生发布警示提醒。（教育部、公安部、人力资源社会保障部、市场监管总局、全国妇联等按职责分工负责）

三、简化优化求职就业手续

（十）稳妥有序地推动取消就业报到证。从 2023 年起，不再发放《全国普通高等学校本专科毕业生就业报到证》和《全国毕业研究生就业报到证》（以下统称《就业报到证》），取消就业报到证补办、改派手续，不再将就业报到证作为办理高校毕业生招聘录用、落户、档案接收转递等手续的必需材料。（中央组织部、教育部、公安部、人力资源社会保障部等按职责分工负责）

（十一）提供求职就业便利。取消高校毕业生离校前公共就业人才服务机构在就业协议书上签章环节，取消高校毕业生离校后到公共就业人才服务机构办理报到手续。应届高校毕业生可凭普通高等教育学历证书、与用人单位签订的劳动（聘用）合同或就业协议书，在就业地办理落户手续（超大城市按现有规定执行）；可凭普通高等教育学历证书，在原户籍地办理落户手续。教育部门要健全高校毕业生网上签约系统，方便用人单位与高校毕业生网上签约，鼓励受疫情影响地区用人单位与高校毕业生实行网上签约。对延迟离校的应届高校毕业生，相应延长报到入职、档案转递、落户办理时限。（教育部、公安部、人力资源社会保障部等按职责分工负责）

（十二）积极稳妥转递档案。高校要及时将毕业生登记表、成绩单等重要材料归入学生档案，按照有关规定有序转递。到机关、国有企事业单位就业或定向招生就业的，转递至就业单位或定向单位；到非公单位就业的，转递至就业地或户籍地公共就业人才服务机构；暂未就业的，转递至户籍地公共就业人才服务机构。档案涉密的应通过机要通信或派专人转递。公共就业人才服务机构要主动加强与高校的沟通衔接，动态更新机构服务信息，积极推进档案政策宣传服务进校园，及时接收符合转递规定的学生档案。档案管理部门要及时向社会公布服务机构名录和联系方式。（中央组织部、教育部、人力资源社会保障部、国家邮政局等按职责分工负责）

（十三）完善毕业去向登记。从 2023 年起，教育部门建立高校毕业生毕业去向登记制度，作为高校为毕业生办理离校手续的必要环节。高校要指导毕业生（含结业生）及时完成毕业去向登记，核实信息后及时报省级教育部门备案。实行定向招生就业办法的高校毕业生，省级教育部门和高校要指导其严格按照定向协议就业并登记去向信息。高校毕业生到户籍和档案接收管理部门办理相关手续时，教育部门应根据有关部门需要和毕业生本人授权，提供毕业生离校时相应去向登记信息查询核验服务。（教育部、人力资源社会保障部等按职责分工负责）

（十四）推进体检结果互认。指导用人单位根据工作岗位实际，合理确定入职体检项目，不得违法违规开展乙肝、孕检等检测。对外科、内科、胸透 X 线片等基本健康体检项目，高校毕业生近 6 个月内已在合规医疗机构进行体检的，用人单位应当认可其结果，原则上不得要求其重复体检，法律法规另有规定的从其规定。用人单位或高校毕业生对体检结果有疑问的，经协商可提出复检、补检要求。高校可不再组织毕业体检。（教育部、人力资源社会保障部、国家卫生健康委等按职责分工负责）

四、着力加强青年就业帮扶

（十五）健全青年就业服务机制。强化户籍地、常住地就业失业管理服务责任，允许到本地就业创业的往届高校毕业生、留学回国毕业生及失业青年进行求职登记、失业登记，提供均等化基本公共就业服务，按规定落实就业创业扶持政策。实施青年就业启航计划，对有就业意愿的失业青年，开展职业素质测评，制定求职就业计划，提供针对性岗位信息，组织志愿服务、创业实践等活动。对长期失业青年，开展实践引导、分类指导、跟踪帮扶，提供就业援助，引导他们自强自立、及早就业创业。（人力资源社会保障部、共青团中央等按职责分工负责）

（十六）提升职业技能水平。适应产业转型升级和市场需求，高质量推动产训结合和职业技能培训资源共建共享，扩大青年职业技能培训规模，拓展学徒培训、技能研修、新职业培训等多种模式，举办各类职业技能竞赛活动。鼓励高校毕业生等青年在获得学历证书的同时获得相关职业资格证书或职业技能等级证书，对需要学历学位证书作为报考条件的，允许先参加考试评定，通过考试评定的，待取得相关学历学位证书后再发放职业资格证书或职业技能等级证书。（国家发展改革委、教育部、财政部、人力资源社会保障部等按职责分工负责）

（十七）扩大就业见习规模。实施百万就业见习岗位募集计划，支持企事业单位、社会组织、政府投资项目、科研项目等设立见习岗位，按规定给予就业见习补贴。鼓励有条件的地方或用人单位为见习人员购买商业医疗保险，提高见习保障水平。离校未就业高校毕业生到基层实习见习基地参加见习或者到企事业单位参加项目研究的，视同基层工作经历，自报到之日起算。实施大学生实习“扬帆计划”，广泛开展各级政务实习、企业实习和职业体验活动。（人力资源社会保障部牵头，中央组织部、教育部、科技部、工业和信息化部、民政部、财政部、商务部、国务院国资委、共青团中央、全国工商联等按职责分工负责）

五、压紧压实工作责任

（十八）加强组织领导。各地区各部门各高校要以习近平新时代中国特色社会主义思想为指导，认真贯彻落实党中央、国务院决策部署，把高校毕业生等青年就业作为就业工作重中之重，作为政府绩效考核和高校绩效考核内容，将帮扶困难高校毕业生就业作为重点，明确目标任务，细化具体举措，强化督促检查。各有关部门要立足职责，密切配合，同向发力，积极拓宽就业渠道，加快政策落实。（各有关部门和单位、各省级人民政府按职责分工负责）

（十九）强化工作保障。要根据本地区高校毕业生等青年就业形势和实际需要，统筹安排资金，加强人员保障，确保工作任务和政策服务落实。健全公共就业服务体系，实施提升就业服务质量工程，增强对高校毕业生等青年就业指导服务的针对性有效性。运用政府购买服务机制，支持经营性人力资源服务机构、社会组织等市场力量参与就业服务、职业指导、职业培训等工作。（各有关部门和单位、各省级人民政府按职责分工负责）

（二十）做好宣传引导。开展就业政策服务专项宣传，及时提供通俗易懂的政策解读。开展“最美基层高校毕业生”“基层就业出征仪式”等典型宣传活动，引导高校毕业生等青年将职业选择融入国家发展，在奋斗中实现人生价值。做好舆论引导，及时回应社会关切，稳定就业预期。（各有关部门和单位、各省级人民政府按职责分工负责）

国务院办公厅

2022 年 5 月 5 日

云南省人力资源和社会保障厅等3部门关于进一步引导高校毕业生服务乡村振兴的通知

云人社通〔2022〕35号

各州(市)人力资源社会保障局、农业农村局、财政局：

为贯彻落实党中央、国务院稳就业工作决策部署和省委、省人民政府工作要求，引导和鼓励更多高校毕业生就近就地就业，立足乡村振兴领域就业创业，经省人民政府同意，现就有关事项通知如下：

一、给予基层就业奖补。对毕业3年内的高校毕业生在我省辖区内乡镇村企业就业，签订6个月以上劳动合同并按规定缴纳社会保险费、且基层服务期满6个月的(从2022年1月1日起计算)，给予个人5 000元的一次性基层就业奖补。所需资金从就业补助资金中列支。具体操作办法由各地自行制定。

二、给予职业培训补贴。对毕业3年内有意愿到我省辖区内乡镇村就业创业的高校毕业生，参加各类职业培训的，参照脱贫劳动力培训补贴标准予以职业培训(创业培训)补贴，即在现行补贴标准基础上上浮20%(不重复上浮)，所需资金按规定列支。

三、给予创业担保贷款贴息奖补。对毕业3年内的高校毕业生、留学回国学生在我省辖区内乡镇村创业的，可按规定申请不超过20万元的创业担保贷款扶持，各级财政按规定给予贴息奖补支持。

四、给予一次性创业补贴。对毕业3年内的高校毕业生在我省辖区内乡镇村创业且稳定经营6个月以上，按规定给予不超过3万元的一次性创业补贴。其中，高校毕业生在乡村振兴领域创业并从事过桥米线、云南小吃、生态茶叶、生态咖啡等省内相对成熟劳务品牌行业的，直接按3万元的补贴上限给予奖补。所需资金从省级创业资金中列支。具体操作办法由各地自行制定。

五、给予一次性吸纳就业补贴。鼓励毕业年度高校毕业生到我省县(市、区)以下中小微企业就业，对吸纳毕业年度高校毕业生就业，且签订劳动合同1年以上并参加社会保险的中小微企业，按照每人5 000元的标准，给予一次性吸纳就业补贴。所需资金从就业补助资金中列支。

六、支持高校毕业生创办领办农业产业化龙头企业。通过省级衔接推进乡村振兴补助资金，支持符合条件的高校毕业生创办领办的龙头企业、专业合作社、农业社会化服务组织等市场主体实施联农带农富农产业项目，带动脱贫人口增收。

七、给予促进乡村振兴补贴。各县(市、区)在开发的城镇公益性岗位中，可专项设置一批促进乡村振兴岗位，除按规定给予公益性岗位补贴、社会保险补贴外，财力允许的地方可结合当地实际给予一定金额促进乡村振兴补贴，重点安置一批符合条件的高校毕业生上岗就业。

八、优先安排专项人才提升培训。对毕业3年内的高校毕业生在我省辖区内乡镇村就业创业，优先安排参加高素质农民培训、农村实用人才等培训，所需资金按规定支出。

九、加大就业见习支持力度。加大对我省辖区内乡镇村就业见习基地认定力度，鼓励支持乡村振兴领域相关行业的乡镇村单位申报就业见习基地，开发就业见习岗位；对我省辖区内乡镇村被认定为就业见习基地的单位，吸纳符合条件的高校毕业生为见习人员的，省级就业见习补贴按照每人每月1 500元的标准执行；对见习期满留用率达50%以上的单位，补贴标准再提高500元；所需资金从就业补助资金中列支。

十、给予创业服务补贴。有条件的县(市、区)要利用现有创业园区(创业基地)，为毕业3年内返乡入乡创业的高校毕业生，免费提供创业场所、办公设施、网络开通等服务。对高校毕业生创业后稳定经营6个月以上的，按照每人1万元的标准给予创业园区一次性创业服务补贴；对稳定经营12个月以上的，一次性创业服务补贴提高到每人3万元。所需资金从中央就业补助资金中列支。

以上政策措施，自文件下发之日执行，执行时间至2023年12月31日。

云南省人力资源和社会保障厅
云南省农业农村厅
云南省财政厅
2022年7月6日

五、职业资格和职业技能等级认定

(一)职业资格

国务院常务会议决定深化职业资格领域“放管服”改革，水平评价类技能人员职业资格分批退出国家职业资格目录，推行社会化职业技能等级认定。人社部按照党中央、国务院决策部署，于2020年底前完成水平评价类技能人员职业资格退出目录工作。73项水平评价类技能人员职业资格改为社会化职业技能等级认定，与公共安全、人身健康相关的3项水平评价类技能人员职业资格拟依法调整为准入类职业资格。因此，国家职业资格目录需同步做相应调整。此外，近年来法律法规“立改废释”、机构改革、行政审批制度改革等，也对国家职业资格及其实施部门等做了一些调整，迫切需要相应修改现行国家职业资格目录。

李克强总理也曾在《政府工作报告》中指出，推动降低就业门槛，动态优化国家职业资格目录。按照国务院要求，人社部与有关部门反复沟通，广泛征求意见，组织专家论证，并向社会公示，调整优化国家职业资格目录。

2021年版的《目录》包含72项职业资格，其中，专业技术人员59项(含准入类33项，水平评价类26项)，技能人员职业资格13项。职业资格总量比2017年目录减少68项，压减比例达49%。具体调整包括：

(1)专业技术人员职业资格方面。一是根据国务院行政审批制度改革决策，“出入境检疫处理人员资格”“乡村兽医资格”和勘察设计注册工程师下的“注册石油天然气工程师”“注册冶金工程师”“注册采矿/矿物工程师”“注册机械工程师”退出目录，从业人员依据行业标准开展技术活动。二是新增“精算师”“矿业权评估师”水平评价类职业资格，在医生资格下设置“职业病诊断医师”子项。新增职业资格项目均具有较强的专业性和社会通用性，技术技能要求较高，行业管理和人才队伍建设确实需要。三是根据国务院行政审批制度改革决策和有关法律法规要求，将“注册设备监理师”由准入类调整为水平评价类，更名为“设备监理师”；“专利代理人”更名为“专利代理师”；“土地登记代理专业人员职业资格”更名为“不动产登记代理专业人员职业资格”;“证券期货业从业资格”更名为“证券期货基金业从业资格”等。

(2)技能人员职业资格方面,主要体现为“两退一进”。一是水平评价类技能人员职业资格退出国家职业资格目录。国务院常务会议要求,从2020年1月起,除与公共安全、人身健康等密切相关的职业工种依法调整为准入类职业资格外,用一年时间分步有序将其他水平评价类技能人员职业资格全部退出国家职业资格目录,不再由政府或其授权的单位认定发证。为贯彻落实国务院常务会议精神,人社部印发《关于做好水平评价类技能人员职业资格退出目录有关工作的通知》,明确提出水平评价类技能人员职业资格退出目录时间表,并就退出目录后续有关工作做出安排。73项水平评价类技能人员职业资格已分两批于2020年底前退出目录。二是人力资源社会保障部门退出技能人员职业资格具体实施工作。根据国务院常务会议关于稳妥推进现有职业资格实施机构职能调整、做好工作衔接的要求,2020年人社部印发《关于做好人力资源社会保障部门职业资格实施机构职能调整有关工作的通知》,推动地方人社部门职业技能鉴定中心做好职能调整,有序退出水平评价类技能人员职业资格具体认定工作,转向加强质量监督、提供公共服务等工作。在新版国家职业资格目录中,人社部门已不再承担技能人员职业资格具体实施工作。三是涉及人员资格的行政许可事项作为准入类技能人员职业资格纳入目录,新增了“危险货物、化学品运输从业人员”“道路运输从业人员”“特种作业人员”“建筑施工特种作业人员”“特种设备安全管理和作业人员”等准入类职业资格。

国家职业资格目录(2021年版)

一、专业技术人员职业资格

(共计59项。其中准入类33项,水平评价类26项)

序号	职业资格名称	实施部门(单位)	资格类别	设定依据
1	教师资格	教育部	准入类	《中华人民共和国教师法》《教师资格条例》《〈教师资格条例〉实施办法》(教育部令2000年第10号)
2	法律职业资格	司法部	准入类	《中华人民共和国法官法》 《中华人民共和国检察官法》 《中华人民共和国公务员法》 《中华人民共和国律师法》 《中华人民共和国公证法》 《中华人民共和国仲裁法》 《中华人民共和国行政复议法》 《中华人民共和国行政处罚法》
3	中国委托公证人资格(香港、澳门)	司法部	准入类	《国务院对确需保留的行政审批项目设定行政许可的决定》
4	注册会计师	财政部	准入类	《中华人民共和国注册会计师法》

续表

序号	职业资格名称		实施部门（单位）	资格类别	设定依据
5	注册城乡规划师		自然资源部 人力资源社会保障部 相关行业协会	准入类	《中华人民共和国城乡规划法》
6	注册测绘师		自然资源部 人力资源社会保障部	准入类	《中华人民共和国测绘法》 《注册测绘师制度暂行规定》(国人部发〔2007〕14 号)
7	核安全设备无损检验人员资格	民用核安全设备无损检验人员	生态环境部	准入类	《民用核安全设备监督管理条例》
		国防科技工业军用核安全设备无损检验人员	国防科工局	准入类	《中华人民共和国核安全法》
8	核设施操纵人员资格	民用核设施操纵人员	生态环境部 国家能源局	准入类	《中华人民共和国民用核设施安全监督管理条例》
		国防科技工业军用核设施操纵人员	国防科工局	准入类	《中华人民共和国核安全法》
9	注册核安全工程师		生态环境部 人力资源社会保障部	准入类	《中华人民共和国放射性污染防治法》 《注册核安全工程师执业资格制度暂行规定》(人发〔2002〕106 号)
10	注册建筑师		全国注册建筑师管理委员会及省级注册建筑师管理委员会	准入类	《中华人民共和国建筑法》 《中华人民共和国注册建筑师条例》 《建设工程勘察设计管理条例》 《关于建立注册建筑师制度及有关工作的通知》(建设〔1994〕第 598 号)
11	监理工程师		住房城乡建设部 交通运输部 水利部 人力资源社会保障部	准入类	《中华人民共和国建筑法》 《建设工程质量管理条例》 《监理工程师职业资格制度规定》(建人规〔2020〕3 号) 《注册监理工程师管理规定》(建设部令 2006 年第 147 号，根据住房和城乡建设部令 2016 年第 32 号修订) 《公路水运工程监理企业资质管理规定》(交通运输部令 2019 年第 37 号) 《水利工程建设监理规定》(水利部令 2006 年第 28 号，根据水利部令 2017 年第 49 号修订)
12	房地产估价师 住房城乡建设部		自然资源部	准入类	《中华人民共和国城市房地产管理法》

续表

<table>
<tr><th>序号</th><th colspan="2">职业资格名称</th><th>实施部门（单位）</th><th>资格类别</th><th>设定依据</th></tr>
<tr><td>13</td><td colspan="2">造价工程师</td><td>住房城乡建设部
交通运输部
水利部
人力资源社会保障部</td><td>准入类</td><td>《中华人民共和国建筑法》
《造价工程师职业资格制度规定》（建人〔2018〕67 号）
《注册造价工程师管理办法》（建设部令 2006 年第 150 号，根据住房和城乡建设部令 2016 年第 32 号、2020 年第 50 号修订）</td></tr>
<tr><td>14</td><td colspan="2">建造师</td><td>住房城乡建设部
人力资源社会保障部</td><td>准入类</td><td>《中华人民共和国建筑法》
《注册建造师管理规定》（建设部令 2006 年第 153 号，根据住房和城乡建设部令 2016 年第 32 号修订）
《建造师执业资格制度暂行规定》（人发〔2002〕111 号）</td></tr>
<tr><td rowspan="3">15</td><td rowspan="3">勘察设计注册工程师</td><td>注册结构工程师</td><td>住房城乡建设部
人力资源社会保障部</td><td rowspan="3">准入类</td><td>《中华人民共和国建筑法》
《建设工程勘察设计管理条例》
《勘察设计注册工程师管理规定》（建设部令 2005 年第 137 号，根据住房和城乡建设部令 2016 年第 32 号修订）
《注册结构工程师执业资格制度暂行规定》（建设〔1997〕222 号）</td></tr>
<tr><td>注册土木工程师</td><td>住房城乡建设部
交通运输部
水利部
人力资源社会保障部</td><td>《中华人民共和国建筑法》
《建设工程勘察设计管理条例》
《勘察设计注册工程师管理规定》（建设部令 2005 年第 137 号，根据住房和城乡建设部令 2016 年第 32 号修订）
《注册土木工程师（岩土）执业资格制度暂行规定》（人发〔2002〕35 号）
《注册土木工程师（水利水电工程）制度暂行规定》（国人部发〔2005〕58 号）
《注册土木工程师（港口与航道工程）执业资格制度暂行规定》（人发〔2003〕27 号）
《勘察设计注册土木工程师（道路工程）制度暂行规定》（国人部发〔2007〕18 号）</td></tr>
<tr><td>注册化工工程师</td><td>住房城乡建设部人力资源社会保障部</td><td>《中华人民共和国建筑法》
《建设工程勘察设计管理条例》
《勘察设计注册工程师管理规定》（建设部令 2005 年第 137 号，根据住房和城乡建设部令 2016 年第 32 号修订）
《注册化工工程师执业资格制度暂行规定》（人发〔2003〕26 号）</td></tr>
</table>

续表

序号	职业资格名称		实施部门（单位）	资格类别	设定依据
15	勘察设计注册工程师	注册电气工程师	住房城乡建设部 人力资源社会保障部	准入类	《中华人民共和国建筑法》 《建设工程勘察设计管理条例》 《勘察设计注册工程师管理规定》（建设部令2005年第137号，根据住房和城乡建设部令2016年第32号修订） 《注册电气工程师执业资格制度暂行规定》（人发〔2003〕25号）
		注册公用设备工程师	住房城乡建设部 人力资源社会保障部		《中华人民共和国建筑法》 《建设工程勘察设计管理条例》 《勘察设计注册工程师管理规定》（建设部令2005年第137号，根据住房和城乡建设部令2016年第32号修订） 《注册公用设备工程师执业资格制度暂行规定》（人发〔2003〕24号）
		注册环保工程师	住房城乡建设部 生态环境部 人力资源社会保障部		《中华人民共和国建筑法》 《建设工程勘察设计管理条例》 《勘察设计注册工程师管理规定》（建设部令2005年第137号，根据住房和城乡建设部令2016年第32号修订） 《注册环保工程师制度暂行规定》（国人部发〔2005〕56号）
16	注册验船师		交通运输部 人力资源社会保障部	准入类	《中华人民共和国船舶和海上设施检验条例》 《中华人民共和国渔业船舶检验条例》 《注册验船师制度暂行规定》（国人部发〔2006〕8号）
17	船员资格（含船员、渔业船员）		交通运输部 农业农村部	准入类	《中华人民共和国海上交通安全法》 《中华人民共和国船员条例》 《中华人民共和国内河交通安全管理条例》 《中华人民共和国渔港水域交通安全管理条例》
18	执业兽医		农业农村部	准入类	《中华人民共和国动物防疫法》
19	演出经纪人员资格		文化和旅游部	准入类	《营业性演出管理条例》 《营业性演出管理条例实施细则》（文化部令2009年第47号，根据文化部令2017年第57号修订）
20	导游资格		文化和旅游部	准入类	《中华人民共和国旅游法》 《导游人员管理条例》

续表

序号	职业资格名称		实施部门（单位）	资格类别	设定依据
21	医生资格	医师	国家卫生健康委	准入类	《中华人民共和国医师法》
		乡村医生			《乡村医生从业管理条例》
		人体器官移植医师			《中华人民共和国医师法》 《人体器官移植条例》 《关于对人体器官移植技术临床应用规划及拟批准开展人体器官移植医疗机构和医师开展审定工作的通知》(卫办医发〔2007〕38 号) 《国务院关于取消和调整一批行政审批项目等事项的决定》(国发〔2014〕27 号)
		职业病诊断医师			《中华人民共和国职业病防治法》 《国务院关于取消一批职业资格许可和认定事项的决定》(国发〔2016〕5 号)
22	护士执业资格		国家卫生健康委 人力资源社会保障部	准入类	《护士条例》 《护士执业资格考试办法》(卫生部、人力资源社会保障部令 2010 年第 74 号)
23	母婴保健技术服务人员资格		国家卫生健康委	准入类	《中华人民共和国母婴保健法》
24	注册安全工程师		应急管理部 人力资源社会保障部	准入类	《中华人民共和国安全生产法》 《注册安全工程师职业资格制度规定》(应急〔2019〕8 号)
25	注册消防工程师		应急管理部 人力资源社会保障部	准入类	《中华人民共和国消防法》 《注册消防工程师制度暂行规定》(人社部发〔2012〕56 号)
26	注册计量师		市场监管总局 人力资源社会保障部	准入类	《中华人民共和国计量法》 《注册计量师职业资格制度规定》(国市监计量〔2019〕197 号)
27	特种设备检验、检测人员资格		市场监管总局	准入类	《中华人民共和国特种设备安全法》
28	广播电视播音员、主持人资格		广电总局	准入类	《国务院对确需保留的行政审批项目设定行政许可的决定》
29	新闻记者职业资格		国家新闻出版署	准入类	《国务院对确需保留的行政审批项目设定行政许可的决定》 《新闻记者证管理办法》(新闻出版总署令 2009 年第 44 号)

续表

序号	职业资格名称		实施部门（单位）	资格类别	设定依据
30	航空人员资格	空勤人员、地面人员	中国民航局	准入类	《中华人民共和国民用航空法》
		民用航空器外国驾驶员、领航员、飞行机械员、飞行通信员			《国务院对确需保留的行政审批项目设定行政许可的决定》
		航空安全员			《国务院对确需保留的行政审批项目设定行政许可的决定》
		民用航空电信人员、航行情报人员、气象人员			《国务院对确需保留的行政审批项目设定行政许可的决定》
31	执业药师		国家药监局 人力资源社会保障部	准入类	《中华人民共和国药品管理法》 《中华人民共和国药品管理法实施条例》 《国务院对确需保留的行政审批项目设定行政许可的决定》 《药品经营质量管理规范》(国家食品药品监督管理总局令 2015 年第 13 号，根据国家食品药品监督管理总局令 2016 年第 28 号修正) 《执业药师职业资格制度规定》(国药监人〔2019〕12 号)
32	专利代理师		国家知识产权局	准入类	《专利代理条例》 《专利代理师资格考试办法》(国家市场监督管理总局令 2019 年第 7 号)
33	拍卖师		中国拍卖行业协会	准入类	《中华人民共和国拍卖法》
34	工程咨询（投资）专业技术人员职业资格		国家发展改革委 人力资源社会保障部 中国工程咨询协会	水平评价类	《工程咨询（投资）专业技术人员职业资格制度暂行规定》(人社部发〔2015〕64 号)
35	通信专业技术人员职业资格		工业和信息化部 人力资源社会保障部	水平评价类	《中华人民共和国电信条例》 《通信专业技术人员职业水平评价暂行规定》(国人部发〔2006〕10 号)
36	计算机技术与软件专业技术资格		工业和信息化部 人力资源社会保障部	水平评价类	《计算机技术与软件专业技术资格（水平）考试暂行规定》(国人部发〔2003〕39 号)

续表

序号	职业资格名称	实施部门（单位）	资格类别	设定依据
37	社会工作者职业资格	民政部 人力资源社会保障部	水平评价类	《国家中长期人才发展规划纲要（2010—2020 年）》 《关于加强社会工作专业人才队伍建设的意见》（中组发〔2011〕25 号） 《社会工作者职业水平评价暂行规定》（国人部发〔2006〕71 号） 《高级社会工作师评价办法》（人社部规〔2018〕2 号）
38	会计专业技术资格	财政部 人力资源社会保障部	水平评价类	《中华人民共和国会计法》 《关于深化会计人员职称制度改革的指导意见》（人社部发〔2019〕8 号） 《会计专业技术资格考试暂行规定》（财会〔2000〕11 号）
39	资产评估师	财政部 人力资源社会保障部 中国资产评估协会	水平评价类	《中华人民共和国资产评估法》 《资产评估师职业资格制度暂行规定》（人社部规〔2017〕7 号）
40	经济专业技术资格	人力资源社会保障部	水平评价类	《关于深化经济专业人员职称制度改革的指导意见》（人社部发〔2019〕53 号） 《经济专业技术资格规定》（人社部规〔2020〕1 号）
41	不动产登记代理专业人员职业资格	自然资源部 中国土地估价师与土地登记代理人协会	水平评价类	《不动产登记暂行条例》
42	矿业权评估师	自然资源部 中国矿业权评估师协会	水平评价类	《中华人民共和国资产评估法》 《矿产资源勘查区块登记管理办法》 《矿产资源开采登记管理办法》 《探矿权采矿权转让管理办法》
43	环境影响评价工程师	生态环境部 人力资源社会保障部	水平评价类	《建设项目环境保护管理条例》 《环境影响评价工程师职业资格制度暂行规定》（国人部发〔2004〕13 号）
44	房地产经纪专业人员职业资格	住房城乡建设部 人力资源社会保障部 中国房地产估价师与房地产经纪人学会	水平评价类	《中华人民共和国城市房地产管理法》 《房地产经纪专业人员职业资格制度暂行规定》（人社部发〔2015〕47 号）

续表

序号	职业资格名称	实施部门（单位）	资格类别	设定依据
45	机动车检测维修专业技术人员职业资格	交通运输部 人力资源社会保障部	水平评价类	《中华人民共和国道路运输条例》 《机动车检测维修专业技术人员职业水平评价暂行规定》（国人部发〔2006〕51 号）
46	公路水运工程试验检测专业技术人员职业资格	交通运输部 人力资源社会保障部	水平评价类	《建设工程质量管理条例》 《公路水运工程试验检测专业技术人员职业资格制度规定》（人社部发〔2015〕59 号）
47	水利工程质量检测员资格	水利部	水平评价类	《建设工程质量管理条例》 《水利工程质量检测管理规定》（水利部令 2008 年第 36 号，根据水利部令 2017 年第 49 号、2019 年第 50 号修订）
48	卫生专业技术资格	国家卫生健康委 人力资源社会保障部	水平评价类	《关于深化卫生专业技术人员职称制度改革的指导意见》（人社部发〔2021〕51 号） 《临床医学专业技术资格考试暂行规定》（卫人发〔2000〕462 号） 《预防医学、全科医学、药学、护理、其他卫生技术等专业技术资格考试暂行规定》（卫人发〔2001〕164 号）
49	审计专业技术资格	审计署 人力资源社会保障部	水平评价类	《中华人民共和国审计法》 《中华人民共和国审计法实施条例》 《关于深化审计专业人员职称制度改革的指导意见》（人社部发〔2020〕84 号） 《审计专业技术初、中级资格考试规定》（审人发〔2003〕4 号） 《高级审计师评价办法（试行）》（人发〔2002〕58 号）
50	税务师	税务总局 人力资源社会保障部 中国注册税务师协会	水平评价类	《中华人民共和国税收征收管理法》 《税务师职业资格制度暂行规定》（人社部发〔2015〕90 号）
51	认证人员职业资格	市场监管总局	水平评价类	《中华人民共和国认证认可条例》
52	设备监理师	市场监管总局 人力资源社会保障部	水平评价类	《国务院关于第三批取消和调整行政审批项目的决定》（国发〔2004〕16 号）

续表

序号	职业资格名称	实施部门（单位）	资格类别	设定依据
53	统计专业技术资格	国家统计局 人力资源社会保障部	水平评价类	《中华人民共和国统计法》 《关于深化统计专业人员职称制度改革的指导意见》(人社部发〔2020〕16 号) 《统计专业技术资格考试暂行规定》(国统字〔1995〕46 号)
54	出版专业技术人员职业资格	国家新闻出版署 人力资源社会保障部	水平评价类	《出版管理条例》 《音像制品管理条例》 《关于深化出版专业技术人员职称制度改革的指导意见》(人社部发〔2021〕10 号) 《出版专业技术人员职业资格考试暂行规定》(人发〔2001〕86 号)
55	银行业专业人员职业资格	银保监会 人力资源社会保障部 中国银行业协会	水平评价类	《银行业专业人员职业资格制度暂行规定》(人社部发〔2013〕101 号)
56	精算师	银保监会 人力资源社会保障部 中国精算师协会	水平评价类	《中华人民共和国保险法》
57	证券期货基金业从业人员资格	证监会	水平评价类	《中华人民共和国证券法》 《中华人民共和国证券投资基金法》 《期货交易管理条例》
58	文物保护工程从业资格	国家文物局	水平评价类	《中华人民共和国文物保护法实施条例》 《文物保护工程管理办法》(文化部令 2003 年第 26 号) 《文物保护工程勘察设计资质管理办法(试行)》《文物保护工程施工资质管理办法(试行)》《文物保护工程监理资质管理办法(试行)》(文物保发〔2014〕13 号)
59	翻译专业资格	中国外文局 人力资源社会保障部	水平评价类	《关于深化翻译专业人员职称制度改革的指导意见》(人社部发〔2019〕110 号) 《翻译专业资格(水平)考试暂行规定》(人发〔2003〕21 号)

二、技能人员职业资格

（共计 13 项）

序号	职业资格名称		实施部门（单位）	资格类别	设定依据	备注
1	焊工	民用核安全设备焊工、焊接操作工	生态环境部	准入类	《民用核安全设备监督管理条例》 《国务院对确需保留的行政审批项目设定行政许可的决定》 《国务院关于修改部分行政法规的决定》	
		国防科技工业军用核安全设备焊接人员	国防科工局	准入类	《中华人民共和国核安全法》	
2	安全保护服务人员	保安员	公安部门及相关机构	准入类	《保安服务管理条例》 《人力资源社会保障部办公厅公安部办公厅关于颁布保安员国家职业技能标准的通知》（人社厅发〔2019〕60 号）	
		民航安全检查员	民航行业技能鉴定机构	水平评价类	《人力资源社会保障部办公厅中国民用航空局综合司关于颁布民航乘务员等 3 个国家职业技能标准的通知》（人社厅发〔2019〕110 号）	涉及安全，根据 2019 年 12 月 30 日国务院常务会议精神，拟依法调整为准入类职业资格。
3	消防和应急救援人员	消防员	消防行业技能鉴定机构	水平评价类	《关于印发灭火救援员国家职业技能标准的通知》（人社厅发〔2011〕18 号）	涉及安全，根据 2019 年 12 月 30 日国务院常务会议精神，拟依法调整为准入类职业资格。
		森林消防员	应急管理部、国家林业和草原局		《关于印发第十二批房地产策划师等 54 个国家职业标准的通知》（劳社厅发〔2006〕1 号）	
		应急救援员	紧急救援行业技能鉴定机构		《人力资源社会保障部办公厅应急管理部办公厅关于颁布应急救援员国家职业技能标准的通知》（人社厅发〔2019〕8 号）	
4	消防设施操作员		消防行业技能鉴定机构	准入类	《中华人民共和国消防法》	

续表

序号	职业资格名称		实施部门（单位）	资格类别	设定依据	备注
5	健身和娱乐场所服务人员	游泳救生员	体育行业技能鉴定机构	准入类	《全民健身条例》	
		社会体育指导员			《全民健身条例》 《第一批高危险性体育项目目录公告》（国家体育总局公告 2013 年第 16 号）	指从事游泳、滑雪、潜水、攀岩等高危险性体育项目的社会体育指导员。
6	航空运输服务人员	民航乘务员	民航行业技能鉴定机构	准入类	《中华人民共和国民用航空法》 《人力资源社会保障部办公厅中国民用航空局综合司关于颁布民航乘务员等 3 个国家职业技能标准的通知》（人社厅发〔2019〕110 号）	
		机场运行指挥员	民航行业技能鉴定机构	水平评价类	《人力资源社会保障部办公厅中国民用航空局综合司关于颁布民航乘务员等 3 个国家职业技能标准的通知》（人社厅发〔2019〕110 号）	涉及安全，根据 2019 年 12 月 30 日国务院常务会议精神，拟依法调整为准入类职业资格。
7	轨道交通运输服务人员	轨道列车司机	交通运输主管部门及相关机构 国家铁路局	准入类	《铁路安全管理条例》 《国务院办公厅关于保障城市轨道交通安全运行的意见》（国办发〔2018〕13 号） 《人力资源社会保障部办公厅交通运输部办公厅国家铁路局综合司关于颁布轨道列车司机国家职业技能标准的通知》（人社厅发〔2019〕121 号）	
8	危险货物、化学品运输从业人员	危险货物道路运输从业人员	交通运输主管部门及相关机构	准入类	《中华人民共和国安全生产法》 《中华人民共和国道路运输条例》 《危险化学品安全管理条例》 《放射性物品运输安全管理条例》 《道路运输从业人员管理规定》（交通运输部令 2019 年第 18 号） 《危险货物水路运输从业人员考核和从业资格管理规定》（交通运输部令 2021 年第 29 号）	
		放射性物品道路运输从业人员				
		危险货物水路运输从业人员				

续表

序号	职业资格名称		实施部门（单位）	资格类别	设定依据	备注
9	道路运输从业人员	经营性客运驾驶员	交通运输主管部门及相关机构	准入类	《中华人民共和国道路运输条例》 《国务院关于加强道路交通安全工作的意见》(国发〔2012〕30 号) 《道路运输从业人员管理规定》(交通运输部令 2019 年第 18 号)	
		经营性货运驾驶员	交通运输主管部门及相关机构	准入类	《中华人民共和国道路运输条例》 《国务院关于加强道路交通安全工作的意见》(国发〔2012〕30 号) 《道路运输从业人员管理规定》(交通运输部令 2019 年第 18 号)	除使用总质量 4500 千克及以下普通货运车辆的驾驶人员外。
		出租汽车驾驶员	交通运输主管部门及相关机构	准入类	《国务院对确需保留的行政审批项目设定行政许可的决定》 《出租汽车驾驶员从业资格管理规定》(交通运输部令 2021 年第 15 号) 《巡游出租汽车经营服务管理规定》(交通运输部令 2021 年第 16 号) 《网络预约出租汽车经营服务管理暂行办法》(交通运输部令 2019 年第 46 号)	
10	特种作业人员		应急管理部门、矿山安全监管部门	准入类	《中华人民共和国安全生产法》 《中华人民共和国劳动法》 《中华人民共和国矿山安全法》 《安全生产许可证条例》 《煤矿安全监察条例》 《危险化学品安全管理条例》 《烟花爆竹安全管理条例》 《特种作业人员安全技术培训考核管理规定》(国家安全监管总局令 2010 年第 30 号、2013 年第 63 号第一次修正、2015 年第 80 号第二次修正)	

续表

序号	职业资格名称	实施部门（单位）	资格类别	设定依据	备注
11	建筑施工特种作业人员	住房和城乡建设主管部门及相关机构	准入类	《中华人民共和国安全生产法》 《中华人民共和国特种设备安全法》 《建设工程安全生产管理条例》 《特种设备安全监察条例》 《安全生产许可证条例》 《建筑起重机械安全监督管理规定》（建设部令 2008 年第 166 号）	
12	特种设备安全管理和作业人员	市场监督管理部门	准入类	《中华人民共和国特种设备安全法》 《特种设备安全监察条例》 《特种设备作业人员监督管理办法》（国家质量监督检验检疫总局令 2011 年第 140 号）	
13	家畜繁殖员	农业行业技能鉴定机构	准入类	《中华人民共和国畜牧法》	

（二）职业技能等级鉴定

1. 技能等级认定评价机构

除政府及其所属单位以外，各类独立法人主体，包括企业、技工院校、职业院校、高校、培训机构、社会团体（协会、学会、促进会、基金会等），符合相应条件可以申请成为评价单位。申请主体开展认定的职业（工种）和等级应与本机构主营业务范围、办学范围、层次相同，属地人社部门受理、评估后，符合条件的经备案后成为技能等级认定评价机构。

2. 职业技能等级认定的内容

根据国家职业技能等级认定规程，初、中、高级技能职业技能等级认定采取理论知识考试、实际操作技能考核办法；技师、高级技师职业技能等级认定采取理论知识考试、实际操作技能考核、技术论文答辩和综合评审（评价）办法，突出申报者能力和业绩考核；特级技师、首席技师认定财务申报认定的方法。理论知识考核采取闭卷笔试方式。实际操作技能可采取结合现场作业项目技能操作考评，或设置固定场所进行操作技能考评。

3. 职业技能等级认定职业（工种）范围及标准

（1）申请开展评价的职业（工种）名称、编码应与《中华人民共和国职业分类大典》中的技能类职业（工种）（准入类除外），以及后续公布的技能类新职业（工种）一致，且已具有国家职业技能标准。

（2）没有国家职业技能标准的，需按照《国家职业技能标准技术规程》编制职业技能评价规范，经省级职业技能鉴定指导中心组织专家评审备案后，方可开展评价。

职业技能等级(岗位)要求

序号	级别名称	基本要求	实施机构
1	学徒工	能够基本完成本职业某一方面的主要工作	用人单位
2	初级工	能够运用基本技能独立完成本职业的常规工作	用人单位和社评组织
3	中级工	能够熟练运用基本技能独立完成本职业的常规工作;在特定情况下,能够运用专门技能完成技术较为复杂的工作;能够与他人合作	
4	高级工	能够熟练运用基本技能和专门技能完成本职业较为复杂的工作,包括完成部分非常规性的工作;能够独立处理工作中出现的问题;能够指导和培训初、中级工	
5	技师	能够熟练运用专门技能和特殊技能完成本职业复杂的、非常规性的工作;掌握本职业的关键技术技能,能够独立处理和解决技术或工艺难题;在技术技能方面有创新;能够指导和培训初、中、高级工;具有一定的技术管理能力	
6	高级技师	能够熟练运用专门技能和特殊技能在本职业的各个领域完成复杂的、非常规性工作;熟练掌握本职业的关键技术技能,能够独立处理和解决高难度的技术问题或工艺难题;在技术攻关和工艺革新方面有创新;能够组织开展技术改造、技术革新活动;能够组织开展系统的专业技术培训;具有技术管理能力	
7	特级技师	在生产科研一线从事技术技能工作、业绩贡献突出的“企业高技能领军人才”。能够熟练运用专门技能和特殊技能在本职业的各个领域完成复杂的、非常规性工作;精通本职业及相关职业的重要理论原理及关键技术技能,能够独立处理和解决高难度的技术问题或工艺难题;承担传授技艺的任务,在技能人才梯队培养上做出突出贡献	省级及以上人力资源社会保障部门指导用人单位实施
8	首席技师	在技术技能领域做出重大贡献,或在本地区、本行业企业具有公认的高超技能、精湛技艺的“地方或行业企业高技能领军人才”。为地方、行业企业高技能人才队伍建设做出突出贡献;为国家重大技术攻关、成果转化、技术创新、发明等做出突出贡献,在地方、行业企业的技术进步与发展中发挥关键作用,专业水平在地方、行业企业具有很高认可度和影响力	省级及以上人力资源社会保障部门、国务院有关行业主管部门指导用人单位实施

注:1.行业企业可结合实际对上述要求进行修订完善。

2.上述职业技能等级证书样式和编码按照有关规定确定。证书编码第16位为大写英文字母或阿拉伯数字,其中“X”表示“学徒工”,“T”表示“特级技师”,“S”表示“首席技师”,“5、4、3、2、1”分别表示“初级工、中级工、高级工、技师、高级技师”。

拓展阅读

职业资格目录建立后，技能人才评价如何实施？

对**准入类职业资格**，继续保留在国家职业资格目录内。

对**关系公共利益或涉及国家安全、公共安全、人身健康、生命财产安全的水平评价类职业资格**，要依法依规转为准入类职业资格。

对**与国家安全、公共安全、人身健康、生命财产安全关系不密切的水平评价类职业资格**，要逐步调整退出目录，对其中社会通用性强、专业性强、技术技能要求高的职业（工种），可根据经济社会发展需要，实行职业技能等级认定。

问

专业技术人员职业资格证书与职称相互认同吗？

答

目前，我国的职称制度与职业资格制度已有效衔接。为避免交叉设置，减少重复评价，降低社会用人成本，人力资源社会保障部以职业分类为基础，统筹研究规划了职称制度和职业资格制度框架。**在职称与职业资格密切相关的职业领域建立职称与职业资格对应关系**，专业技术人才取得职业资格即可认定其具备相应系列和层级的职称，并可作为申报高一级职称的条件。初级、中级职称实行全国统一考试的专业不再进行相应的职称评审或认定。

问

职业资格证书和职业技能等级证书有什么区别？“含金量”一样吗？

答

根据《关于分类推进人才评价机制改革的指导意见》和《人力资源社会保障部关于改革完善技能人才评价制度的意见》等文件精神，**国家职业资格目录内职业可颁发职业资格证书；水平评价类技能人员职业资格**退出国家职业资格目录，转为社会化等级认定，**颁发职业技能等级证书**。

两类证书均纳入人才统计范围，落实相关政策，兑现相关待遇，**具有同等效力**。

第四节　职业素质与职业素养能力提升

一、素质及职业素质

（一）人的素质

素质是人在生理遗传因素的基础上，通过教育和环境的影响而形成和培养起来的相对稳定的内在的基本品质。生理遗传因素是后天基本品质形成的载体。教育包括家庭教育、学校教育和社会教育。环境主要是指社会环境和自然环境。

根据素质形成和发展过程由低级到高级的层次性，可以把素质划分为：生理素质、心理素质和社会文化素质 3 个层面。

1. 生理素质

生理素质是指人的生理机能特征，是人的整体素质发展的基础层次，它决定着个体素质发展的潜在可能性。

2. 心理素质

心理素质是一个人的遗传素质和人类在历史发展过程中所创造的文明成果相互作用、内化的结果，它是人与外部世界相互联系、相互作用的中介。心理素质是在生理素质的基础上发展起来的，影响着社会文化素质的内化，是连接两者的桥梁。

3. 社会文化素质

社会文化素质是指人在特定的社会生活环境中，通过学习、教育所具备的与该社会发展要求相一致的属性。可细分为思想政治素质、科学文化素质、道德素质、审美素质以及内潜素质

（沉淀在心理深沉的文化潜在意识）与外显素质（外部表现出来的从事各项社会实践活动的能力）等，它们既相互作用，又相互影响。

心理素质、生理素质和社会文化素质在人的整体素质中处于不同的发展层次，人的生理素质相当于动力系统，心理素质相当于平衡系统，社会文化素质相当于启动器，是指标和控制系统。这三者相互渗透，相互促进，相互制约，但不可相互替代，人的素质正是在这样相互制约、相互作用、循环往复中不断得到完善与提高的。

（二）职业素质

职业素质是指劳动者在生理和心理条件的基础上，通过专业（职业）教育（培训）、职业实践和自我完善等途径而形成和发展起来的，是在职业活动中起着重要作用的内在基本品质。

不同职业对从事人员的专业知识和技能有着特定的要求。例如，作家对生活要有敏锐的感受力和较强的语言表达能力；工程技术人员要有研究精神以及文字、图表的交流表达能力；从事产品销售的职业者要有较强的公关及市场分析能力。所以说，专业知识和专业技能是职业素质中最具特色的内容。

劳动者的职业素质具有5个方面的特性：专业性、稳定性、内在性、整体性和发展性。

1. 职业素质的专业性

职业素质的专业性是指劳动者一般都具有专门的业务能力。高职高专院校的每一个专业都有自己的培养目标，其中业务要求和专业能力是培养目标的基础。

2. 职业素质的稳定性

职业素质的稳定性是指劳动者的职业素质一经形成，便会在其职业活动中稳定地表现出来。例如，一个具有良好职业素质的技术工人，那种吃苦耐劳、爱岗敬业的精神就会稳定地表现出来；一个优秀的营销人员，其娴熟的业务水平、诚实守信的品格，无论在哪儿都会稳定地表现出来。

3. 职业素质的内在性

职业素质的内在性是指人们在所从事职业的业务要求和专业知识的内在表现。它一经形成就会以潜能的形式存在，并在职业活动中充分呈现出来。

4. 职业素质的整体性

职业素质的整体性是指劳动者的业务知识、专业能力和其他良好品质在职业活动中的综合表现。一个人要取得职业生涯的成功，不仅要具备必要的知识、技能，还要具有坚定的信念、社会责任感及良好的自我控制能力和耐挫折能力等。

5. 职业素质的发展性

职业素质的发展性是指随着社会发展和科学技术的进步，不同的社会历史发展时期对劳动者的职业素质有不同的要求。因此，劳动者必须从时代发展的需要出发，不断地提高和完善自身的职业素质，反之，如果一个劳动者不具备符合时代要求的职业素质，就可能失业。

二、职业素质的构成

职业素质由5个方面的素质构成：思想政治素质、职业道德素质、科学文化素质、专业技能素质和身心素质。

(一)思想政治素质

思想政治素质是指人们在政治上的信念感、世界观和价值观。思想政治素质是职业素质的灵魂,对其他素质起统帅作用,规定着其他素质的性质和方向。

习近平总书记在全国高校思想政治工作会议上强调,要教育引导学生正确认识世界和中国发展大势,从我们党探索中国特色社会主义历史发展和伟大实践中,认识和把握人类社会发展的历史必然性,认识和把握中国特色社会主义的历史必然性,不断树立为共产主义远大理想和中国特色社会主义共同理想而奋斗的信念和信心;正确认识中国特色和国际比较,全面客观认识当代中国、看待外部世界;正确认识时代责任和历史使命,用中国梦激扬青春梦,为学生点亮理想的灯、照亮前行的路,激励学生自觉把个人的理想追求融入国家和民族的事业中,勇做走在时代前列的奋进者和开拓者;正确认识远大抱负和脚踏实地,珍惜韶华,把远大抱负落实到实际行动中,让勤奋学习成为青春飞扬的动力,让增长本领成为青春搏击的能量。

(二)职业道德素质

职业道德是社会道德的有机组成部分,是社会道德原则和道德规范在职业生活中的具体表现。它包括职业态度、职业道德修养水平等。职业道德是一个历史范畴。社会主义职业道德规范的具体要求是:爱岗敬业、诚实守信、办事公道、服务群众、奉献社会。其中,爱岗敬业是职业道德的核心和基础,诚实守信、办事公道是职业道德的重要准则,服务群众、奉献社会是职业道德的灵魂。

劳动者应把职业道德规范内化为自己的信念,在职业活动中自觉地去遵守。一个人只有具备一定的道德修养,才能在职业活动中刻苦地钻研业务,提高技能,讲究信誉,忠实地履行岗位职责。

(三)科学文化素质

科学文化素质是指人们对自然、社会、思维、科学知识等人类文化成果的认识和掌握的程度。

科学精神是从实际出发,按事物发展规律办事,不迷信,不盲从,不附和,以客观事实为依据,服从真理,概括地说就是实事求是。在学习科学知识、进行实验研究时要一丝不苟,精益求精。现代科学研究需要依靠集体的力量,它要求参与者应具有团结协作、严守纪律、严肃认真和执着追求的工作态度,我们在学习和工作过程中应注意对这种精神的培养。

科学技术是第一生产力。科学知识是最宝贵的资源,是治理自然及社会各种问题的依据。我们应该激发自身对科学的兴趣,努力学习科学文化知识,向书本学,在实践中学,并善于在实践中发现问题。

科学文化素质不仅影响着人的生活质量,也影响、改变着人的思想观念和价值标准。科学文化素质是职业素质的基础。如果不具备一定的科学文化知识和合理的专业知识结构,就不可能拥有过硬的职业素质。

(四)专业技能素质

专业技能素质是指人们从事某种职业时,在专业知识和专业技能方面所表现出来的状态和水平。专业知识是建立在科学文化知识基础之上的与从事的职业密切相关的知识,必须通过专业学习和职业活动来获得。高职高专院校是培养技能人才的,无论什么专业都要开设一定的专业基础课和专业技术课程,使学生掌握专业知识。

专业技能是在领会专业知识的基础上,经过专业学习过程中的实践训练和职业实践而逐步获得的。一个人的专业技能素质越强,在职业生涯中所发挥的作用就越显著,创造力也就越强。

(五)身心素质

身心素质包括身体素质和心理素质两个方面。身心素质是从事职业活动的重要条件,是成就事业的基础。所以,在校期间要积极参加各项有益于身心健康发展的体育锻炼和社会活动,不断提高自己的身心素质。当今社会生活节奏快,工作压力大,特别要注意培养健康的情感和坚强的意志。

职业素质是一个有机的整体。科学文化素质是基础,专业技能素质是本领,身心素质是支柱,思想政治素质、职业道德素质是灵魂和保证。因此,应该珍惜学校的学习生活,努力学习,积极参加各项有益的活动,在增长科学文化知识的过程中提升思想政治素质,知行合一,德才并进,和谐成长,为职业的成功奠定基础。

三、职业素养的培养

(一)职业素养的定义及教育意义

职业素养的范畴很广,它是人类在社会活动中需要遵守的行为规范,是职业内在的要求,是一个人在职业过程中表现出来的综合品质。它包括职业道德、职业意识、职业行为习惯和职业技能 4 项内容。前 3 项内容是职业素养中最基础的部分,而职业技能是支撑职业人生的表象内容。在衡量一个人的职业素养时,企业通常将前 3 项与最后一项以 6.5∶3.5 的比例进行划分。前 3 项属世界观、价值观、人生观范畴,是逐步形成、逐渐完善的。而后一项通过学习、培训比较容易获得。良好的职业素养应该是衡量个人职业成熟度的重要指标。从个人的角度来看,适者生存,个人如果缺乏良好的职业素养,就很难取得突出的工作业绩,更谈不上建功立业;从企业的角度来看,唯有聚集具备较高职业素养的人员,才能实现生存和发展的目的,从而提高企业在市场的竞争力;从国家的角度看,国民职业素养的高低直接影响着国家经济的发展,是社会稳定的前提。正因如此,职业素养教育显得尤为重要。

(二)职业素养的内容

大学生职业素养的高低,直接关系到他一生的成就。能力和专业知识固然重要,但要在职场中取得成功,关键因素还是职业素养。要成为一流的员工,就需要具有以下 9 个职业素养。

1. 具有敬业精神

敬业精神是人们基于对某种职业的热爱而产生的一种全身心投入的精神,是社会对人们工作态度的道德要求，它的核心是无私奉献。具体而言，就是在职业活动领域，树立主人翁意识，培养认真踏实、恪尽职守、精益求精的工作态度，力求“干一行、爱一行、专一行”，摆脱单纯追求个人和小集团利益的狭隘思想，保持高昂的工作热情，务实苦干，把对社会的奉献和付出看作无上光荣。畅销书《邮差弗雷德》曾经打动和激励了无数人，它的主人公弗雷德是一名普普通通的邮差，但他却用自己的快乐、敬业的工作精神和周到的服务赢得了无数人的尊敬，美国邮政协会还专门设立了弗雷德奖，奖励那些在投递行业认真工作，在服务、创新上具有同样精神的员工。

2. 讲求诚信

诚信是关乎职业操守的问题。工作和生活中的点点滴滴都可以体现一个人的诚信，比如约会准时、信守承诺、客观评价他人等；相反，不能做违背诚信的事情，比如考试作弊、简历作假、与企业签约后随便毁约等。

3. 敢于承担责任

在职场中，责任感及发展的空间和机会往往是成正比的，也就是说，越敢于承担，越会有大的发展。在工作中，首先要明确你的岗位职责，明确你与上级、同级、下级的责任界定与划分。一旦出现问题，不找借口、不推诿责任，而是主动承担，并懂得反思，避免再犯同样的错误，不能让自己的责任成为别人的负担，进而影响整个团队的效率。敢于担当的人，才能真正挑起大梁，获得更多的发展机会。

4. 具有较强的执行力

执行力指的是贯彻战略意图并完成预定目标的操作能力。执行力是所有企业都非常看重的能力，这也和每一位职业人的发展密切相关。要想保证完成任务，就要做到四个到位，即“心态到位，姿态到位，行动到位，方法到位”。心态到位，就是在思想上认真投入，心无旁骛、专心致志地将事情做成。姿态到位，就是为了达到目标，要有百折不挠的信心和勇气。行动到位，就是为了达到目标而付诸实际行动，如量化自己的工作。方法到位，就是要运用智慧，使工作能够高效完成。

5. 具备优秀的品德

纵观那些杰出的成功人士，或许他们成功的过程各不相同，但有一点却是相同的，那就是他们都有着优秀的品德。在职场中，凭着一些小聪明或者小谋术，或许能够取得一时的成绩，但要想获得真正长远的发展，则必须以“德”服人。

6. 具有沟通协作意识

在工作中，很多事情都是需要通过团队协作完成的，每位员工应合理地进行自我定位，发挥应有的作用，同时给予他人支持；当发生问题或矛盾时，应尊重他人，坦诚沟通，接纳不同的观点，并妥善处理冲突，促进工作目标的完成。随着竞争的日趋激烈，团队精神已越来越被企业和个人所重视。任何一个企业，如果只是一个人优秀，而不是大多数人优秀甚至是人人优秀，那么这个企业不要说做大做强，连起码的生存都不能保证。同样的道理，如果一个人只想着自己的发展，而不为团队的整体发展着想，只考虑自己的利益，而不顾及整个团队的利益，那么这个团队就是一盘散沙。良好的协作是职业人的基本素质，也是团队发展的基础。

7. 具有创新精神

创新精神是一个国家和民族发展的不竭动力，也是现代人应具备的素养。创新精神提倡独立思考，不人云亦云，但并不是拒绝倾听别人的意见、孤芳自赏、固执己见，而是要团结合作、相互交流。

8. 具备职场社交能力

社交能力对职业成功有很大影响。所以进入一个新环境后，除了熟悉业务以外，最重要的工作就是打通人脉，想办法给工作伙伴留下良好的印象。

9. 具有终生学习能力

大学带给我们的除了专业知识和技能外，还有许多通用的知识和技能，比如计算机的基本操作与应用，英语会话与写作，逻辑思维与人际交流能力等，这些能力一方面可以增强你的工作能力，同时也将成为你继续学习的得力助手。要想在工作中有所作为，应持有一种终生学习的观念，关注身边的学习资源，通过继续学习把自己培养成专业人士。

拓展阅读

培养更多高素质技术技能人才、能工巧匠、大国工匠

习近平指出，当今世界的竞争说到底是人才竞争、教育竞争。要更加重视人才自主培养，努力造就一批具有世界影响力的顶尖科技人才，稳定支持一批创新团队，培养更多高素质技术技能人才、能工巧匠、大国工匠。我国教育是能够培养出大师来的，我们要有这个自信！这段话出自2021年5月28日习近平总书记在中国科学院第二十次院士大会、中国工程院第十五次院士大会和中国科学技术协会第十次全国代表大会上发表的讲话。

当前，世界百年未有之大变局加速演进，新一轮科技革命和产业变革深入发展，我国正处于重要的战略机遇期。加快培养更多高素质技术技能人才、能工巧匠和大国工匠，对于我们加快建设现代化产业体系、增强国家核心竞争力具有重要意义。

实现高质量发展，离不开高技能人才的坚实支撑。党的十八大以来，以习近平同志为核心的党中央高度重视人才工作，技能人才队伍建设进入“快车道”。目前，我国高技能人才已超过6 000万人，占技能劳动者的30%，是中国制造、中国创造、中国建造的中坚力量。从“神舟飞天”到“嫦娥揽月”，从“天眼探空”到“北斗组网”，再到港珠澳大桥飞架三地、北京大兴国际机场“凤凰展翅”，这些重大成就的取得都离不开大国工匠和能工巧匠们的深入钻研和执着追求。近年来，越来越多的“劳模和工匠人才创新工作室”“技能大师工作室”获命名授牌。他们充分发挥了示范引领作用，推动更多技能大师实践经验及创新成果的传承和推广。

党的二十大明确提出，要加快建设国家战略人才力量，努力培养造就更多大师、战略科学

家、一流科技领军人才和创新团队、青年科技人才、卓越工程师、大国工匠、高技能人才。这一重要论断足以说明，培养能工巧匠、大国工匠在内的战略人才在我们强国建设、民族复兴道路上的重要地位和紧迫性。我们要始终坚持面向世界科技前沿、面向经济主战场、面向国家重大需求、面向人民生命健康，以国家战略需求为导向，加大人才培养、人才使用、人才激励的体制机制改革力度，不断培养造就更多顶尖科技人才、高素质技术技能人才和能工巧匠，为实现经济社会高质量发展注入不竭动力。

习近平在纪念五四运动100周年大会上的讲话(节选)

（2019年4月30日）

青年朋友们、同志们！

今天，在中国共产党领导下，我们开辟了中国特色社会主义道路，形成了中国特色社会主义理论体系，建立了中国特色社会主义制度，发展了中国特色社会主义文化，推动中国特色社会主义进入了新时代。中国人民拥有了前所未有的道路自信、理论自信、制度自信、文化自信，中华民族伟大复兴展现出前所未有的光明前景！

新时代中国青年运动的主题，新时代中国青年运动的方向，新时代中国青年的使命，就是坚持中国共产党领导，同人民一道，为实现“两个一百年”奋斗目标、实现中华民族伟大复兴的中国梦而奋斗。

青年是整个社会力量中最积极、最有生气的力量，国家的希望在青年，民族的未来在青年。今天，新时代中国青年处在中华民族发展的最好时期，既面临着难得的建功立业的人生际遇，也面临着“天将降大任于斯人”的时代使命。新时代中国青年要继续发扬五四精神，以实现中华民族伟大复兴为己任，不辜负党的期望、人民期待、民族重托，不辜负我们这个伟大时代。

第一，新时代中国青年要树立远大理想。青年的理想信念关乎国家未来。青年理想远大、信念坚定，是一个国家、一个民族无坚不摧的前进动力。青年志存高远，就能激发奋进潜力，青春岁月就不会像无舵之舟漂泊不定。正所谓“立志而圣则圣矣，立志而贤则贤矣”。青年的人生目标会有不同，职业选择也有差异，但只有把自己的小我融入祖国的大我、人民的大我之中，与时代同步伐、与人民共命运，才能更好地实现人生价值、升华人生境界。离开了祖国需要、人民利益，任何孤芳自赏都会陷入越走越窄的狭小天地。

新时代中国青年要树立对马克思主义的信仰、对中国特色社会主义的信念、对中华民族伟大复兴中国梦的信心，到人民群众中去，到新时代新天地中去，让理想信念在创业奋斗中升华，让青春在创新创造中闪光！

第二，新时代中国青年要热爱伟大祖国。孙中山先生说，做人最大的事情，“就是要知道怎么样爱国”。一个人不爱国，甚至欺骗祖国、背叛祖国，那在自己的国家、在世界上都是很丢脸的，也是没有立足之地的。对每一个中国人来说，爱国是本分，也是职责，是心之所系、情之所归。对新时代中国青年来说，热爱祖国是立身之本、成才之基。当代中国，爱国主义的本质就是坚持爱国和爱党、爱社会主义高度统一。

新时代中国青年要听党话、跟党走，胸怀忧国忧民之心、爱国爱民之情，不断奉献祖国、奉献人民，以一生的真情投入、一辈子的顽强奋斗来体现爱国主义情怀，让爱国主义的伟大旗帜始终在心中高高飘扬！

第三,新时代中国青年要担当时代责任。时代呼唤担当,民族振兴是青年的责任。鲁迅先生说,青年"所多的是生力,遇见深林,可以辟成平地的,遇见旷野,可以栽种树木的,遇见沙漠,可以开掘井泉的"。在实现中华民族伟大复兴的新征程上,应对重大挑战、抵御重大风险、克服重大阻力、解决重大矛盾,迫切需要迎难而上、挺身而出的担当精神。只要青年都勇挑重担、勇克难关、勇斗风险,中国特色社会主义就能充满活力、充满后劲、充满希望。青年要保持初生牛犊不怕虎、越是艰险越向前的刚健勇毅,勇立时代潮头,争做时代先锋。一切视探索尝试为畏途、一切把负重前行当吃亏、一切"躲进小楼成一统"逃避责任的思想和行为,都是要不得的,都是成不了事的,也是难以真正获得人生快乐的。

新时代中国青年要珍惜这个时代、担负时代使命,在担当中历练,在尽责中成长,让青春在新时代改革开放的广阔天地中绽放,让人生在实现中国梦的奋进追逐中展现出勇敢奔跑的英姿,努力成为德、智、体、美、劳全面发展的社会主义建设者和接班人!

第四,新时代中国青年要勇于砥砺奋斗。奋斗是青春最亮丽的底色。"自信人生二百年,会当水击三千里。"民族复兴的使命要靠奋斗来实现,人生理想的风帆要靠奋斗来扬起。没有广大人民特别是一代代青年前赴后继、艰苦卓绝的接续奋斗,就没有中国特色社会主义新时代的今天,更不会有实现中华民族伟大复兴的明天。千百年来,中华民族历经苦难,但没有任何一次苦难能够打垮我们,最后都推动了我们民族精神、意志、力量的一次次升华。今天,我们的生活条件好了,但奋斗精神一点儿都不能少,中国青年永久奋斗的好传统一点都不能丢。在实现中华民族伟大复兴的新征程上,必然会有艰巨繁重的任务,必然会有艰难险阻甚至惊涛骇浪,特别需要我们发扬艰苦奋斗精神。奋斗不只是响亮的口号,而是要在做好每一件小事、完成每一项任务、履行每一项职责中见精神。奋斗的道路不会一帆风顺,往往荆棘丛生、充满坎坷。强者,总是从挫折中不断奋起、永不气馁。

新时代中国青年要勇做走在时代前列的奋进者、开拓者、奉献者,毫不畏惧面对一切艰难险阻,在劈波斩浪中开拓前进,在披荆斩棘中开辟天地,在攻坚克难中创造业绩,用青春和汗水创造出让世界刮目相看的新奇迹!

第五,新时代中国青年要练就过硬本领。青年是苦练本领、增长才干的黄金时期。"青春虚度无所成,白首衔悲亦何及。"当今时代,知识更新不断加快,社会分工日益细化,新技术新模式新业态层出不穷。这既为青年施展才华、竞展风采提供了广阔舞台,也对青年能力素质提出了新的更高要求。不论是成就自己的人生理想,还是担当时代的神圣使命,青年都要珍惜韶华、不负青春,努力学习掌握科学知识,提高内在素质,锤炼过硬本领,使自己的思维视野、思想观念、认识水平跟上越来越快的时代发展。

新时代中国青年要增强学习紧迫感,如饥似渴、孜孜不倦学习,努力学习马克思主义立场观点方法,努力掌握科学文化知识和专业技能,努力提高人文素养,在学习中增长知识、锤炼品格,在工作中增长才干、练就本领,以真才实学服务人民,以创新创造贡献国家!

第六,新时代中国青年要锤炼品德修为。人无德不立,品德是为人之本。止于至善,是中华民族始终不变的人格追求。我们要建设的社会主义现代化强国,不仅要在物质上强,更要在精神上强。精神上强,才是更持久、更深沉、更有力量的。青年要把正确的道德认知、自觉的道德养成、积极的道德实践紧密结合起来,不断修身立德,打牢道德根基,在人生道路上走得更正、走得更远。面对复杂的世界大变局,要明辨是非、恪守正道,不人云亦云、盲目跟风。面对外部诱惑,要保持定力、严守规矩,用勤劳的双手和诚实的劳动创造美好生活,拒绝投机取巧、远离自作聪明。面对美好岁月，要有饮水思源、懂得回报的感恩之心，感恩党和国家，感恩社会和人民。要在奋斗中摸爬滚打，体察世间冷暖、民众忧乐、现实矛盾，从中找到人生真谛、生命价值、事业方向。

新时代中国青年要自觉树立和践行社会主义核心价值观，善于从中华民族传统美德中汲取道德滋养，从英雄人物和时代楷模的身上感受道德风范，从自身内省中提升道德修为，明大德、守公德、严私德，自觉抵制拜金主义、享乐主义、极端个人主义、历史虚无主义等错误思想，追求更有高度、更有境界、更有品位的人生，让清风正气、蓬勃朝气遍布全社会！

青年朋友们、同志们！

青年是国家的未来，也是世界的未来。中国梦与世界梦息息相通，中华民族应该对人类社会作出更大贡献。新时代中国青年，要有家国情怀，也要有人类关怀，发扬中华文化崇尚的四海一家、天下为公精神，为实现中华民族伟大复兴而奋斗，为推动共建"一带一路"、推动构建人类命运共同体而努力。

青年朋友们！一代人有一代人的长征，一代人有一代人的担当。建成社会主义现代化强国，实现中华民族伟大复兴，是一场接力跑。我们有决心为青年跑出一个好成绩，也期待现在的青年一代将来跑出更好的成绩。衷心希望新时代中国青年积极拥抱新时代、奋进新时代，让青春在为祖国、为人民、为民族、为人类的奉献中焕发出更加绚丽的光彩！

习近平给中国劳动关系学院劳模本科班学员的回信(节选)

(2018 年 4 月 30 日)

社会主义是干出来的，新时代也是干出来的。希望你们珍惜荣誉、努力学习，在各自岗位上继续拼搏、再创佳绩，用你们的干劲、闯劲、钻劲鼓舞更多的人，激励广大劳动群众争做新时代的奋斗者。

我一直强调，劳动最光荣、劳动最崇高、劳动最伟大、劳动最美丽。全社会都应该尊敬劳动模范、弘扬劳模精神，让诚实劳动、勤勉工作蔚然成风。

习近平总书记在 2018 年春节团拜会上的讲话(节选)

(2018 年 2 月 14 日)

同志们、朋友们！

我在今年的新年贺词中说过，幸福都是奋斗出来的。今天，我还要说，奋斗本身就是一种幸福。只有奋斗的人生才称得上幸福的人生。奋斗是艰辛的，艰难困苦、玉汝于成，没有艰辛就不是真正的奋斗，我们要勇于在艰苦奋斗中净化灵魂、磨砺意志、坚定信念。奋斗是长期的，前人栽树、后人乘凉，伟大事业需要几代人、十几代人、几十代人持续奋斗。奋斗是曲折的，"为有牺牲多壮志，敢教日月换新天"，要奋斗就会有牺牲，我们要始终发扬大无畏精神和无私奉献精神。奋斗者是精神最为富足的人，也是最懂得幸福、最享受幸福的人。正如马克思所讲："历史承认那些为共同目标劳动因而自己变得高尚的人是伟大人物；经验赞美那些为大多数人带来幸福的人是最幸福的人"。

新时代是奋斗者的时代。我们要坚持把人民对美好生活的向往作为我们的奋斗目标，始终为人民不懈奋斗、同人民一起奋斗，切实把奋斗精神贯彻到进行伟大斗争、建设伟大工程、推进伟大事业、实现伟大梦想全过程，形成竞相奋斗、团结奋斗的生动局面。

习近平在中国共产党第十九次全国代表大会上的报告(节选)

(2017 年 10 月 8 日)

建设知识型、技能型、创新型劳动者大军，弘扬劳模精神和工匠精神，营造劳动光荣的社会风尚和精益求精的敬业风气。

习近平：在知识分子、劳动模范、青年代表座谈会上的讲话(节选)

(2016 年 4 月 26 日)

素质是立身之基，技能是立业之本。广大劳动群众要勤于学习，学文化、学科学、学技能、学各方面知识，不断提高综合素质，练就过硬本领。要立足岗位学，向师傅学，向同事学，向书本学，向实践学。"三百六十行，行行出状元。"任何一名劳动者，无论从事的劳动技术含量如何，只要勤于学习、善于实践，在工作上兢兢业业、精益求精，就一定能够造就闪光的人生。

人类是劳动创造的，社会是劳动创造的。劳动没有高低贵贱之分，任何一份职业都很光荣。广大劳动群众要立足本职岗位诚实劳动。无论从事什么劳动，都要干一行、爱一行、钻一行。在工厂车间，就要弘扬"工匠精神"，精心打磨每一个零部件，生产优质的产品。在田间地头，就要精心耕作，努力赢得丰收。在商场店铺，就要笑迎天下客，童叟无欺，提供优质的服务。只要踏实劳动、勤勉劳动，在平凡岗位上也能干出不平凡的业绩。

全面建成小康社会，广大青年是生力军和突击队。希望我国广大青年充分展现自己的抱负和激情，胸怀理想、锤炼品格，脚踏实地、艰苦奋斗，不断书写奉献青春的时代篇章。

实现中华民族伟大复兴的中国梦，需要一代又一代有志青年接续奋斗。青年人朝气蓬勃，是全社会最富有活力、最具有创造性的群体。党和人民对广大青年寄予厚望。

广大青年要自觉践行社会主义核心价值观，不断养成高尚品格。要以国家富强、人民幸福为己任，胸怀理想、志存高远，投身中国特色社会主义伟大实践，并为之终生奋斗。要加强思想道德修养，自觉弘扬爱国主义、集体主义精神，自觉遵守社会公德、职业道德、家庭美德。要坚持艰苦奋斗，不贪图安逸，不惧怕困难，不怨天尤人，依靠勤劳和汗水开辟人生和事业前程。"看似寻常最奇崛，成如容易却艰辛。"青年的人生之路很长，前进途中，有平川也有高山，有缓流也有险滩，有丽日也有风雨，有喜悦也有哀伤。心中有阳光，脚下有力量，为了理想能坚持、不懈怠，才能创造无愧于时代的人生。

"人才有高下，知物由学。"梦想从学习开始，事业靠本领成就。广大青年要自觉加强学习，不断增强本领。人生的黄金时期在青年。青年时期学识基础厚实不厚实，影响甚至决定自己的一生。广大青年要如饥似渴、孜孜不倦学习，既多读有字之书，也多读无字之书，注重学习人生经验和社会知识。“纸上得来终觉浅，绝知此事要躬行。”所有知识要转化为能力，都必须躬身实践。要坚持知行合一，注重在实践中学真知、悟真谛，加强磨炼、增长本领。

广大青年要自觉奉献青春，为全面建成小康社会多作贡献。青年时光非常可贵，要用来干事创业、辛勤耕耘，为将来留下珍贵的回忆。广大农村青年要在发展现代农业、建设社会主义新农村中展现现代农民新形象，广大企业青年要在积极参与生产劳动、产品研发、管理创新中创造更多财富，广大科研单位青年要在深入钻研学问、主动攻克难题中多出创新成果，广大机关事业单位青年要在提高为社会、为民众服务水平中建功立业。

广大青年要保持初生牛犊不怕虎的劲头，不懂就学，不会就练，没有条件就努力创造条件。“志之所趋，无远弗届，穷山距海，不能限也。”对想做爱做的事要敢试敢为，努力从无到有、从小到大，把理想变为现实。要敢于做先锋，而不做过客、当看客，让创新成为青春远航的动力，让创业成为青春搏击的能量，让青春年华在为国家、为人民的奉献中焕发出绚丽光彩。

——（摘自《新华网》2016 年 4 月 30 日）

七大职业素养

一、工作态度

1. 把职业当成你的事业
2. 对自己言行负责
3. 用高标准要求自己
4. 为实现自我价值而工作
5. 积极应对工作中的困境
6. 懂得感恩

二、职业道德

1. 以诚信的精神对待职业
2. 廉洁自律，秉公办事
3. 严格遵守职业规范和公司制度
4. 决不泄露公司机密
5. 忠诚于公司
6. 克服自私心理，树立节约意识

三、工作技能

1. 制订清晰的职业目标
2. 学以致用，把知识转化为职业能力

3. 把复杂的工作简单化
4. 加强沟通，把话说得恰到好处
5. 重视职业中的每一个细节
6. 多提一些有价值的建议
7. 善于学习，适应变化
8. 突破职业思维，具备创新精神

四、团队意识

1. 团队是个人职业成功的前提
2. 个人因为团队而更加强大
3. 帮助别人就是帮助自己
4. 懂得分享
5. 顾全大局，甘当配角

五、职场规则

(一)遵守制度规范

1. 遵守上下班时间
2. 上班不做私事
3. 保守秘密

(二)遵守人际交往规则

1. 学会与人共事
2. 尊重他人
3. 理解他人
4. 不低估任何人的价值
5. 不做“长舌妇”
6. 坦然面对竞争

六、责任心

1. 责任心就是认真负责
2. 责任心就是关注结果
3. 勇敢承认“我是责任者”

七、职业习惯

(一)精益求精

1. “敬业”先要“精业”
2. 不怕千招会，只怕一招绝
3. 成为专家不是最好，而是与众不同

(二)要事先做

1.工作多,干不完,怎么办

2.把事情按轻、重、缓、急,重要性分类排开

(三)寻找方法

相信一句话:方法总比问题多

(四)关注细节

细节决定成败

(五)团队合作

必须有全局观念

(六)换位思考

(七)职业规划

1.职业生涯从做好本职工作开始

2.设定平衡的人生目标

3.不要"跳槽",而要"跳高"

第五节 新兴热门专业及发展前景

一、职业环境探索

在纷繁复杂的社会环境中,人们面对职业选择时总是充满困惑,困惑于自己所学的专业是冷门还是热门;困惑于自己学习的知识是否真的有用武之地;困惑于如何打造职场大门的敲门砖;困惑于用人单位到底需要什么样的人才;困惑于自己究竟适合哪些职业。面对这些困惑,只有对"职业"拥有足够的知识储备,了解并学习职业的分类和趋势,才能正确地把握职场的风向标;了解某种职业所需要的能力,才能确保求职成功;了解影响职业选择的因素,才能为职业生涯指明方向。

人的职业生涯一般为三四十年,要真正达到自己理想的状态,要做的准备还有很多,需要我们认真地去梳理、学习。当个体认清职业的真正内涵,对自己有足够清醒、客观的认识,就很容易找到那颗属于自己职业生涯的"北斗星"。

二、未来最具前景行业介绍

(一)云计算

企业向云端迁移是大势所趋,可以看到:①公有云和私有云市场增长依然齐头并进,不是零和博弈;②IaaS层面,拥有多元化的商业应用生态圈越来越重要,如谷歌、微软等;③SaaS层

面，主要集中在人力资源、OA、CRM、市场营销、B2B 大宗商品采购等领域，如 Sales Force、Sap、Oracle 等；④PaaS 层面，没有出现独立巨头，未来更可能由 IaaS 巨头向上或 SaaS 巨头向下延伸。我国的云计算市场还处在萌芽期，市场正变得越来越具有诱惑力。

（二）大数据

2013 年至 2015 年，大数据行业的融资总额分别为 8 亿美元、15.4 亿美元及 20 亿美元；融资事件分别为 10 起、42 起及超过 50 起。“大数据＋”几乎已经渗透所有行业，如“大数据＋零售”“大数据＋医疗”“大数据＋房地产”等。

（三）虚拟现实

目前，全球虚拟现实行业经过近百年的发展仍处于起步阶段，供应链及各类配套设施还处于探索阶段。但是，虚拟现实的发展前景广阔，具有广泛的应用空间，如游戏、影视、教育、体育、星际探索、医疗等。当前各大咨询机构均看好虚拟现实，其在未来一段时间将实现超高速增长。

（四）人工智能

根据预测，2024 年人工智能市场规模将增长至 111 亿美元，初步的技术积累和数据积累已经在过去有了比较显著的规模，人工智能重塑各行各业的大潮即将来袭，并将引发新一轮 IT 设备投资。未来 3～5 年智能化大潮将带来万亿级市场。

（五）3D 打印技术

经过过去几年 3D 打印的投资热，3D 打印技术进入了一个新的阶段，但应用市场仍有待突破。

（六）无人技术

无人技术目前主要应用在无人机、无人驾驶汽车等领域。美国蒂尔集团预测，全球无人机市场规模会从 2015 年的 64 亿美元增至 2024 年的 115 亿美元，发展势态迅猛。根据恒州诚国发布的无人驾驶市场分析报告显示，我国积极发展智能网联汽车，无人驾驶技术进一步发展，行业规模不断增长。数据显示，2017—2021 年我国无人驾驶市场规模由 681 亿元增至 2 538 亿元，年均复合增长率为 36.4%。2022 年我国无人驾驶市场规模达 2 894 亿元。

（七）机器人

随着我国人口老龄化问题日益突出、人工成本急剧上升以及整体经济结构面临转型，未来机器人的崛起及其巨大的市场规模已经被各大机构认可。未来，无论短期还是长期，机器人行业的投资机遇都是巨大的，从工业机器人、协作机器人到服务机器人均有十分可观的市场规模。

（八）新能源

我国是最大的新能源市场，发展新能源产业是改变我国能源结构、降低对石化能源的依赖度、同时减少环境污染的必然选择。大力度的财政补贴推动新能源产业快速走向成熟，使新能源产业蕴含丰富的投资机会。

（九）新材料

新材料是新经济的基石，我国军工、高铁、核电、航天航空尖端制造领域的快速发展均离不开基础材料领域的突破。随着基础化学、新材料领域创新点的不断涌现，新材料市场将成为数万亿产值的市场。

（十）医疗服务

随着药品行业景气度持续下滑，以及药品价格形成机制的变化，在分级诊疗和医生多点执业的推动下，公立医院借助民营资本盘活存量资产创造增值价值。医疗服务业为新技术提供了商业的出口，新技术为医疗服务业提供了高附加值的项目。

（十一）生物技术与生命科学

伴随着信息科技革命方兴未艾的浪潮，生命科学和生物技术的发展也正在展现出不可限量的前景。越来越多的人已经预见到一个生命科学的新纪元即将来临，并将对科技发展、社会进步和经济增长产生极其重要而深远的影响。日益成熟的转基因技术、克隆技术以及正在加速发展的基因组学技术和蛋白质组技术、生物信息技术、生物芯片技术、干细胞组织工程等关键技术，正在推动生物技术产业成为新世纪最重要的产业之一，深刻地改变人类的医疗卫生、农业、人口和食品状况。尽管世界各国对高科技领域范围的界定不完全相同，但几乎无一例外地将生命科学和生物技术放在重要位置。特别是近二十年来，生命科学与生物技术获得了飞速发展，为世界各国医疗业、制药业、农业、环保业等行业开辟了广阔的发展前景。

（十二）医疗器械

医疗器械市场在国内起步较晚，但发展迅速。2014—2017 年，我国医疗器械市场规模从 2 556 亿元增长至 5 233.4 亿元，增速较快。但我国人均医疗器械费用支出远低于发达国家。随着经济的发展以及人口老龄化程度的加深，医疗器械市场的发展潜力巨大。同时，《创新医疗器械特别审批程序（试行）》等政策的出台，为国产创新医疗器械的快速成长奠定了坚实的基础。

（十三）互联网医疗

信息技术的高速发展引发各个行业的巨大变革，也为医疗行业带来了巨大机遇。随着大数据、云计算、物联网等领域技术与互联网的跨界融合，新技术与新商业模式快速渗透到医疗的各个细分领域，预防、诊断、治疗、购药等方面将全面开启一个智能化时代。

（十四）健康养老

健康养老产业受需求迫切和政策鼓励的双向驱动，将迎来十分确定的发展机会。未来我国政府和个人将面临较大的养老压力，同时，养老作为“健康中国”的一部分已被提升到国家战略性高度。投资者将沿着国家提出的建议以居家为基础、社区为依托、机构为补充的多层次养老服务体系挖掘投资机会。

(十五)体育

近年来已有部分企业开始瞄准海外优质体育行业标的资产,向拥有优质体育赛事资源的盈利模式靠拢,门票、传媒转播权和广大受众的体育行业标的将会持续受到资本的追捧。

(十六)文化娱乐

我国正迎来新一轮消费升级的浪潮,消费对于 GDP 的拉动作用逐年提升。文化娱乐作为服务业的重要组成部分,在居民的日常消费中占有重要地位。我国居民文化消费支出比重呈逐年增长态势。消费升级背景下,以“90 后”“00 后”为代表的用户的付费意识与意愿大幅度提升,泛娱乐领域付费规模快速增长,多个新型行业崛起。尤其以移动游戏及视频类付费增长较快,网络文学、演出、音乐领域处在上升期,未来市场空间较大。

(十七)教育

我国的民办教育市场规模已超过 6 000 亿元,而在线教育 1/5 的市场份额吸引了无数资本和创业者。经过过去两年的探索,教育 O2O 举步维艰,不仅没有带来传统教育的革命,在盈利模式的探索上也不知所措。而传统线下教育培训机构除了拥有稳定的线下资源和师资外,也在“互联网+”的攻势下顺应时代发展进行了很多改革。

拓展阅读

2021 年人力资源和社会保障部发布机器人工程技术人员等 18 个新职业信息

一、机器人工程技术人员

定义:从事机器人结构、控制、感知技术和集成机器人系统及产品研究、设计的工程技术人员。

主要工作任务:

1. 研究、开发机器人结构、控制、感知等相关技术;
2. 研究、规划机器人系统及产品整体架构;
3. 设计、开发机器人系统,制订产品解决方案;
4. 研发、设计机器人功能与结构,以及机器人控制器、驱动器、传动系统等关键零部件;
5. 研究、设计机器人控制算法、应用软件、工艺软件或操作系统、信息处理系统;
6. 运用数字仿真技术分析机器人产品、系统制造及运行过程,设计生产工艺并指导生产;
7. 制订机器人产品或系统质量与性能的测试与检定方案,进行产品检测、质量评估;

8.提供机器人相关技术咨询和技术服务,指导应用;

9.制订机器人产品、系统、工艺、应用标准和规范。

二、增材制造工程技术人员

定义:从事增材制造技术、装备、产品研发、设计并指导应用的工程技术人员。

主要工作任务:

1.运用数字化逐层堆积原理,研究开发增材制造技术与方法;

2.运用增材制造的复杂结构制造能力,设计产品结构;

3.研发增材制造专用成型头、检测与监控核心功能部件等;

4.设计、集成增材制造装备,进行可靠性测试;

5.研发增材制造分层切片、路径优化、工艺仿真和过程控制等工艺软件;

6.研发产品的增材制造工艺,指导产品生产制造;

7.检测、评估增材制造产品质量;

8.制订增材制造材料、装备、工艺、应用标准和规范。

三、数据安全工程技术人员

定义:从事数据安全需求分析挖掘、技术方案设计、项目实施、运营管理等工作的工程技术人员。

主要工作任务:

1.收集、分析数据安全保护需求,提供数据安全技术咨询服务;

2.制订数据安全工程技术解决方案,实现对数据处理全流程的安全保护;

3.统筹数据安全技术方案的具体实施、运营,对技术方案的落地实施负责;

4.监测、分析和解决数据安全保护相关技术问题;

5.综合分析、评估数据安全保护技术有效性,并对数据安全保护技术进行持续优化改进。

四、退役军人事务员

定义:在退役军人服务中心(站)从事退役军人政策咨询、信访接待、权益保障、安置服务、就业创业扶持等事务办理的人员。

主要工作任务:

1.组织退役军人思想政治教育相关活动;

2.受理、审查、核实和上报退役军人困难申请,开展困难帮扶援助;

3.接待、办理退役军人和其他优抚对象来信来访,协助解决信访诉求,代办属于退役军人事务部门职权范围内的信访事项;

4.收集、分析退役军人就业创业需求,开展退役军人职业技能教育培训及相关服务;

5.采集、整理、分析和报送退役军人思想政治、帮扶援助、权益维护和就业创业扶持等信息数据;

6.为辖区内退役军人建档立卡,常态化联系退役军人,开展走访慰问。

五、数字化解决方案设计师

定义：从事产业数字化需求分析与挖掘、数字化解决方案制订、项目实施与运营技术支撑等工作的人员。

主要工作任务：

1. 收集、分析产业数字化需求，提供数字化技术咨询服务；
2. 运用新一代信息通信技术和数字化技术，设计数字化业务场景和业务流程，提出并制订数字化项目架构的技术解决方案；
3. 编写数字化项目招投标等技术文件；
4. 编写数字化项目技术交底提纲；
5. 监测、分析和解决数字化项目实施及运营中的技术问题；
6. 检查、验收数字化项目质量，撰写质量分析报告。

六、数据库运行管理员

定义：对系统所使用的数据库进行维护及管理等工作的人员。

主要工作任务：

1. 安装配置数据库，并进行性能监控，故障诊断、排除等日常维护；
2. 制订、实施与完善数据库的备份还原、复制、镜像等容灾方案；
3. 提出并实施优化数据库性能及数据库集群方案；
4. 研究和实施可靠的监控手段，分配权限、信息脱敏保护等；
5. 制订和改进应急预案、策略和相关流程。

七、信息系统适配验证师

定义：从事信息系统基础环境、终端、安全体系、业务系统的适配、测试、调优、数据迁移、维护等工作的人员。

主要工作任务：

1. 分析信息系统适配过程中不同技术路线特性；
2. 制订信息系统异构适配移植方案；
3. 部署基础环境、外设、终端、安全体系、业务系统，对异构组件进行编译；
4. 运用适配方法及工具，对系统软硬件产品组合进行适配功能验证、性能验证和参数调优；
5. 分析和处理在适配过程中因环境差异导致的问题；
6. 提供信息系统适配技术咨询和技术支持。

八、数字孪生应用技术员

定义：使用仿真技术工具和数字孪生平台，构建、运行维护数字孪生体，监控、预测并优化实体系统运行状态的人员。

主要工作任务：

1. 安装、部署数字孪生平台，搭建并维护数字孪生体的开发环境、运行环境及验证环境；
2. 应用数字化仿真建模技术及工具，导入、配置、构建数字孪生模型，部署并维护数字孪生模型；
3. 应用机器学习、增强现实、虚拟现实、混合现实等技术，建立数字孪生模型与物理实体的数据映射关系；
4. 运用虚拟调试、自适应优化和数字化模拟验证技术，进行数字孪生体调试优化及功能验证；
5. 应用数字孪生平台，采集并处理物理实体数据，驱动数字孪生体；
6. 进行数字孪生体的维护更新、优化升级，提供诊断、预测预警建议。

九、商务数据分析师

定义：从事商务行为相关数据采集、清洗、挖掘、分析，发现问题、研判规律，形成数据分析报告并指导他人应用的人员。

主要工作任务：

1. 采集、清洗企业商务数据，建立商务数据指标体系；
2. 分析、挖掘商务数据，产出数据模型；
3. 撰写、制作、发布可视化数据和商务分析报告；
4. 提供数据应用咨询服务；
5. 分析、总结及可视化呈现业务层面数据应用情况；
6. 监控数据指标，识别、分析业务问题与发展机会，提出解决策略。

本职业包含但不限于下列工种：

贸易数据申报师、智能商务策划师。

十、碳汇计量评估师

定义：运用碳计量方法学，从事森林、草原等生态系统碳汇计量、审核、评估的人员。

主要工作任务：

1. 审定碳汇项目设计文件，并出具审定报告；
2. 现场核查碳汇项目设计文件，并出具核证报告；
3. 对碳汇项目进行碳计量，并编写项目设计文件；
4. 对碳汇项目进行碳监测，并编写项目监测报告；
5. 对碳中和活动进行技术评估，编制碳中和评估文件。

十一、建筑节能减排咨询师

定义：应用节能减排技术，从事建筑及其环境、附属设备测评、调适、改造、运维等工作的咨询服务人员。

主要工作任务：

1. 受建筑业主、投资主体委托或指派，收集项目建筑使用功能、能源资源需求、环境质量需求等工程资料；

2. 运用建筑能源与环境仿真模拟软件和检测设备，测评传统建筑、新能源和可再生能源建筑设计方案实施的能效和排放（含碳排放）情况，编写测评报告；

3. 编制建筑节能减排优化运行方案，验证方案效果，并提出调整改进意见；

4. 检查、测试、验证建筑竣工验收和运行阶段的设备系统运行效果，测评建筑能效，出具测评报告，提出建筑与系统调适改进方案；

5. 为建筑设计、施工、运营、质检、设备生产与制造等单位提供建筑节能减排等咨询服务；

6. 采集、整理、分析项目资料和效果，调整相关软件和模型，优化建筑及其系统和设备运行管理方式。

十二、综合能源服务员

定义：从事客户用能情况诊断，综合能源方案策划，并组织实施和运维管理的人员。

主要工作任务：

1. 分析、预测、开发综合能源市场；

2. 对接客户，梳理客户能源使用需求，使用能效诊断技术分析客户用能效率等情况；

3. 调查客户项目外部能源环境；

4. 分析项目的内外部情况及冷、热、电、气等多种能源供应、使用以及能效等状况，策划、制订综合能源利用节能降耗方案；

5. 按客户委托，进行项目工程建设的启动、计划、组织、执行、控制管理，验收新投入和检修后的设备；

6. 巡视、检查、维护综合能源系统及其附属设备，处理设备异常及故障，填写运行日志和技术记录。

本职业包含但不限于下列工种：

综合能源运维员。

十三、家庭教育指导师

定义：从事家庭教育知识传授、家庭教育指导咨询、家庭教育活动组织等的人员。

主要工作任务：

1. 开展家庭教育法律法规及政策宣传，传授立德树人家庭教育科学理念、知识和方法；

2. 指导家长履行家庭教育主体责任，进行家庭教育规划并开展家庭教育；

3. 指导家长树立和传承优良家风，指导其他家庭成员协助和配合家长优化家庭教育环境；

4. 提供家庭教育问题解决方案和咨询建议；

5. 策划、组织开展家校社协同育人的实践活动。

十四、研学旅行指导师

定义：策划、制订、实施研学旅行方案，组织、指导开展研学体验活动的人员。

主要工作任务：

1. 收集研学受众需求和研学资源等信息；

2. 开发研学活动项目；

3. 编制研学活动方案和实施计划；
4. 解读研学活动方案，检查参与者准备情况；
5. 组织、协调、指导研学活动项目的开展，保障安全；
6. 收集、记录、分析、反馈相关信息。

十五、民宿管家

定义：提供客户住宿、餐饮以及当地自然环境、文化与生活方式体验等定制化服务的人员。
主要工作任务：
1. 策划当地自然人文环境、休闲、娱乐与生活方式体验活动，推广销售民宿服务项目；
2. 受理预订，与客户沟通，了解个性化服务需求，策划制订服务项目与方案；
3. 介绍民宿服务项目与设施，协调指导员工提供接待、住宿、餐饮、活动等服务项目；
4. 检查项目服务质量，协调处理客户诉求，保证服务质量；
5. 分析民宿运营中物料采购、损耗情况，整理、分析民宿运营数据，控制运维成本；
6. 整理记录客户信息、消费项目与习惯，搜集分析客户体验反馈，维护客户关系；
7. 制订民宿及服务项目应急预案，检查维护安全设施和设备，组织实施紧急救护。

十六、农业数字化技术员

定义：从事农业生产、农村生活数字化技术应用、推广和服务活动的人员。
主要工作任务：
1. 收集农业生产案例，分析数字化需求，提供农业数字化解决方案的素材和数据；
2. 组织实施农业数字化解决方案，为用户提供现场指导和技术培训；
3. 编写农业数字化生产或服务的技术资料，推广农业数字化生产和服务；
4. 讲解、示范数字化农业生产机具、设施及软件的操作、维护、保养方法；
5. 指导农业生产经营的数字化，为生产安排、产品销售、质量控制等问题解决的数字化提供咨询；
6. 指导农业生产规范的数字化，为农产品品质安全、农业生态环境安全、农业职业安全等问题解决的数字化提供咨询；
7. 指导数字乡村建设，为有关部门采集数据提供组织指导服务。

十七、煤提质工

定义：以煤为原料，操作干燥窑、热解窑、提质煤冷却器、急冷塔等设备，提高煤品质的生产人员。
主要工作任务：
1. 操作筛分、输送设备，将煤送入干燥窑，调控温度、压力和水含量制成干燥煤；
2. 操作热解窑，将干燥煤输送至热解窑低温热解，调控温度和压力等工艺参数，制成提质煤；
3. 操作冷却、分离等设备，将煤气、焦油、粉尘等分离；
4. 操作脱硫设备，将煤气中的二氧化碳、硫化物脱去；

5. 操作冷却系统，将提质煤活化，制成提质焦粉；

6. 检查维护生产设备，发现并处理生产中的异常现象和故障；

7. 记录并保存生产数据。

十八、城市轨道交通检修工

定义：使用制动测试台、车轮轮缘尺、红外热像仪、扭矩扳手、液压起道器等检测设备和维护工器具，检修及维护保养城市轨道交通设备和设施的人员。

主要工作任务：

1. 使用扭矩扳手、双踪示波器、液压起道器等工器具和设备，拆装、调试城市轨道交通设备和设施；

2. 使用车轮轮缘尺、车轮轮径尺、水准仪、轨距尺、红外热像仪、绝缘电阻测试仪、土壤电位梯度测量仪、桥梁挠度检测仪等工器具和设备，检修城市轨道交通机械、电气等设备和设施，测量、调整参数；

3. 进行现场巡检，发现并判断城市轨道交通机械、电气等设备和设施故障；

4. 使用制动测试台、阀类测试台、继电保护校验箱、超声波探伤仪、钢轨磨耗测量仪、裂缝综合测试仪等工器具和设备，处理城市轨道交通机械、电气等设备和设施的故障、伤损；

5. 使用管路清洗机、保压测试台、液压捣固机等设备，维护和保养城市轨道交通机械、电气等设备和设施；

6. 使用、驾驶城市轨道交通设备，检测城市轨道交通机械、电气等设备和设施的性能。

本职业包含但不限于下列工种：

城市轨道交通车辆检修工、城市轨道交通机电检修工、城市轨道交通线路检修工、城市轨道交通桥隧检修工、城市轨道交通站台门检修工、城市轨道交通自动售检票检修工。

第五章
就业准备与就业心理

学习目标

1. 做好就业的知识、能力、素质、心理等的准备。
2. 培养积极的求职心态。

学成文武艺，货与帝王家；英雄不愁无用武之地。

心里四问

1. 面对毕业求职你准备得怎么样？

A. 充分　　B. 比较充分　　C. 不充分

2. 你知道自己想做什么和能做什么吗？

A. 清楚　　B. 比较清楚　　C. 不清楚

3. 你清楚自己的优点和缺点吗？

A. 清楚　　B. 比较清楚　　C. 不清楚

4. 你是如何评价你即将结束的大学生活的？

A. 充实　　B. 比较充实　　C. 不充实

D. 有价值　　E. 比较有价值　　F. 虚度年华

故事分享

野狼与狐狸

一只野狼卧在草上勤奋地磨牙，狐狸看到了，就对它说："天气这么好，大家都在休息娱乐，你也加入我们队伍中吧！"野狼没有说话，继续磨牙，把它的牙齿磨得又尖又利。

狐狸奇怪地问道："森林这么静，猎人和猎狗已经回家了，老虎也不在近处徘徊，又没有任何危险，你何必那么用劲磨牙呢？"野狼停下来回答说："我磨牙并不是为了娱乐，你想想，如果有一天我被猎人或老虎追逐，到那时，我想磨牙也来不及了。而平时我就把牙磨好，到那时就可以保护自己了。"

第一节　就业准备

职业不仅是谋生的手段，更是一个人寻求自我发展、自我完善和自我实现的途径。在一个人有限的生命中，职业生涯往往占有绝对重要的位置。职业生涯活动伴随着绝大部分人的大半生时间，也左右着个人的生活质量和生命价值。

一个人若是看不到未来就掌握不住现在；一个人若掌握不住现在，就看不到未来。因此，进行充分的职业生涯准备，进行合理的职业生涯规划，才可能实现完美的人生。

职业生涯规划是指结合自身条件和现实环境，确立自己的职业目标，选择职业道路，制订相应的培训、教育和工作计划，并按照生涯发展的阶段实施具体行动以达到目标的过程。职业生涯规划就是大学生在毕业求职前的总体准备。

笛卡尔说："机遇只垂青那些有准备的人。"正如故事中提前磨好牙齿的狼，我们要找到好的工作，需要提前做好准备。

一、合理的就业目标和择业标准的准备

所谓合理的就业目标，就是指选择的职业既符合个人的特点，也符合社会需要，能体现人职合理的匹配，能充分运用自己所学知识，发挥个人优势，多为社会做贡献的就业目标。今天大学生合理的就业目标主要包括两个方面：一是就业的主要目标。对于一个特定专业的大学生，在目前的就业形势下，最大的可能是从事与所学专业相关的职业。因此大学生应把能充分运用自己所学专业知识的职业作为自己就业的主要目标，这既符合学校教育的培养目标，又能充分运用自己的专业知识，发挥专业特长。二是就业的次要目标。这是由社会职业结构的不断变化，相应地对人才的需求随之变化所决定的。这就要求大学生在学好专业知识的同时，根据自己的兴趣、爱好，利用课余时间，通过自学等途径，学习有关知识，培养能力，选择与自己兴趣、爱好相一致的就业目标。要确定合理就业目标，就要求大学生合理调整就业期望值，优化自己就业的心理坐标。

二、专业知识的准备

大学时期是专业知识准备的最佳时期，应在大学入学时就确立好目标，做好职业生涯规划，在大学期间有针对性地学习，为将来的工作做好充分的知识准备。

专业知识的准备一定要针对职业目标，要有阶段目标，也要有总体目标，并逐步完成，才能有效地做好专业知识的准备。

三、职业技能的准备

如果知识准备是理论层面的准备，那么技能准备就是实践层面的准备，高职高专学生职业技能的准备尤为重要。职业技能的准备从现实层面来说，就是不断提升自己的技能水平，并通过相应的认定，不断获取更高层次的技能证书，以满足职业发展的需求。另外，参加各种职业技能大赛也是提升职业技能的较好途径。

四、工作经验的准备

目前，很多企业都倾向于招聘有工作经验的学生，对于刚毕业的高职高专学生而言，这意味着要积极地对待实习期间的工作，并在大学期间通过多种途径去积累工作经验，如勤工助学、当志愿者等。

五、职业素养的准备

职业素养包括职业适应力、职业道德、专业精神等方面的内容，是一个人各方面因素的综合表现，其影响因素很多，主要包括个人受教育的程度、工作实践经历、所处的文化背景等。从某种意义上来说，职业素养对于个体的职业发展具有背景性的意义。个体知识和技能能否很好发挥，职业活动能否顺利开展，职业成就能否满足社会需求等都和职业素养有关，因此高职高专学生应该在学习之余注重职业素养的发展。

六、求职资料的准备

1. 个人资料的准备

个人资料主要包括个人简历和相关证明材料。

(1)简历；

(2)身份证明材料：身份证、学生证、就业推荐表等；

(3)学历证明材料：在校期间的成绩单和专门出具的证明等；

(4)证书材料：英语和计算机等级证书、职业资格证、获奖证书等。

2. 招聘信息的收集

招聘信息可以从学校毕业生就业指导中心、各地为毕业生安排的专场招聘会、知名企业的校园招聘会、报刊、广播、电视、网络、短信以及亲朋好友处获得，但要注意甄别信息的准确性。

3. 面试技巧的准备

面试着装：简单、整齐、大方；

面试题目提前准备：如提前准备好自我介绍、为什么要来面试这个职位等。

七、求职心理的准备

1. 敢于竞争的心理准备

竞争是市场的本质，也是推动社会进步、人类进步的内在动力。人们往往是在竞争的过程中获得了自我成就感，也在竞争中找到了自己的位置。竞争是社会运作的一种基本的方式，与世无争在现代社会是不可能的。每个人主动或者被动地都要参与到竞争中去。竞争的实质在于促进变化和进取，而竞争的基础则是有意识的准备和良好的心理素质。

有的人在面对竞争时顾虑重重，唯唯诺诺；有的人怕竞争失败丢了面子，有的人怕竞争伤了和气，有的人认为没有关系竞争肯定没戏。尤其有一些学生，当在择业中遇到困难时，没有调整目标、调整自己，导致心理压力过大，缺乏竞争的勇气。

首先要有积极的竞争意识。

其次要扬长避短，发挥特长。“骏马能历险，犁田不如牛；坚车能载重，渡河不如舟；舍长以就短，智者难为谋；生材贵适用，勿复多苛求。”

最后，要靠真才实学，而不能靠纸上谈兵、夸夸其谈。

2. 合作与宽容的心理准备

人可以自主地活着，但不能自由地活着，社会需要合作，社会是在人与人之间的合作中发展的。美国科学家、史学家朱克曾做过统计，1901—1975 年，全世界获诺贝尔奖获得者 286 人，其中 185 人是和别人合作共同研究的。这说明，人与人之间的合作研究已成为科研的重要方式。但是，合作必须在宽容的基础上进行，没有宽容就没有合作。一个宽容的集体是不能不团结的，有矛盾的集体肯定缺少宽容。宽容让人尊敬、让人亲近、让人欣赏。要宽容他人的错误、宽容他人的缺点、宽容他人的不足，“大肚能容天下难容之事，笑口常开笑天下可笑之人。”一个具有合作与宽容的社会是美好的、和谐的社会。

3. 正视挫折的心理准备

人的生活道路不是一帆风顺的，前进中既有阳光大道，也有羊肠小道，遇到挫折是正常的，能否正确对待挫折，能否忍受挫折，是人心理健康与否的一个重要标志。

(1)要正视挫折。大学生活有顺利的一面，但也会遇到诸如考试失败、被人嫉妒或压制、经济拮据、发生疾病、家庭不幸、失恋等挫折，大学生要客观地看待这些现象，如果遇到挫折，要泰然处之。

(2)要战胜或适应挫折。遇到挫折，要冷静地分析原因，找出问题的症结，充分发挥主观能动性，想办法战胜它。如果主客观差距太大，虽经努力，也无法战胜，就需要我们去接受它、适应它，或者另辟蹊径，以便再战。

(3)经受挫折的磨炼。当代大学生基本上是在顺境中长大的，是在“众星捧月”中成长起来的，没有经受过多少挫折，这使得相当一部分大学生抗挫折能力较差。所以，大学生要多经受挫折的磨炼，利用各种机会，到工厂、农村、部队去，到艰苦的地方去，在社会实践中增加抗挫折能力，积累社会经验。

4. 面向未来，长远发展的心理准备

大多数人可以通过“双向选择”获得较满意的职业，但依然有部分学生的志愿仍难实现：也许专业较为对口，但地域偏僻，工作环境艰苦；也许地域好但专业不对口；工资福利好但工作辛苦、压力大等等；要从长计议，正视现实，适应现实，放眼未来。

长远发展的心理表现为对社会形势的理性认识，只有了解社会才能放眼未来，也只有了解形势，才能不骄不躁。没有人可以一步登天，问题是你选择的哪条路更接近你的理想，更符合社会发展的规律。“退一步，海阔天空”，毕业生求职择业要有未来意识，要能把握未来职业的发展方向。

八、身体素质准备

无论哪一种职业，对从业者的身体素质都有一定的要求，不少职业对从业者身体素质的要求还比较高。所以，大学生应该始终养成良好的生活习惯，积极参加体育锻炼，自觉遵守作息时间，形成学习和生活的健康规律，做好身体素质的准备，以迎接社会对自己的选择与职业的挑战。

拓展阅读

职业准备“多面镜”

机遇只留给那些有准备的人，只有平时注重积累，掌握本领，才能做到遇事不慌，胸有成竹，才可以打有把握的仗。“工欲善其事，必先利其器”。

1. 望远镜——我的职业我规划

设计自己的理想与规划，做有理想、有抱负、有志向的毕业生。

理想的职业生涯要素	畅想描述	理由
职业种类、性质		
职位、职务		
日常工作状况、方式、内容		
工作地点、环境		
工作待遇、社会地位		
工作伙伴		
职业发展前景		
职业的社会价值		
所需职业技能		

2. 放大镜——我的底细先摸清

切合实际的理想才是值得付出的梦想。审慎地检查自己，认清自己的实际情况，修正自己的职业理想。

我想做什么	我能做什么	允许我做什么	需要我做什么
我的性格特质	我有哪些能力	我所学专业	时代需要
我最向往的职业	我取得哪些证书	社会对我所向往的职业的实际需求	国家社会需要
我的兴趣爱好	对什么较为敏感	向往的职业的工作环境	工作所在地需要
我的人生追求	我对新鲜、陌生事物的学习、适应能力	向往的职业对个人的基本要求	家庭需要

3. 哈哈镜——终极梦想

呈现想象中的、经过理想设计的未来自我，作为奋斗目标。

未来10年：是什么？具体情境：何时？何地？何种场景和人物？

近1～2年：是什么？具体情境：何时？何地？何种场景和人物？

这一个月：是什么？具体情境：何时？何地？何种场景和人物？

我的新工作：是什么？具体情境：何时？何地？何种场景和人物？

4. 显微镜——审视自我

心理准备	能力准备	方法技巧准备	心态准备
学校人-社会人，职业人	理论-适应社会	搜集就业信息	正视自我和现实
获取型-付出型	交往沟通能力	掌握面试技巧	勇于挑战
学习型-责任型	抗挫折能力	善于推销自己	不怕挫折
个性-团队、协作	合作能力		面向未来
思考-实践	自我控制能力		
	自我推销能力		
	谈判能力组织和执行		

第二节　就业心理健康问题及调试

一、大学生常见就业心理问题

高职高专的大学生在求职时面临很多认知与行动的过程，要避免出现以下心理状态：①避免理想主义；②避免从众心理；③避免自卑、胆怯心理；④避免畏惧困难的心理。

（一）期望过高

我国现行的就业制度是市场导向、政府调控、学校推荐、学生与用人单位双向选择，这不等于完全的自由选择。有些同学认为就业就应该是自由选择。他们不知道就业制度的改革是要与劳动人事制度、招生制度和户籍制度改革配套进行的，即使这个过程已经完成了，也不能完全自由选择，还要有优胜劣汰，还要经得起用人单位的选择。

有的同学在择业中面对学校提供的就业信息无一中意，迟迟不做选择，造成信息利用率低；有的同学择业多变，今天满意的岗位明天就不满意了；还有较多的同学认为热门行业才是好职业，殊不知热门意味着最激烈的竞争，今天最热门的职业也是明天淘汰率最高的职业。

期望值太高是很多同学在就业过程中总是不能找到称心如意的职业的问题所在。从另一个角度看，期望值太高就是对自己的估计值太高。高职学生要客观地评价自己，客观地看待形势，客观地进行选择。

（二）攀比心理

择业过程中常常会存在一种攀比心理，毕业生往往以谁去了知名度高、效益好的单位，谁去了大城市作为自己的评价标准。尤其是学习成绩稍好一点更是在心理上有“我不能比别人差”“我不能不如人”“过去我一切顺利，现在我依然会顺利”的想法。不从实际出发，不考虑择业时的各种综合因素，结果延误了时机，影响了就业。因此毕业生在择业过程中需要正视社会、正视自身。

大学生择业要知己知彼。知己就是要实事求是地评价自己，对自己有正确的认识，知道自己的性格、兴趣、特长，明确自己想做什么、能做什么；知彼就是要了解择业的社会环境和工作单位，正确地认识面临的就业形势，了解社会需要什么样的大学生。

（三）盲从心理

什么样的工作是好工作？其实这很难界定。大企业有大企业的难处，小单位有小单位的优点，这都要与自身的情况相结合来分析，不要随波逐流。而在现实中总有些同学人云亦云，大多数人选择哪里自己就跟着选择哪里；大多数人往哪里挤自己就往哪里挤。他们认为，大多数人钟情的工作一定是好工作；大多数人选择的一定没错，结果忽视了自己的特长，放弃了自身的优点，失去了适合自身特点的工作机会。

（四）实惠心理

“宁要大城市一张床，不要边远地区一套房”是这些年毕业生择业过程中的一种错误导向。虽然大城市待遇高、发展机会多，但并不是每一个人，每个专业都适合在大城市发展，西部地区、边远地区也是建功立业的地方，学生在择业时以自己的事业发展和能力的发挥为重，以国家的需要为重。

在招聘会上，有些同学说不上三句话就问“能给多少钱，工资多少，奖金多少，福利好不好等”，这是一种严重的功利主义思想。要知道用人单位选择人才首先要看你能为单位做什么，而不是你想得到什么。只讲索取，不讲奉献，往往会适得其反，错过许多好机会。学生在毕业求职的过程中，一定要把握两个定性：即主体定性和客体定性。主体定性就是分析自己到底适合哪种职业；客体定性就是分析适合自己的职业发展前景，动态地把握职业的发展方向。在主体定性中，必须把握一个原则，即兴趣原则。因为工作本身是生活的一部分，工作质量的高低决定了生活质量的高低。工作并不是毫无感情的，它对一个人来说不仅是供吃供喝，实际上它也是一个人生活幸福快乐的隐形伴侣。

（五）不正当竞争心理

有些同学认为求职的竞争不是自身素质的竞争，而是关系的竞争，看谁的关系硬，看谁的关系起作用，不将立足点放在自身努力上，而是找关系、托门子，甚至不惜一切代价，重礼相送，不择手段，使公平、公正、公开的竞争原则受到损害。

也有的同学遇到挫折就认为是不正当竞争所致，不从自身找原因，一味地找理由逃避现实。实际上，人们愿望中的“绝对公平”在现实世界中是不存在的。抱怨现实，是一种消极对待的方法。我们应该相信一时的“不公平”不代表一世的不公正，只要我们为机遇做好了充分的准备，就不害怕没有机会。老话说：“三十年河东，三十年河西”，谁能说今天的挫折不是明天的财富呢？

（六）宿命心理

这是一种传统体制下的择业观，认为一次就业定终身。其实，随着我国人事制度的改革，人才流动的良性机制正在形成，越来越多的人通过人才交流，找到了发挥自己才能的岗位。毕业生就业后的第一份工作，更多的是经验的积累和技术的实践，也只有在不断的积累中，毕业生才能真正成为一名职业者，才能重新认识自己，重新为自己定位，确立更适合自己的职业目标。

（七）求稳心理

持有求稳心理的人认为，国有单位可靠、保险、稳定，其实可靠不可靠、保险不保险、稳定不稳定，不是单位所有制性质决定的，而是看其是否主动适应社会的需要，是否有发展。实际上，不少非国有单位会主动适应社会主义市场经济的要求，在竞争中表现出良好的势头，既是对国有经济的有效补充，又缓解了国家的就业压力。大学生到这类单位工作，同样可以发挥自己的聪明才智。而随着人事制度改革的深入，国有单位也充满了竞争，不适应工作岗位的人，同样会被淘汰。

简单地说，大学生就业应该做到：正视现实、审时度势；了解自我、脚踏实地；目标明确、坚持理想。

二、常见的心理障碍及调整方式

心理障碍是指一切心理不健康的现象或者倾向，它是心理压力和心理承受力相互作用、使人失去应有的心理平衡的结果。心理障碍表现十分复杂，程度也有轻重之分。毕业生择业是人生的重要抉择，常常引起一些轻度的心理障碍。

（一）心理障碍的表现

1. 求职心理问题

（1）“学而优则仕”的自负心理。有些大学生认为考上大学就是入了龙门，读书多就等于身价高，择业时眼光盯着大城市，着眼于机关事业单位等，追求安逸的生活，怕吃苦，眼高手低，一旦找不到工作就万念俱灰。

（2）“白玉有瑕”的自卑心理。有些毕业生过分看重自己某方面的缺陷和不足，害怕用人单位看不上；还有一些人因犯错抬不起头来，或是因为自己专业不好而信心不足，结果错过时机，难以找到工作。

（3）“温良恭俭让”的保守心理。有些大学生缺乏社会竞争意识，害怕风吹草动，不愿当出头鸟。到了人才市场，本可一试锋芒，却总是退避三舍，不敢自荐，过分谦虚，担心别人嘲笑自己“自卖自夸”，以致错失良机。

（4）“举棋不定”的犹豫心理。有些毕业生择业时缺乏主见，常被家长、同学左右，身不由己，以致“彩球”四处抛，中了哪家算哪家，可一旦签了协议又后悔。

（5）不敢要高薪的心理。货真价实是市场经济的基本特点，在人才市场同样适用。用人单位往往将要求低薪水的人视为“无用之辈”，而对那些要求高薪水的人另眼相看。假如你对薪水要求明显低于市场价格，那么你不仅不能表现你的自信心，还可能给用人单位留下工作不会称职的印象。

（6）过分看重个人履历的心理。个人履历的重要作用仅在于能敲开招聘单位大门，至于是否能进入门槛，更在于接下来的考试和面试，求职者应全力以赴地准备面试。

大学毕业生要想找到满意的工作，必须冲破以上误区，树立正确的求职观念。首先要正确认识自我，了解分析市场信息，做到“知己知彼”才能“百战不殆”。其次要勇于推销自己，敢于竞争，要坚韧不拔，百折不挠，不达目的不罢休。否则，不会找到令自己满意的工作。

2. 求职心理障碍

（1）焦虑。主要表现为恐惧、不安、忧虑及某些生理反应。引起毕业生焦虑的主要原因有：自己的理想是否能够实现；是否能够找到一个适合自己特长且环境优越的单位；用人单位是否能选中自己；屡屡被用人单位拒绝怎么办？自己看中的单位，家人不同意怎么办？尤其是一些来自边远地区的学生，或性格内向，或有生理缺陷，或成绩不佳，或是女生等，表现得更为焦虑。有些同学在屡遭挫折之后，甚至产生了恐惧感，一提就业就紧张。

大学生择业焦虑心理的一种特殊表现就是焦躁。急着要找单位，急着签约，急着办各种手续，尤其是在规定时间内未落实就业单位的学生表现得更为焦躁，甚至表现为缺乏自我控制，在对用人单位信息掌握较少或不完全了解用人单位的情况下，就匆匆签约，常常事倍功半甚至事与愿违。

（2）自卑。自卑是一种缺乏自信心的表现，常和怯懦、依赖等心理交织在一起。这种现象多见于自我意识发展不健全及性格内向或有生理缺陷的大学生。主要表现为在择业的过程中过低地估价自己，缺乏自信心和勇气，不敢竞争，甚至悲观失望，精神不振。

例如，毕业生小刘学习成绩和其他方面条件都不错，在就业初期满怀信心。但由于专业冷门等原因，找过几家单位都碰了壁，结果产生了自卑感，在后来的择业过程中表现越来越差，陷入恶性循环而不能自拔，以至于到了新的用人单位，只能被动地问人家：“学某某专业的要不要”，其他什么话都不敢讲，最终未能落实就业单位。

小刘的失败是由于自卑心理在作怪。在择业遭受挫折后，一蹶不振，对自己评价过低，丧失了应有的自信心，择业时缺乏主动争取和利用机遇的心理，不敢主动、大胆地与用人单位交谈，不能很好地表达自己。越是躲躲闪闪、胆小、畏缩，越不容易获得用人单位的好感。这种心理严重妨碍了一部分毕业生的正常就业竞争，使得那些原本在某些方面比较出色的毕业生也陷入“不战自败”的困惑。

（3）怯懦。怯懦是一种胆小、脆弱的性格特征，多见于一些性格内向或有抑郁气质类型的大学生。表现为在面试的时候语无伦次、张口结舌、支支吾吾、答非所问，从而影响了面试的效果，进而影响择业。

（4）孤傲。孤傲心理是缺乏客观自我分析和自我评价的表现，主要表现为有些学生对自己估计过高，认为自己学习了很多的知识，各方面条件也不错，哪个用人单位录用了自己是其荣幸，看不起这个单位，瞧不起某个职业。一旦有了这些心理，很容易脱离实际，以幻想代替现实，使自己的择业目标和现实产生极大的反差，最终可能颗粒无收。

（5）冷漠。冷漠是遇到挫折后的一种消极心理反应，是逃避现实、缺乏斗志的表现。具体表现为感到无能为力、失去信心，甚至不思进取、情绪低落、情感淡漠、意志麻木、悲观失望、听天由命。

（6）问题行为。问题行为是违背社会行为规范的不良行为。毕业前，一些大学生因某些主体需要不能满足或受到强度较大的挫折感，加之平日缺乏应有的品德与个人修养，可能会发生各种各样的问题行为，常出现逃课、损坏东西、对抗、报复、迁怒于人、拒绝交往、进行不良交往、过度消费、嗜烟、酗酒等行为，不仅会影响学生顺利择业，严重的还可能导致违纪与违法。

（7）生理化症状（择业综合征）。生理化症状是由于心理压力和生活方式而导致的异常生理反应。毕业前的大学生由于心理应激水平高、心理冲突强度大、挫折体验多，加之一部分大学生性格本来就不健全，因此容易导致头痛、头昏、血压不正常、消化紊乱、背痛、肌肉酸痛、口干、心慌、睡眠障碍等生理性症状。

（二）心理调适方法

1. 转化法

有些时候，不良情绪是不易控制的。这时可以采取迂回的办法，把自己的情感和精力转移到其他活动中去。如学习一种新的技能，参加有兴趣的活动，使自己没有时间沉浸在不良情绪中，以求得心理平衡，保护自己。

2. 宣泄法

因挫折造成焦虑和紧张时，可以去打球、爬山、参加大运动量的活动，以宣泄情绪。但是宣泄一定要注意场合、身份、气氛、适度等，应是无破坏性的。

3. 安慰法（阿Q精神胜利法）

人不可能事事皆顺心，择业中遇到困难和挫折，已尽主观努力仍无法改变时，可说服自己做适当让步，不必苛求，找一个自己可以接受的理由让自己保持内心的安宁，承认并接受现实，以求得解脱。

4. 松弛法

在出现焦虑、恐惧、紧张、心理冲突、入睡困难、血压增加、头痛等身体症状时，可以在有关人员的指导下进行放松练习。通过练习在心理上和身体上放松的方法，减轻或消除各种不良的身心反应。

5. 沟通法

当你对择业感到茫然时，也可找老师、同学、亲友沟通，说出你的想法，然后听取他们的建议和看法。

三、培养积极的求职心态

大学生求职就业时，大多数人的智力和能力并没有多大差别，同样的专业和技能水平差距较小，但心态不同，会导致不同的应聘结果。

生活就是一面镜子，你对它哭，它就对你哭，你对它笑，它就对你笑！

（一）正视现实

就业市场提供了很多就业机会，但也存在就业岗位不尽人意，供需状况不平衡，就业市场不规范，不公平竞争等现象。

面对现实，不幻想，不逃避，积极寻找有利因素，避免不利因素，制订符合自己实际需要的择业目标。不能只简单看报酬、看地域，还要看是否能充分发挥自己的潜能，促进自身的发展。

（二）培养能力

自主决策能力、实践操作能力、语言表达能力、社交能力、组织管理能力、合作能力等。

（三）充分了解和适应社会

认识的角度、方法、渠道、态度不同，形成了对社会的不同看法。把社会想得过于美好的人，会在社会的挫折面前吓得寸步不前；把社会看得太灰暗的人，看不到社会的光明，会失去前进的动力和勇气。只有正确认识社会的人，才能为社会激浊扬清，做出贡献。

所谓“双向选择”，归根到底还是在一定范围内选择。大学生应该充分了解和适应社会，采取积极的态度，依据社会提供的条件来创造自己的前程。只有具备较强的社会适应能力，大学生才能在走向社会后尽可能地缩短自己的适应期。

（四）认识自己，准确定位

知己知彼，百战百胜。在了解社会需求和市场的行情后，大学生应能对自己的需要、动机、兴趣、信念、理想以及气质、性格、能力有一个正确的认识，根据自身条件确立择业的目标和方向，找到适合自己发展的职业。

（五）敢于竞争，不怕挫折

敢于竞争，善于竞争，抓住机会，而不是消极被动地等待机会。

等待机会的是愚蠢者，发现机会又未抓住机会的是懒惰者，发现机会又能牢牢抓住机会的是智者。机遇只偏爱那些有准备的头脑。

遇到挫折甚至失败并不可怕，重要的是及时分析情况，总结经验。另外还要培养挫折容忍力，提高对挫折的耐受力，磨炼自己的意志。

活到老，学到老。逆水行舟，不进则退。弱者只会等待幸运之神的光顾，而强者却在创造机会。

（六）培养优良职业素质

“干一行，爱一行”的敬业精神，勤勤恳恳、踏踏实实、兢兢业业的工作态度，是用人单位喜欢也是被很多大学生忽视的优良职业素质。

第六章 职业生涯辅导

学习目标

1. 培养和激发职业生涯规划意识。

2. 通过职业生涯规划的心理辅导，充实、有效地度过大学生活；能够对未来的职业生涯发展有初步的规划。

思维拓展

吾十有五而志于学，三十而立，四十而不惑，五十而知天命，六十而耳顺，七十而从心所欲，不逾矩。

——孔子

案例

困惑与迷失

• 张雄满怀欣喜地来到自己梦想的大学，这里有幽静的图书馆、激情飞扬的运动场、温馨的寝室、热闹的食堂。然而报到后一个月，面对诸多的不适应，他开始思考为什么要上大学？大学读什么？怎么读？

• 一年过去，王晓雅该上大学二年级了。随着对大学的新鲜感逐渐淡去，她成了校园里的老生，每天都很忙，上课、听讲座、参加社团活动、和同学逛街……但她又不知道自己在忙什么。有时觉得很累，可一想到要为以后的工作打个基础，就觉得这些付出是值得的。

有时她又很茫然，甚至有点沮丧，因为忙得无头绪，不知道这样的付出对未来的发展有没有作用。

• 贾林觉得自己的大学生活是灰色的。自己没什么爱好，每天除了学习还是学习。偶尔想起未来的发展，他有些迷茫和焦虑，但觉得那应该是毕业时才会考虑的事情。

• 席茜是大学三年级的学生。刚进入大学的时候，她对自己三年后的目标就已经很明确——专升本。这主要来自父母的意见："在大学扩招的背景下，大学毕业生每年以几十万的速度增长，不提高学历，怎么能找到好工作？"席茜开始还挺认同，但随着大学生活的深入，生性活泼的她参加了很多社会活动，乐在其中并小有成绩。席茜开始觉得继续读书并不是她喜欢的，自己更喜欢做与人打交道的工作。可是，对本科毕业生能否找到更好的工作，席茜很怀疑。

所以，虽然很痛苦，但她依然每天复习准备考试。

你是否对上面几位同学的故事很熟悉？在大学生中，有人对自己的未来想得很清楚，一步一个脚印地往前走。但是，更多的同学要么对未来没有想法，希望自己在大四时再解决所有问题，一天天堆积焦虑；要么整天忙碌，却如无头苍蝇，不知力该往何处用；还有一些同学看似对未来发展有些想法，但又不能确定，甚至对达到目标缺乏信心。总结以上几种情况，几位同学的困惑主要在两方面：我要去哪里，我如何去。

第一节　职业生涯的意义

一、什么是生涯？

在日常生活中，我们常听到“生涯”一词，如“艺术生涯”“戎马生涯”“学术生涯”等说法。中国古人的诗词中也有“生涯”这个词。如南宋诗人陆游在《秋思》中写道：“身似庞翁不出家，一窗自了淡生涯。”《辞海》对“生涯”一词的定义是：指从事某种活动或职业的生活。

通过对生涯概念的了解，我们知道，职业生涯规划不应该简单地等同于找工作，职业生涯是指一个人一生所有和工作职业相联系的行为与活动以及相关的态度、价值观、愿望等连续性经历的过程。当然，这个概念也是经过几十年的发展，才有了更为广泛的含义。职业生涯规划最早起源于 1908 年的美国。有“职业指导之父”之称的帕森斯针对大量年轻人失业的情况，首次提出职业指导的概念。从此，职业指导开始系统化。在随后的几十年中，心理测验的蓬勃发展促进了职业指导的扩展。第二次世界大战中对大量不同人才快速分类与安置的需要和战后复原人员就业安置的需要，使职业指导成为一种时尚行业。当时的职业指导主要关注人职匹配，内容以测评和提供职业资讯为主。到 20 世纪 50 年代，舒伯等提出“生涯”的概念，于是生涯规划不再局限于职业指导的层面。

樊富珉认为生涯是指一个人一生中所从事的工作，以及其所担任的职务和角色，同时也涉及其他非职业的活动。目前，大多数西方学者所接受的生涯的定义是美国生涯理论专家舒伯的观点，舒伯认为生涯是生活中各种事件的方向，生涯发展是以人为中心的，他根据年龄将每个人生活阶段与职业发展配合，将生涯发展阶段划分为成长、试探、建立、保持与衰退五个阶段，他还提出了生活广度、生活空间的生涯发展观，具体如下图所示。

在生涯彩虹图中，横向层面代表的是生活的广度，彩虹的外层显示认识主要发展阶段和大致估算的年龄，舒伯特别强调各个年龄的划分有相当大的弹性，依照个体不同情况而定。

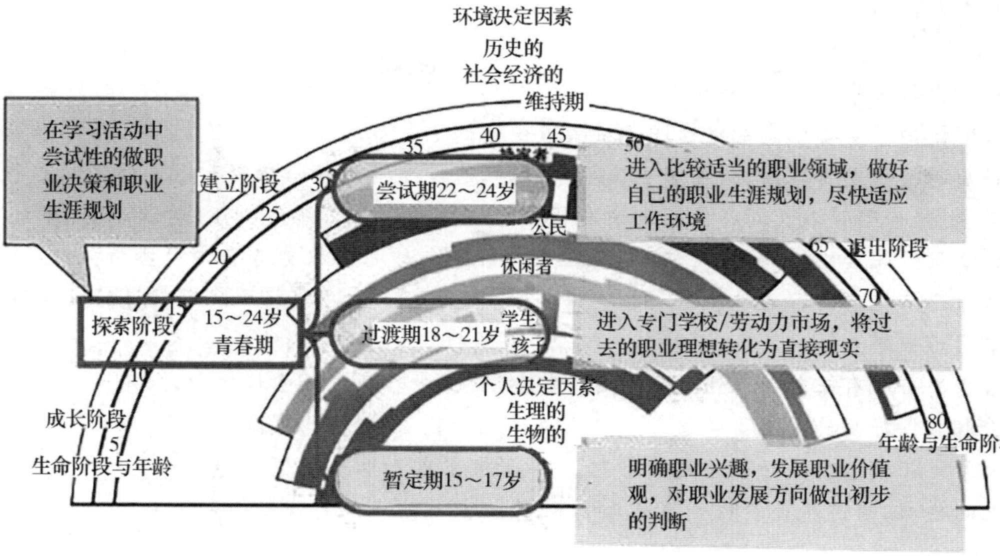

生涯彩虹图(五个阶段分析)

二、大学生职业生涯规划的意义

案例

诸葛亮的“职业规划”

东汉末年，群雄逐鹿，人杰辈出！与绝大多数怀才不遇者的思维定式相反：长期隐居南阳草庐的诸葛亮一出山就投靠了当时势单力薄的刘备集团并终生为其奔走效力。在为刘备集团做出杰出贡献基础上，诸葛亮实现了个人事业的成功——这归根结底取决于诸葛亮近乎圆满的规划！

首先，诸葛亮的个人职业发展定位非常清晰。诸葛亮自幼胸怀大志，始终以春秋战国时期两位著名的最高参谋管仲、乐毅为个人楷模，立誓要成为他所处时代杰出的“谋略大师”，为光复汉室贡献力量；同时，诸葛亮也非常清楚：他自己长期积累的才干已具备了实现职业目标的可能！

其次，从对象选择上看，诸葛亮独具慧眼：曹操已经统一了半个中国，实力雄厚；孙权只求偏安自保；而势力最为弱小的刘备集团却具备快速成长，与曹操、孙权三足鼎立乃至在此基础上一统天下的可能性。原因在于：第一，刘备始终坚持光复汉室的理想并赢得了大批支持者——这与诸葛亮的个人价值观吻合；第二，刘备品性坚忍顽强，敢于与任何强大的敌人对抗；第三，刘备待人宽厚谦和，团队凝聚力超强；第四，刘备是汉朝皇族后裔，具备名正言顺继承“大统”的资格——以上条件恰恰是刘备增值潜力最大的资源且其他诸侯很难模仿、替代。此外，还有一个非常重要的原因：赤壁之战前，曹操和孙权两大集团都已人才济济、颇具规模，诸葛亮若去投奔，最多也只能成为一名“中层管理人员”；而刘备集团当时主要由一些武将构成，高级参谋人才奇缺，诸葛亮完全有可能被破格提拔进入最高领导层！

再次，在应聘准备和应聘实施方面，诸葛亮做得更是登峰造极！

在个人推销方面，诸葛亮通过躬耕陇亩给外界留下踏实肯干的印象；同时，他还创作了一篇《梁父吟》，含蓄地表明心志；此外，诸葛亮在与外人言谈中每每自比管仲、乐毅，一方面宣传了个人的卓越才华；另一方面也表明了他对"和谐双赢"的君臣关系的向往——诸葛亮个人才能和求职意向等重要信息最终通过各种渠道传递到了刘备那里。

在应聘临场发挥方面，诸葛亮在"隆中对"时，通过逻辑严谨的精彩表述充分展现了个人对国内军事、政治形势以及刘备集团未来发展战略的全面深入思考，令刘备对这个27岁的年轻人大为叹服！此后，刘备始终待诸葛亮为上宾，全部重大决策都要与其共同协商探讨，甚至在临终之时还有托孤让位之举。诸葛亮也始终对刘备忠诚一心，鞠躬尽瘁！深厚的君臣情谊是刘备集团后来事业蓬勃发展，最终与曹操、孙权三足鼎立的重要因素。

诸葛亮若非有正确的职业选择助力，很可能就淹没在历史的尘埃之中，永不为人所知！但积极进取且目标明确的诸葛亮通过在职业选择上的完美谋划，彻底改变了自己的命运。

大学生正处于生涯发展的关键时期，时代的发展给大学生提供了更多的发展机会，也提出了更高的要求，如何在众多的生涯选择中不迷茫，职业生涯规划就显得尤为重要。

(一)协助个人认识自我

职业生涯规划可以帮助高职高专学生更好地认识自我，了解自己的优缺点、兴趣爱好，从而对现实目标进行理性的分析。

一份行之有效的职业生涯规划将会：

(1)引导你正确地认识自身的个性特质、现有与潜在的资源优势，帮助你重新对自己的价值进行定位并使其持续增值；

(2)引导你对自己的综合优势与劣势进行对比分析；

(3)使你树立明确的职业发展目标与职业理想；

(4)引导你评估个人目标与现实之间的差距；

(5)引导你前瞻与实际相结合的职业定位，搜索或发现新的或有潜力的职业机会；

(6)使你学会如何运用可行的步骤与措施，不断增强职业竞争力，实现自己的职业目标与理想。

(二)协助个人规划实现自我理想

明确的职业生涯规划有助于高职高专学生把理想与现实结合起来，然后根据规划实现理想。

(三)协助毕业生理性就业，找到适合自己的工作

职业生涯规划越明确合理，高职高专学生在毕业就业时就越少迷茫与失望。找工作最重要的就是要人岗匹配，适合自己。

每个工作都有长处和短处，每个人都有优势和劣势。分析、定位是职业生涯规划的首要环节，它决定着个人职业生涯的方向，也决定着个人职业生涯规划的成败。能力倾向和职业价值观是职业生涯规划的基础。职业规划就是根据测评结果的各项指标，以及自身的学历、经历、能力，了解一个人的内在、外在优势，并且把这些优势整合在一起，作为职场上打拼的核心竞

争力。

当今社会处在变革的时代，到处充满着激烈的竞争。物竞天择、适者生存。职业活动的竞争非常突出，要想在这场激烈的竞争中脱颖而出并立于不败之地，必须对自己的职业生涯做好规划，这样才能做到心中有数，不打无准备的仗。而不少应届大学毕业生不是首先坐下来做好自己的职业生涯规划，而是拿着简历与求职书到处乱跑，总想着撞到好运气找到好工作。结果浪费了大量的时间、精力与资金，到头来感叹招聘单位有眼无珠，不能"慧眼识英雄"，叹息自己英雄无用武之地。这部分大学毕业生并没有充分认识到职业规划的意义与重要性，认为找到理想的工作只需要满足学识、业绩、耐心、关系、口才等条件，认为职业规划纯属纸上谈兵，简直是耽误时间。这其实是一种错误的观念，只有未雨绸缪，先做好职业规划，磨刀不误砍柴工，有了清晰的认识与明确的目标之后再把求职活动付诸实践，这样的效果要好得多，也更经济，更科学。

从人力资源的角度出发，企业用人单位非常看重新入职员工的职业生涯规划是否透明，是否与公司的发展一致。只有少数求职者会写出自己的未来发展规划。这些规划能看出求职者的求职意向是经过深思熟虑的，即使其生涯规划只有五年甚至更短的时间用于为本企业工作，用人单位也乐意聘请这种目标明确、规划透明的人。

职业生涯规划的最终目的，绝不只是帮助个人按照自己的资历条件找到一份工作，从而达到和实现个人目标。更重要的是帮助个人真正了解自己，为自己订下事业大计，筹划未来，进一步详尽估量主观、客观条件和内外环境优势和限制，在"衡外情、量己力"的情形下，设计出符合自己特点的合理而又可行的职业生涯发展方向。

职业生涯规划的最终意义在于完成自我实现、自我超越，同时增进家庭幸福，有利于人才资源合理配置，促进社会和谐进步。

米歇尔罗兹指出：生涯规划有突破障碍、开发潜能和自我实现三个积极目的。一个人最大的幸福，是能以自己选择的方式生活。择其所爱，爱其所择，会使一个人以己为荣，并呈现出圆融、丰足、喜悦、智慧和充满创造力的气质。

在生涯发展过程中，很多学生对追求理想的工作或人生目标充满疑虑；还有的学生甚至不敢去想象或者设立理想目标，因为觉得那是不可能实现的。阻碍学生插上理想的翅膀、迈出勇敢脚步的原因通常来自如图中所示的内在障碍和外在障碍。

内在障碍通常是由一个人对自己的不了解、低评价、不自信或者无安全感造成的。例如，有的学生很难看到自己的长处，总用自己的短处和别人的优势相比，内心从未觉得自己有可用或特别之处。所以，在找工作时，缺乏信心，总感觉自己这也不好，那也学得不够，还没做好踏入社会的准备，从而影响自己找工作的信心，影响自己在面试等环节中的表现。这是典型的不能真正了解和接纳自己，从而导致自我评价低，对找工作产生影响的情况。

外在障碍则来自一个人所处的环境，通常与政局变动、市场的难以预测、经济衰退和社会秩序混乱等相关。一个没有生涯目标的人，很容易受外界因素的影响。例如，两个大学生，有着同样普通的家庭背景，毕业时找到的工作也都不理想。客观上大学扩招之后的就业竞争加剧的确或多或少影响了他们找工作，但对有自己生涯目标的学生而言，因为对未来充满希望，所以更容易积极面对并不理想的工作，努力从工作中获得和培养自己实现目标所需的能力和资源，把这当作迈向理想目标的第一步。而另一个没有任何生涯目标的学生，可能更容易抱怨

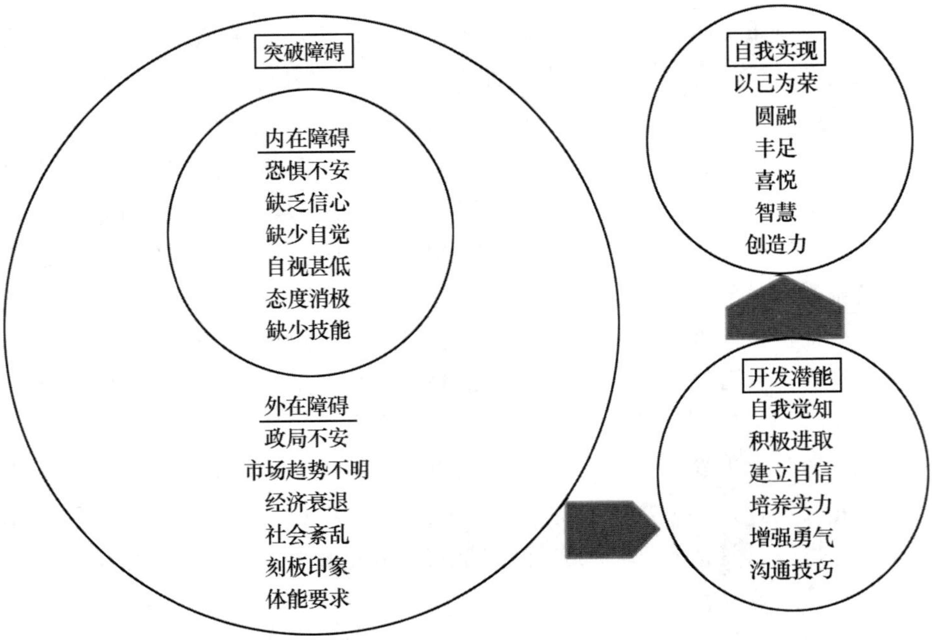

生涯规划的三个积极目的

社会、哀叹自己生不逢时，没有早几年出生，没赶上“大学毕业生是天之骄子”的年代，因为看不到希望，他很难从内在积极应对困境，将找不到好工作进行外归因，更觉得自己没有能力。所以，两位大学生在毕业时人生的起跑线是相同的，却可能因为有无生涯目标导致人生希望的不同：一个充满力量，能克服困难、积极进取；另一个感觉被环境左右，怨天尤人、随波逐流。生涯规划可以帮助人们设立目标、带来希望，从而突破发展中的内外障碍，最终实现幸福人生。

延伸知识

从职业生涯发展过程来看，职业生涯发展经历了不同时期，其阶段主要分为：

1. 职业准备期

职业准备期是形成了较为明确的职业意向后，从事职业的心理、知识、技能的准备以及等待就业机会。

每个择业者都有选择一份理想职业的愿望与要求，准备充分的人能够很快地找到自己理想的职业，顺利地进入职业角色。

2. 职业选择期

这是实际选择职业的时期，也是由潜在的劳动者变为现实劳动者的关键时期。

职业选择不仅仅是个人挑选职业的过程，也是社会挑选劳动者的过程，只有个人与社会成功结合、相互认可，职业选择才会成功。

3. 职业适应期

择业者刚刚踏上工作岗位，存在一个适应过程，要尽快适应新的角色、新的工作环境、工作方式、人际关系等。完成从一个择业者到一个职业工作者的角色转换。

4. 职业稳定期

这一时期，个人的职业活动能力处于最旺盛时期，是创造业绩、成就事业的黄金时段。

当然职业稳定是相对的，在科学技术发展迅速、人才流动加快的今天，就业单位与职业岗位发生变化是很正常的。

5. 职业结束期

由于年龄或身体状况，逐渐减弱职业活动能力与职业兴趣，从而结束职业生涯。

第二节 职业生涯心理辅导概述

职业教育不是“器械教育”，它所要造就的不是“改良的艺徒”而是“良善的公民”。人不是抽象、孤立的个体，人的发展必须放在社会发展的大环境中。职业生涯教育正是通过让学生了解职业与社会、职业与生活、社会发展现状与趋势等社会综合知识，培养学生的社会情感与社会观念，把学生塑造成能够适应并推动个人与社会协调发展的人才。

职业教育不单纯是传授知识的手段，更重视现实生活能力的培养，更关心学生未来的职业发展。教育的直接任务是促进人的发展。黄炎培先生说：“求学必求当世必需之学，教人必教之为当世不可少之人。”职业生涯教育是学生从“校园人”到“职业人”转变的桥梁，职业生涯教育的内容直接关系到个人职业活动，因此开展职业生涯教育活动就要整合各种社会资源，如校友资源、家庭资源、社区资源等。黄炎培先生曾说：“职业指导，外适于社会分工制度之需要，内应天生人类不齐才性之特征。”遵循黄炎培先生“以人为本”“社会化”“科学化”的教育理念，探索构建全程化职业生涯教育体系，变季节性快餐式的就业指导为全程化生涯教育；变协助学生一时岗位落实为关注一生职业发展；变就业部门单枪匹马忙就业为全员参与全程化制度化运作，有力地促进了专业建设和学风建设。

大学生职业生涯心理辅导是以个体职业心理发展规律为依据，以职业生涯发展过程为着眼点，帮助个体获得职业生涯良好适应与发展的一套较为完整和系统的职业生涯的心理辅导计划。它既是大学生心理健康教育的组成部分，也是大学生就业指导工作不可或缺的环节。通过职业生涯规划的心理辅导，大学生将逐步明确自我职业生涯发展的方向，树立正确的职业生涯规划理念，学会运用科学的职业生涯规划知识解决可能遇到的心理困惑，优化心理素质，努力实现自己的职业生涯目标。大学生职业生涯心理辅导具有以下特征：

一、涉及面广

大学生职业生涯心理问题发生的领域广泛，涉及大学生日常生活的方方面面，如学习心理问题、人际关系问题、恋爱与性心理问题、人格情绪问题等，这些都是职业生涯心理辅导所要解决的。

二、以发展性辅导为主

其他心理辅导如学习心理辅导、交际心理辅导、人格心理辅导、生活心理辅导、性心理辅导往往与发展性心理辅导和障碍心理辅导相结合，而职业生涯心理辅导更多的是以发展性心理辅导为主。职业生涯心理辅导的实施必须遵循人类生理、心理、职业及社会发展的原理，通过对个体进行有关生涯的意识、认识、试探、引导、准备、规划、决定、体验、自我实现、评价等一系列有步骤、有阶段的辅导活动，实现大学生的生涯发展目标。

三、综合性强

职业生涯心理辅导需要有关教育专家、学校教师、家长、学生等多方面的相互配合，共同为大学生的职业生涯心理辅导服务。大学生职业生涯心理素质的培养是一个综合性强、时间跨度大、社会化程度高且十分紧迫的工作。

第三节　职业生涯心理辅导的方式

一、职业指导、生涯教育和生涯咨询

生涯辅导在西方已有百余年历史，除上述理论和模式外，还发展出了偶然性学习理论和生涯混沌理论等，也形成了诸如叙事取向和认知信息加工取向等生涯咨询与辅导模式。

生涯辅导真正受到我国学者广泛关注，是在2014年《关于深化考试招生制度改革的实施意见》(以下简称《意见》)颁布之后。社会上涌现出了一大批生涯辅导机构，大学开始广泛开展就业指导课，中小学也争相建设学生发展中心。但生涯辅导人才的稀缺，生涯规划师执业认证制度的不成熟，非专业人员对西方权威的盲目信任，以及群众生涯规划意识的薄弱，使得如今的生涯辅导行业混乱不堪，主要体现在以下几个方面：

	职业指导	生涯教育	生涯咨询
主要目的	帮助来访者在咨询师为其提供测试解释和职业信息之后做出理性抉择，并适应工作和岗位	教授来访者关于发展性任务的知识，如何理性应对决策，以及进行现实决策时所需的态度、信念和能力	帮助个体发展和接纳其在工作中完整和适当的自我形象及其角色，帮助个体在现实中检验这个概念，并把它转化为现实，满足自己，服务社会
应用手段	增进自我了解 ↓ 增加职业信息 ↓ 匹配自我与职业	理解生涯的阶段 ↓ 了解临近的发展任务 ↓ 训练完成那些任务所需要的态度、信念和能力	通过小故事建构生涯 ↓ 把小故事结构并构进入大故事 ↓ 共同建构故事的下一个情节

续表

	职业指导	生涯教育	生涯咨询
组成元素	表演者 得分 特质 相似度 匹配 客观	主导者 舞台 任务 准备程度 实施 主观	创作者 故事 主题 反思性 建构 设计

1. 滥用职业指导模式

职业指导理论为生涯辅导提供了一套简明易懂、操作性极强的模式，即“认识自我—认识职业—人职匹配”的三步走策略。这种模式被套用到个体生涯咨询、团体生涯辅导、班级生涯规划课程、自助式生涯服务中。

虽然职业指导确实能以这几种形式开展，也能有效帮助个体，但其仍然是结果导向的生涯辅导模式，是以职业选择为结果的服务。这也限定了其适用范围——求职者和用人单位。而且，作为一种以匹配静态特征的理论为基础的辅导模式，单次职业指导服务不能为个体提供覆盖终身的生涯规划。这至少能说明职业指导模式不适用于离职业决策尚远的个体；不适用于同一性早闭的个体；不适用于无转职意向的在职人员。

2. 否认职业指导理论

或许是洞察到职业指导模式在实践领域的泛滥，现在已有部分学者开始倡导生涯教育和生涯咨询的理念。但有的社会教育机构甚至学者则比较极端，否定职业指导理论在生涯辅导中的价值，视人职匹配理论为不符合时代潮流的错误理论指导，并大肆宣扬建构取向的生涯咨询。

生涯建构咨询或单纯的生涯咨询，并没有取代职业指导和生涯教育，而只是在其中谋得了自己的一席之地。每一种生涯辅导模式，无论它是指导、教育还是咨询，都会因它被需求而有价值和效率：职业指导确定职业匹配，生涯教育促进职业发展，生涯咨询设计工作生活。所以，咨询师应当根据来访者需求的不同，采取不同的生涯辅导模式。

3. 生涯服务出现断层

除了生涯辅导的模式，生涯辅导的方式也应当根据当事人的需要调整。

学校生涯辅导还存在着缺少可靠而全面的职业信息、测评工具老旧、生涯课程简陋等问题。但归根结底，这些都是人才缺失的问题。

对于我国而言，无论是学校、市场，还是研究机构，生涯辅导都是一个有待开发的领域。需要植根于我国文化背景的生涯辅导理论，需要健全的生涯支持系统，也需要提高公民的生涯规划意识。

二、职业生涯心理辅导的形式

积极心理学不仅为生涯辅导提供了新的理念，在具体应用中也为生涯辅导提供了一些具体的方法。从方法的性质来看，积极心理学的生涯辅导方法并非严格意义上的疗法，而是更多地从积极心理学的理念出发整合了各种方法的应用。

(一)积极心理品质测评在生涯辅导中的应用

为了更清晰地协助个体认识自我,生涯辅导比较关注测评手段的应用,基于积极心理学理念的测评工具和心理收集手段也在生涯辅导实践中开始应用起来。

(二)优势中心疗法在生涯辅导的应用

生涯辅导的一个重要目的就是确定个体发展的优势,帮助个体规划更完美的生活。优势中心疗法是近些年在积极心理学影响下产生的一种新的咨询方法。优势中心疗法即运用个人的优势力量,作为促进当事人改变的一种咨询方法,当事人从过去或现在的正向经验中找到他们的优势,建立他们存在的能力,并思索如何应用于未来的生活。以优势为中心的治疗主要包括四个阶段:①确定个体优势;②建立一个愿景,通过这些优势确定目标并实现目标;③练习使用这些优势并看到他们的好处;④庆祝成就,确定未来发展领域,确定应对未来挑战的现有资源。

(三)积极情景模拟技术在生涯辅导的应用

情景模拟是让个体扮演情景角色,模拟情景过程,让个体在高度仿真的情景中获取知识和提高能力的一种方法。情景模拟是个体获得职业间接体验的较好方式,在国内的生涯相关课程中也多有应用,但基于积极心理学情景模拟的生涯在青少年群体中应用较少。辅导员也可以对情景模拟进行讨论或小组练习,学生可以在练习中讨论他们的独特优势,以及如何在日常生活或未来事业中更好地运用。

(四)积极认知疗法在生涯辅导中具体应用

认知治疗学派的艾利斯认为,引起人们情绪和行为困扰的并不是其所遭遇的事件,而是人们对事件的解释和所持有的信念。以此为假设前提,艾利斯提出了“理性情绪疗法”。塞利格曼在对各种心理治疗技术进行效果评估的基础上,将艾利斯的理性情绪疗法运用于改变当事人消极观念的实践中,并总结了与不合理信念辩驳的四个策略:①搜集证据证明自己的想法是否符合实际;②考虑引发事件的多种原因,并把重点放在可以改变的、特定的、非人格化的原因上;③领悟不合理信念中隐含的暗示意义,反思自己是否存在着将事情灾难化的倾向;④讨论不合理信念的价值,将注意力从具有破坏性的想法中转移出来。同样,人们在生涯发展过程中也经常会被各种不合理的生涯信念所阻碍,因此在生涯辅导的过程中,可以考虑使用认知行为疗法来解决生涯中的不合理信念。辅导者深入剖析并确定当事人持有的生涯干扰信念,运用上述四种方式引导当事人与不合理信念相辩驳,以积极乐观的信念取而代之,才能更好地促进生涯探索和生涯实践的积极行动。

(五)焦点解决疗法在生涯辅导中的应用

生涯辅导的目的在于协助来访者成为更有效的主导者,已解决其生涯中碰到的问题。焦点解决疗法是由 Steve 夫妇所发展的咨询学派,有别于以往面对问题的方式,将讨论的焦点放在如何解决问题,而非问题形成的原因,着重于遇到问题时如何改变以及改变方法。焦点解决疗法的核心观点是:①事出并非有因,强调正向和未来导向;②例外带来问题解决;③小改变积累出大改变；④来访者是问题解决专家等。具体技术有假设问句（奇迹询问、水晶球问句和拟人化问句等）、目标架构、例外询问、评量技术和振奋性鼓励等。根据以上观点和技术，在生涯辅导中可以多设定正向的目标，鼓励个体主动向目标靠近，并且专注于积极的小变化。引导个体寻找生涯困惑的例外，帮助他们重启成功的经验。利用假设问句技术提问帮助他们积极设想问题解决，唤醒积极情绪体验。多创设积极的合作关系，重点关注个体优势的调动和发挥，通过鼓励等来强化其自信心。

（六）希望理论在生涯辅导中的应用

内部目标设定是生涯辅导的一个重要目标。由 Snyder 及其同事所提出的希望理论为积极心理学的主要领域，其内涵便是当人们在充满希望的感受当中，如何计划和充满动力地去实现欲达成的心愿与理想。2011 年 Niles 等在此基础上还提出了以希望为中心的生涯模型，认为希望是个体生涯发展的核心。结合希望理论在生涯辅导中要多鼓励当事人设置内部目标，并协助个体在碰到生涯障碍时积极找寻方法解决问题。为了促进个体完成目标，可以帮助个体制订符合当事人实际且在可控范围内小而实际的目标，让个体看到他们实现生涯目标的真正目的是追求幸福和获得有意义的生活。在生涯辅导过程中还要鼓励来访者在实现生涯目标前，确保个体有积极的心态，因为没有积极的心态，即便是达成了一个目标，幸福也不会发生。当个体制订生涯目标后，如果没有意志力的推动，目标将永远成为空中楼阁。因此为促进生涯目标达成，要增进个体克服生涯挫折的意志力，让他们意识到自己必须要通过努力对自己的生涯负责。要多帮助当事人树立信念，告诉他们无论面对什么样的目标，只要目标是正向且够具体，总是能找到问题的解决方法。当遇到因客观原因导致的生涯障碍时，不要怨天尤人，重点是发挥自己的主动性找到合适的方法解决。

（七）职业生涯规划团体辅导

团体心理辅导，是在团体的情景下进行的一种心理辅导形式，它是通过团体内人际交互作用，促使个体在交往中观察、学习、体验，认识自我、探索自我、调整改善与他人的关系，学习新的态度与行为方式，以促进良好的适应与发展的助人过程。

团体辅导与个别辅导最大的区别，在于当事人是在团体中通过成员间的交流、相互作用、相互影响，让自己认识问题，从而解决自己的问题。个别咨询的方式是一个有效的心理辅导途径，但不足之处是耗时多、受众面窄、解决方式单一等。而团体心理辅导能有效克服以上弱点。它是通过设立特定的场景活动，利用团体成员间的互动达到集思广益、互帮互助、提高心理健康水平的目的，非常适合学校心理健康教育工作。其优点主要有：

（1）适用面广。既可以针对具有共同心理问题的 10 人左右的小组，又可以针对几十人的发展性群体。

（2）形式多样。生动有趣，有利于吸引学生积极投入。

（3）耗时短，效率高，收效好。每个成员既是“求助者”又是“助人者”，可在有引导的相互影响中多视角地学习，有理论、有实践、有体验、有分享，获得多重的反馈，从而产生心理与行为的改变。在团体中不但可以更有效地影响或改变个人的某些自我概念或想法，还可以协助解决原本在个人之间难以解决的问题。

1. 团体辅导的原则

(1)给每一位参与者希望。成员在看到伙伴进步或正在进步的过程中,帮助自己产生乐观的情绪。

(2)普遍性。参与者成为一组具有相同经验的人的一部分,可以看到大家正在经历的事情是普遍的。

(3)传递信息。小组成员可以通过共享信息互相帮助。

(4)利他主义。小组成员可以分享自己的优势并帮助小组中的其他人,这可以增强自尊和信心。

(5)主要家庭群体的矫正总结。在某些方面,治疗组很像一个家庭。在小组中,每个成员都可以探索童年经历如何促进人格和行为。他们还可以学会避免现实生活中具有破坏性或无益的行为。

(6)社会化技术的发展。小组活动是练习新行为的好地方。该设置是安全和被支持的,允许小组成员进行实验而不必担心失败。

(7)模仿行为。个人可以对小组其他成员的行为进行建模,或者观察和模仿治疗师的行为。

(8)人际学习。通过与其他人互动并从小组和治疗师那里获得反馈,小组成员可以对自己有更深入的了解。

(9)团队凝聚力。由于团队团结在一个共同的目标中,因此成员具有归属感和接纳感。

(10)情绪宣泄。与一群人分享感受和经验可以帮助其减轻痛苦,疏泄内在压力。

(11)存在感。在小组中提供支持和指导时,小组疗法可以帮助成员意识到自己应对自己的生活、行为和选择负责任。

2. 职业生涯团体辅导

操作案例

职业生涯发展规划团体辅导方案

一、团体名称

我的未来我做主。

二、团体性质

同质性、封闭性、结构性的成长团体。

三、团体规模

由15～20名大学生组成。

四、团体目标

通过团体活动,协助成员增进自我了解,了解个人能力、气质、性格兴趣、资源、限制等,知道自己想做什么，适合做什么，能做什么。

唤起成员对职业生涯进行规划的意识，了解如何进行职业生涯规划，能够对大学做出明确的计划，充实、有效地度过大学生活；能够对未来的生涯发展有初步的规划。

五、理论依据

根据舒伯的生涯发展理论，大学生正处在职业生涯探索阶段，这是生涯发展历程中的重要基础阶段。生涯发展主要任务是在形成正确的自我认识后，能了解个人能力与理想的关系，并能考虑未来工作所需要的教育、训练等条件。而在个人发展方面，会考虑到自己的需要、兴趣、能力、价值观、机会与职业的关系，培养学生对自己的了解和对职业的正确态度，唤醒成员的职业生涯意识，了解职业生涯规划的重要性及方法，帮助学生更好地规划未来。

此外，大学新生由于高中阶段主要精力集中在高考，对自己未来的目标缺乏深入的思考，常常对未来感到迷茫、困惑，且随着环境的改变可能出现大学生活不适应的情况，他们需要与同龄人交流，分享彼此的经验，从而探索自己、探索未来。

本研究综合运用精神分析、行为认知、人本主义等心理咨询的理论与技术来设计方案。如运用精神分析理论中无意识和早期经历会影响当前行为的思想，设计人生梦想，找出其同一性，挖掘出潜意识的真实需求。运用行为认知原理设计热身活动活跃团体气氛、职业价值观拍卖活动澄清职业价值观，通过活动结束后的反馈来深化认识；根据强化原理使用鼓励、家庭作业等方法强化成员的积极行为。人本主义的“个人中心”体现在真诚、关心、宽容、理解、信任、开放、尊重等这些团体规范上，指导者对成员的无条件积极关注、同感、回应也体现了以个人为中心的特点。

六、团体方案

单元	名称	目标	活动流程及内容	备注
1	未雨绸缪定航向	(1)使成员了解团体性质、目标及团体规范；(2)相识；(3)唤起成员职业生涯规划的意识。	(1)介绍团体及团体规范；(2)团体成员互相介绍，活动(认识朋友)；(3)团体契约；(4)生涯联想。	家庭作业
2	我将去向何方	(1)增进认识、信任；(2)谈自己的专业和理想；(3)认识生涯规划的意义和重要性。	(1)填胸卡；(2)可怜的小猫(增进信任)；(3)谈谈自己所学的专业和理想；(4)头脑风暴生涯规划的意义和重要性，然后总结。	
3	人贵有自知之明	(1)协助成员进行自我探索；(2)协助成员了解自己的气质和性格。	(1)20 个我；(2)气质测评；(3)职业性格测试。	

续表

单元	名称	目标	活动流程及内容	备注
4	天生我才必有用	(1)协助成员了解自己的职业兴趣类型； (2)协助成员了解自己的能力，并对自我的各部分进行整合。	(1)进一步了解自我； (2)职业价值观拍卖； (3)霍兰德职业兴趣测评； (4)认识自己的优缺点，觉得自己适合做什么。	
5	可识庐山真面目	(1)使成员了解生涯规划的基本知识； (2)协助成员对自我与职业的特质进行整合。	(1)活动(圣人、恐龙、小鸡、鸡蛋)； (2)介绍生涯规划的基本知识； (3)根据气质、性格、职业兴趣等，与职业的特质进行整合。	家庭作业
6	我的未来我做主	(1)对大学生活做出明确的计划； (2)协助学生对未来的生涯发展有初步的规划； (3)结束团体。	(1)对大学生活做出计划； (2)对未来生涯发展进行初步规划； (3)结束团体。	

七、团体活动具体安排

第一单元

总目标：(1)使成员了解团体性质、目标及团体规范；(2)相识；(3)唤起成员对职业生涯进行规划的意识。

时间：110 分钟。

内容	名称	具体步骤或方式	所需材料	时间
1	介绍团体及团体规范	领导者和观察员做简单自我介绍，向所有组员表示欢迎，重申团体活动的目的和意义以及团体活动的形式和最终预期的效果，对团体做介绍，以使所有团体成员对团体的目的有比较一致的认识。		10 分钟
2	认识朋友	全体围坐成圈，由某人开始按顺时针方向起立，自我介绍说：“各位朋友好，我是张××。”第二人起立说：“张××您好，我是杨××。”第三人起立则说：“张××、杨××你们好，我是刘××。”以后的人照样说下去，强迫大家把每人的姓名记住。		30 分钟
3	团体契约	讨论团体契约。		20 分钟
4	生涯联想	(1)引导成员放松； (2)引导成员对过去曾有过的所有职业梦想进行回顾，并展望十年后的某一天。		50 分钟

第二单元

总目标：(1)增进认识、信任；(2)认识生涯规划的意义和重要性；(3)谈自己的专业和理想。

时间:100 分钟。

内容	名称	具体步骤或方式	所需材料	时间
1	填胸卡	每人分发一张卡片,在卡片上各自写上名字并贴于胸前。	卡片、胶带	10 分钟
2	可怜的小猫	(1)全体围坐成圈,一人当小猫坐在中间; (2)小猫走到任何一人面前,蹲下学猫叫。面对者要用手抚摸小猫的头,并说"哦!可怜的小猫。"但是绝不能笑,一笑就算输,要换当小猫; (3)抚摸者不笑,则小猫叫第二次,不笑,再叫第三次,再不笑,就得离开找别人; (4)当小猫者可以装模作样,逗对方笑。		20 分钟
3	头脑风暴生涯规划的意义和重要性,然后组长总结	分为两组,由大家讨论写出生涯规划的意义和重要性,写好后每组派代表进行陈述。	纸、笔	40 分钟
4	谈谈自己所学的专业和理想	谈谈当初选择这个专业的原因、现在的感受、对本专业的态度、看法;谈谈自己的工作理想,是否有变化。进入大学的五个最(最满意、最关心、最高兴、最担心、最想做的)。	纸、笔	30 分钟

第三单元

总目标:(1)协助成员进行自我探索;(2)协助成员了解自己的气质和性格。

时间:100 分钟。

内容	名称	具体步骤或方式	所需材料	时间
1	20 个我	由成员各自写出 20 个我是……;在朋友眼里自己是一个什么样的人;在父母眼里自己是一个什么样的人。	纸、笔	25 分钟
2	气质测评		问卷、笔	30 分钟
3	职业性格测试		问卷、笔	40 分钟
4	家庭作业	问问父母、朋友(至少两人)、同学(4 人)在他们眼里自己是一个什么样的人?		

第四单元

总目标:(1)协助成员了解自己的职业兴趣类型;(2)协助成员了解自己的能力,并对自我的各部分进行整合。

时间:105 分钟。

内容	名称	具体步骤或方式	所需材料	时间
1	了解自我	根据上一次的家庭作业,谈谈自己认识的我和别人眼里的我有什么区别,并谈谈感受。		20 分钟

续表

内容	名称	具体步骤或方式	所需材料	时间
2	职业价值观拍卖	(1)事前将拍卖的东西写在硬纸板上(最好是不同的颜色),以增加拍卖的趣味性及方便拍卖进行; (2)每个学生手中有 5 000 元(道具钱),它代表了一个人一生的时间和精力。每个人可以根据自己对人生的理解随意买下拍卖的东西。每样东西都有底价,每次出价都以 500 元为单位,价高者得到东西,有出价 5 000 元的,立即成交。 高工资 1 000　自身发展空间大 1 000 符合自己兴趣爱好 1 000　社会地位高 500 工作环境舒适 500　福利待遇好 1 000 工作稳定 500　人际关系融洽 1 000 自由的工作环境 500　工作具有挑战性 500 在大城市工作 500　事业单位 500 公务员 500　国有企业 500　私有企业 500 自主创业 500	硬卡片、道具钱	30 分钟
3	霍兰德职业兴趣测评		问卷、笔	30 分钟
4	认识自己的优缺点,觉得自己适合做什么	谈谈自己的优点和缺点,觉得自己适合做什么工作。		30 分钟

第五单元

总目标:(1)使成员了解生涯规划的基本知识;(2)协助成员对自我与职业的特质进行整合。

时间:100 分钟。

内容	名称	具体步骤或方式	所需材料	时间
1	活动(圣人、恐龙、小鸡、鸡蛋)	两人一组划拳,从鸡蛋(蹲下)开始,到小鸡(半蹲)到恐龙(站立)再到圣人(站立双手叉腰)。胜者晋级,败者降级。		20 分钟
2	介绍生涯规划的基本知识	(1)让大家先讨论生涯规划要考虑哪些因素; (2)向成员简单介绍生涯规划的基本知识。		30 分钟
3	根据气质、性格、职业兴趣,与职业的特质进行整合	未来名片 (1)事先准备彩色名片卡数张; (2)每位成员拿取两张名片卡,一张代表正面,一张代表反面; (3)请成员制作最能代表自己未来的名片,其中包括未来的工作头衔、单位名称、地点、单位性质、未来想过的生活等(未来名片的时间可由成员自订); (4)成员两两一组,彼此叙说未来名片的内容:a. 名片上的职称是什么? b. 这张名片中的什么工作内容吸引你? c. 如果你真做到了,谁会真正为你感到高兴? d. 你有哪些特质可以帮助你完成这个梦想?	卡片、彩笔	50 分钟
4	家庭作业	时间流水账:详细记录从明天开始到下次团体辅导每天的详细活动。		

第六单元

总目标:(1)对大学生活做出明确的计划;(2)协助学生对未来的生涯发展有初步的规划;(3)结束团体。

时间:120 分钟。

内容	名称	具体步骤或方式	所需材料	时间
1	对大学生活做出计划	每位成员对自己的大学生活做出具体计划,并作分享。	纸、笔	40 分钟
2	对未来生涯发展进行初步规划	根据前面谈到的生涯规划方法,对未来生涯发展进行初步规划,并简单分享。	纸、笔	50 分钟
3	结束团体(互写祝福)	真情告白:每人选取一张卡片,写上自己的名字,然后放在凳子或桌子上,让每一位组员为你写一句祝福。大家握手或拥抱结束团体。		30 分钟
4				

来源:《昆明学院学报》2010 年第 4 期,夏体韬,团体辅导在大学生职业生涯发展规划教育中的效果研究。

第七章

职业生涯规划与设计

学习目标

1. 学习掌握职业生涯规划的基本方法。
2. 能够对大学三年进行规划设计。
3. 学习掌握职业生涯规划书的内容并能够撰写职业生涯规划书。

人生重要的事情就是确定一个伟大的目标，并决心实现它。

——歌德

人生原动力是决定个人对职业生涯的期望与需求的内在力量，它能激起人的行动。

——拿破仑·希尔

第一节　职业生涯规划方法

美国职业管理专家唐纳德·萨帕在其职业生涯发展理论中提出了人一生完整的职业发展阶段模式。以年龄为标准，把人的职业生涯发展划分为五个主要的阶段：成长阶段、探索阶段、确立阶段、维持阶段、衰退阶段。大学生处于职业生涯的探索阶段并且正好跨越了该阶段的过渡期和试验承诺期。在这两个时期，个体能力迅速提高，职业兴趣趋于稳定，对未来的职业生涯的预期逐步形成。通过 2 年左右的学习和职业准备，毕业后初次走上就业岗位开始职业生涯。因此，同学们需要结合实际就自己的未来职业生涯做出关键性的决策。越是关键性决策越要慎重，不能没有思路和方法。

毋庸置疑，职业生涯决策是一个比较复杂的过程，也是一个人整个生涯决策的最重要部分，影响决策的因素有很多。尤其是在人生每个重大拐角处，科学的决策影响一生事业发展和生活幸福，影响整个生命的质量。职业生涯规划的方法很多，这里我们主要介绍较为常用的平衡单分析法和“SWOT”决策分析法。

一、平衡单分析法

决策平衡单是一个常用的工具，它也是一门技术。这个工具最早是由詹尼斯设计的，后来经过心理辅导专家金树人修改，广泛应用在生涯规划领域。平衡单的设计，可以用来协助我们做出较优的重大决定。它可以帮助我们具体地分析每一个可能的选择方案，考虑各种方案实施后的利弊得失，最后排定优先顺序，择一而行。当我们面临多种选择时，每种选择对我们都会产生不同的影响，决策平衡单把这些选择可能产生的影响放到统一的框架中进行分析，引导个体认真思考每种选择对自身和他人造成的精神和物质方面的得失，并按照重要性给每个因素赋予权重，之后对每个选项给出分数。具体步骤为：

(1)列出你潜在的 3～5 个职业选项，排列在决策平衡单的顶部。

(2)判断各个职业选项的利弊得失，集中于四个方面进行评估，分别是：自我物质方面的得失、他人物质方面的得失、个人精神方面的得失、他人精神方面的得失。

自我物质方面的得失，包括收入、升迁机会、工作稳定性、工作环境的安全、休闲时间、对健康的影响、就业机会、社会资源等。

他人（父母、师长、配偶等）物质方面的得失，包括家庭经济、家庭地位、与家人相处的时间等。

个人精神方面的得失，包括兴趣的满足、能力的满足、价值观的满足，生活方式的改变、成就感、自我实现的程度、挑战性等。

他人（父母、师长、配偶等）精神方面的得失，包括成就感、自豪感、依赖等。

(3)为各个考虑项目赋予权重：对个人而言，每个项目的价值是不同的，个体可以主观地给每个项目赋予权重，一个项目越重要，其权重越高，5 为最高权重，表示“非常重要”，3 代表“一般”，1 代表“最不重要”。

(4)给各考虑项目评分，决策者为每个项目赋予数值，代表得失程度，“＋”“－”号代表得与失，分值在－5 到 5 分之间，其中 5 代表“完全满足”，0 代表“不知道或无法确定”，－5 代表“完全不满足”。

(5)逐一计算各个职业选项的得分，与权重相乘，计算各个选项的总分。

(6)将每一项目所有正负积分相加，得出总分。排出各个职业选项的优先顺序，即可作为个体职业生涯决策的依据。

依据以上理论，我们可以得出下表中生涯决策平衡单分析法样表。

选择项目		重要性权数（1～5）	选择一		选择二		选择三	
考虑因素			＋	－	＋	－	＋	－
自我物质方面的得失	1. 收入							
	2. 工作的难易程度							
	3. 升迁的机会							
	4. 工作环境的安全							
	5. 休闲时间							
	6. 生活变化							
	7. 对健康的影响							
	8. 就业机会							
	其他……							

续表

选择项目		重要性权数（1～5）	选择一		选择二		选择三	
考虑因素			+	−	+	−	+	−
他人物质方面的得失	1.家庭经济							
	2.家庭地位							
	3.与家人相处的时间							
	其他……							
个人精神方面的得失	1.生活方式的改变							
	2.成就感							
	3.自我实现的程度							
	4.兴趣的满足							
	5.挑战性							
	6.社会声望的提高							
	其他……							
他人精神方面的得失	1.父母							
	2.师长							
	3.配偶							
	其他……							
加权后合计								
加权后得失差数								

二、平衡单分析法案例

为了让大家更好地学会使用平衡单分析法，我们给出一个实例：小慧是一名即将毕业的专科生，因为家境贫寒且弟弟年幼，自入学之初，她就非常勤勉努力，希望通过优秀的成绩获得奖学金来减轻家庭经济负担。功夫不负有心人，几年来她的成绩一直都名列前茅，不仅如此，文字功底扎实的她在读书期间还陆续发表了几篇高质量的优秀作品，深受几家杂志社的青睐。其中一家杂志社甚至表示愿意破格招录她，虽然起薪不高，但是小慧欣喜不已。这正是自己梦寐以求的职业啊！毕业前夕，老师把小慧找来谈心，希望她能够继续深造，说凭借她现在的基础，通过参加云南省普通高等学校本科招收应届专科毕业生升学统一考试升入本科院校获得更高的学历肯定没有问题，现在的社会越来越重视学历，有了高学历何愁没有好工作？

小慧明白老师的意思，自己的专科文凭不够硬，继续深造是早晚的事情，凭借自己的努力，将来肯定能找到起点更高的工作，但是继续深造需要支付一笔不小的学费，家里压力比较大。

正当小慧难以抉择的时候，另一家销售公司向小慧抛出了橄榄枝，原来这家公司有个项目急缺一名文字功底扎实的策划，公司经理看到了小慧的作品非常欣赏，愿意出双倍工资聘请她。

小慧陷入深深的迷茫中：一个是自己心仪的兴趣所在，一个是有发展潜力的升学之道，一个是解决家庭燃眉之急的现实之需，自己该何去何从呢？

下表是小慧使用生涯决策平衡单分析法做出的职业决策结果：

选择项目		重要性权数（1～5）	杂志社		升学		销售公司	
考虑因素			+	−	+	−	+	−
个人物质方面的得失	1.个人收入	4	2			3	5	
	2.未来发展	3	2		5		1	
	3.休闲时间	1		2	5			3
	4.对健康的影响	2	0		1			2
他人物质方面的得失	1.家庭收入	5	2			5	5	
	2.家庭地位	3	2			1	3	
个人精神方面的得失	1.创造性	3	3		2		2	
	2.变化性和多样性	3	2		5		2	
	3.影响和帮助他人	2	2			1	1	
	4.自由独立	2	3		5		2	
	5.被认可	4	2		5		2	
	6.挑战性	3	3		4		3	
	7.应用所长	3	5		5		2	
	8.兴趣的满足	4	5		4		1	
他人精神方面的得失	1.父亲	4	2			5	4	
	2.母亲	4	2			5	4	
	3.弟弟	4	3		0		3	
	4.老师	4	2		5		2	
总分			141		64		147	

小慧通过生涯决策平衡单分析法决策之后，她的决策方案的得分是：销售公司＞杂志社＞升学深造，综合平衡之后，销售公司策划岗位较为符合小慧现阶段的职业生涯目标。

通过案例分析，我们能发现，列举考虑因素、给每项因素分配权重以及给各项因素打分的过程，就是决策者理清思路的过程，决策平衡单分析法提供了一个思考的框架和过程。

三、SWOT 决策分析法

SWOT 分析是做职业决策非常有用的工具。如果你对自己做个细致的 SWOT 分析，那么你会很明了地知道自己的个人优点和缺点在哪里，并且你会仔细地评估出自己感兴趣的不同职业道路的机会和威胁所在。

一般来说，在进行 SWOT 分析时，应遵循以下 4 个步骤：

1. 评估自己的长处和短处

我们每个人都有自己独特的价值观、性格、兴趣和能力。在分工非常细的市场经济里，每个人可能只擅长于某一领域，而不是样样精通。有些人不喜欢整天坐在办公桌旁，而有些人则一想到不得不与陌生人打交道时，心里就发麻，惴惴不安。请列出你自己喜欢做的事情和你的长处所在。

同样，你可以找出自己不是很喜欢做的事情和你的弱势。找出你的短处与发现你的长处同等重要，因为你可以基于自己的长处和短处做两种选择：一是努力去改正你常犯的错误，提高你的技能，二是放弃那些你不擅长的技能以及要求很高的职业。列出你认为自己所具备的很重要的强项和对你的职业选择产生影响的弱势，然后再标出那些你认为对你很重要的强、弱势。

2. 找出你的职业机会和威胁

我们知道，不同的行业（包括这些行业里不同的公司）都面临不同的外部机会和威胁，所以找出这些外界因素将帮助你成功地找到一份适合自己的工作，因为这些机会和威胁会影响你的第一份工作和今后的职业发展。如果公司处于一个经常受到外界不利因素影响的行业里，很自然，这个公司能提供的职业机会将是很少的，而且没有职业升迁的机会。相反，充满了许多积极外界因素的行业将为求职者提供广阔的职业前景。请列出你感兴趣的一两个行业，然后认真地评估这些行业所面临的机会和威胁。

3. 提纲式地列出今后 5 年内你的职业目标

仔细地对自己做一个 SWOT 分析评估，列出你从学校毕业后 5 年内最想实现的三个职业目标。这些目标可以包括：你想从事哪种职业，或者你希望自己拿到的薪水属于哪个级别。请时刻记住：你必须竭尽所能地发挥出自己的优势，使之与行业提供的工作机会完满匹配。

4. 提纲式地列出一份今后 5 年的职业行动计划

这一步主要涉及一些具体的任务。请你拟出一份实现上述第三步列出的每个目标的行动计划，并且详细地说明为了实现每一目标，你要做的每一件事，何时完成这些事。如果你觉得你需要一些外界帮助，请说明你需要何种帮助和你如何获取这种帮助。举个例子，你的个人 SWOT 分析可能表明，为了实现你理想中的职业目标，你需要进修更多的管理课程，那么你的职业行动计划应该说明你何时进修这些课程。你拟订的详尽的行动计划将帮助你做决策。诚然，做此类个人 SWOT 分析会占用你的时间，而且还需认真地对待，但是，详尽的个人 SWOT 分析却是值得的，因为当你做完详尽的个人 SWOT 分析后，你将有一个连贯的、实际可行的个人生涯策略供你参考。在当今竞争白热化的市场经济社会里，拥有一份挑战和乐趣并存、薪酬丰厚的职业是每一个人的梦想，但并不是每一个人都能实现这一梦想。因此，为了使你的求职和个人职业发展更具有竞争力，请花一些时间界定你的个人优势和弱势，然后制订一份策略性的行动计划，务必保证有效地完成它，你的职业成功并不是遥不可及的。

四、其他方法

除了以上两种方法外，还会经常使用其他更全面、复杂和要求较高的方法，例如：基于绩效考核的 360 度评估分析法、职业信息 PLACE 分析法等。

1. 360 度评估分析法

360 度评估反馈，又称“360 度考核法”或“全方位考核法”，是指由员工自己、上司、直接部属、同事甚至顾客等从全方位、各个角度来评估人员的方法。评估内容可能包括沟通技巧、人际关系、领导能力、行政能力等。通过这种理想的评估，被评估者不仅可以从自己、上司、部属、同事甚至顾客处获得多种角度的反馈，也可以从这些不同的反馈清楚地知道自己的不足、长处与发展需求。

2. 职业信息 PLACE 分析法

职业信息 PLACE 分析法是企业或职业评估机构通过对员工的职业信息进行评估的测试手段和方法。

职业信息 PLACE 分析法中各个字母都有其相应的内容分析。

P-职位或职务要求——包括该职位的经常性任务、所需担负的责任、工作层次等。

L-工作地点——包括地理位置、环境状况、室内或户外、都市或乡村、工作地点的变化、安全性等。

A-升迁状况——包括工作的升迁路径、升迁速度、工作稳定性、工作保障等。

C-雇用待遇——包括薪水、福利、进修机会、工作时间、休假情形及特殊雇佣规定等。

E-雇用要求——所需的教育程度、专业认证、培训、经验、能力、人格特质、品德修养等。

延伸阅读

(一)常见的生涯规划方法误区

生活中人们常常使用的生涯规划方法有以下几种。

(1)自然发生法。最常见的情形是学生填写高考志愿时，并未仔细考虑自己的性格、志趣，只是考虑自己分数所能录取的学校、专业，找到大致吻合的，便草草做了选择。虽然这种选择比较保险，但自己未必喜欢，可能一进到大学就抱怨，因此蹉跎了四年大学光阴，悔恨终生。

(2)目前趋势法。跟随现在市场的趋势，盲目地投入新兴热门行业，例如高考时追逐热门专业，这可能会暂时使心愿得到满足，但没有考虑到四年以后的变化。应当认识到没有永远的热门和冷门专业，选择时应当考虑社会发展因素，不能一味地追逐热门。

(3)最少努力法。选择最容易的科系或技术，总希望轻松过关。为了容易考取大学，参加小语种、艺术类考试。选择专业时也是选择比较容易通过的专业，但祈求最好的结果。需记住，天上不会掉馅饼，一分耕耘一分收获。

(4)拜金主义法。盲目选择待遇好的行业，而忽视了从事该行业会给自己的身心带来的是快乐还是痛苦，不考虑该工作与自己志趣的符合度，结果会得不偿失。

(5)刻板印象法。以性别、年龄、社会地位等刻板印象来选择，例如女性较适合从事服务业、办公文员等辅助性工作；而男性则应该做大事，不必拘泥于小节。这样的观念早已过时，现在男女职业差异正在逐渐缩小。

(6)橱窗游走法。到各种工作场所走马观花一番，再选择最顺眼的工作。社会需要全才，但更需要专才。

(7)假手他人法。由他人替自己做出决定和选择，这些人包括以下几部分。

①父母或家人，因为过去细枝末节的事是由他们决定的。

②朋友或同学，因为他们是你最好的朋友，不会害你的。

③教师或辅导人员，因为他们经验丰富，应该能提供更加理性的见解。

④权威人士，因为他们事业有成、有智慧，能够洞察先机、把握事态。

⑤社会或大众，因为自己是社会的一分子，必须履行公民的责任，造福社会。

这些便捷的生涯规划方法的优点是省时省力、不用花费太多的心神，短时间内效率较高。但缺点是无法根据个人的能力、特长做长远的规划。以自然发生法为例，进入分数能稳妥录取的学校、科系，可以暂时解决烦恼，但这是在完全没有考虑自己志向、能力、个性与就业条件等因素的情况下草率做出的选择，将来所面对的生涯风险就比较高。

（二）大学生生涯规划误区和不合理的信念

误区1：做了决定之后，绝对不能后悔！

不合理信念：既然选择了一个专业或职业就不能改变，否则一定会被别人看不起。

合理信念：做抉择是有风险的，就像任何一种投资一样，没有稳赚不亏的。生涯规划中的决定可以进行调整。

误区2：我一定要马上决定！

不合理信念：迟迟无法决定是懦弱、不成熟的表现。别人都知道自己要做什么，只有我太差劲，我应该立即做决定。

合理信念：不做决定是可以接受的，与个人是否懦弱无关。只要能多了解自己，充实和储备人生资源，机会来到时就做出最好的选择。

误区3：兴趣是万能的！

不合理信念：只要找到自己感兴趣的工作，自己就一定能够成功。

合理信念：找到自己感兴趣的工作，不见得一定能成功，但至少做起来快乐。如果培养做自己感兴趣的事情的能力，将会使自己更成功。

兴趣和能力是两码事。有兴趣而无能力，只会增加挫折感；无兴趣而有能力，心中缺乏满足与喜悦。因此，兴趣和能力要同时考虑。兴趣是调料，能力是主菜，所以应该了解自己的兴趣，提升自己的能力。

误区4：生涯规划没有必要！

不合理信念：船到桥头自然直。这世界变化太快，生涯规划只是权宜之计，很多事情既然无法预测，再规划也是枉然。

合理信念：生涯规划的目的不在于你很快地找到自己的人生目标，很快做出决定，而在于对自我和环境的不断探索。通过生涯探索，更多地了解自己和环境，才有可能做更充分的准备，也更可能有意识地发挥出自己的潜能。以积极准备的态度面对人生，随时知时知势知己，自己才不会被淘汰。

误区5：对我个人而言，生涯规划没有必要！

不合理信念：生涯规划只属于想成功的人，我只想做个平凡人，用不着生涯规划。

合理信念：生涯规划的目的是突破障碍、激发潜能、自我实现。你可以实现当作家的梦想，就如同我可以实现当导游的梦想一样。生涯规划是不分贵贱的，它属于每一个踏实的人。

想得到的不一定做得到，想不到的一定做不到。不探索自己和环境的现状与未来，不积极准备人生，就有可能落后于时代，到头来可能连平凡人都做不了。

误区 6:现在好好规划,以后就不用了!

不合理信念:现在趁大学里的空余时间多,多花些时间在生涯规划上,省得以后也要去做。

合理信念:时代在变,自我也在变,所以对环境及自我的探索是不可能一劳永逸的。生涯规划除了探索、抉择和行动之外,还有一个重要的环节,那就是生涯反馈与调整。正确的生涯规划是盯紧近期目标,远望长期目标,在必要时应及时调整中长期目标。

生涯规划的最终目的不在于你找到了多么完美的人生目标,而在于你了解自己和环境多少,实现了多少近期目标,积累了多少人生资源。因而生涯规划不是一劳永逸的。

误区 7:我现在很忙,没有时间去做生涯规划。

不合理信念;做生涯规划肯定要花一些时间,而且要静下心来。我现在学习和社会工作都很多,没有时间来顾及它。

合理信念;随波逐流,被动生活也可能成功。例如,砍树,不磨刀,也可以砍树。如果事先研究了树的纹理和结构,把刀磨好了,看起来是晚一步砍树,然而更早更好完成任务的概率却增加了许多。

第二节　大学三年规划设计

踏进大学,我们的人生就开始了一个新的起点。新的学习环境、新的生活环境,新的开始也充满了新的希望和挑战。通过上大学,我们能够在较短的时间内系统地学习适合自己未来发展的知识和技能,然后将这些知识转化为自己的职业能力,为个人将来的职业生涯发展打下基础。高职院校大多采用"2+1"办学模式,即 2 年在学校学习文化理论知识,1 年在企业顶岗实习的办学模式。这样的办学模式,更要求同学们要有清醒的认识和切合实际的职业生涯规划。在大学的每一年中,大学生的学习重点和心理特征都有所不同,可以按照学年设置阶段目标,进行自己的职业生涯规划,并按照每个阶段的不同目标和自身成长特点,制订一些有针对性的实施方案。

一、大一年级——探索期

阶段目标:职业生涯的认知和规划。

实施方案:首先,要转变由高中生到大学生的角色,重新确定自己的学习目标和追求;其次,要开始接触职业和职业生涯的概念,特别要重点了解自己未来所希望从事的职业或与自己所学专业对口的职业,进行初步的职业生涯规划;熟悉环境,建立新的人际关系,提高交际沟通能力,在职业探知方面可以向高年级学生,尤其是大三的毕业生询问就业情况;积极参加社团活动,增加交流技巧;在学习方面,要巩固打牢专业基础知识,加强英语、计算机能力的学习,掌握现代职业者应具备的最基本技能,为将来的就业打下良好的基础。

专科大一的关键词是:体验、参与,同学、社团。

对于大一新生来讲,重要的是融入环境,建立关系,增强参与感。

迅速和身边的同学(室友)、老师(辅导员)建立关系,这在后期的升本、实习、评优、参赛、就业上都能获取到更多的信息和资源。多参加学生社团活动，尤其是大一上学期。大学之所以被称为小社会，更多地体现在学生会、学生社团的组织中的人情交际上。在这些团体中，你可以真切地感受到如何去组织一次比赛，举办一次活动，完成一个项目。这种参与感会让你迅速融入大学生活，同时找准自己的特点和位置，在小集体中你发挥了怎样的作用？到底是擅长出谋划策还是执行落实？擅长沟通交际还是独处思考？清楚自己的能力和特点，能够为将来就业规划理清方向。

大一下学期，专业课增多，你会发现身边的同学开始考各种证书，计算机、英语、初级会计、相关职业资格证、导游证、驾驶证等。

要积极克服两种心理：一种是自暴自弃，因为高考发挥失常或者其他原因没能考入心仪的学校而过度消极，以致发展成逃课、酗酒、打架斗殴、沉迷于网络游戏而荒废学业；另一种是过度放松的心理，觉得大学可以自由自在的尽情玩耍，以致荒废学业。正确的做法应该是积极调整心理，积极熟知学校学生管理制度，知道能做什么？不能做什么？作息时间是怎么样的。开学报到完，学校的班主任第一个班会都会组织大家学习学校的学生管理有关规定并进行安全教育。同学们要积极参加学习，要严格遵守校纪校规。

除此之外，需要做好以下事项：一是熟悉校园环境；二是建立良好的人际关系；三是积极了解所学专业并掌握学习方法；四是积极参加学校社团和班级活动，锻炼提高组织协调和沟通能力；五是向职业生涯课任课教师和班主任以及学长学姐了解普通高等学校本科招收应届专科毕业生升学统一考试的有关情况，比如你现在所学的专业近几年普通“专升本”考试科目、考试形式和招考本科院校等；六是尽快适应大学的学习节奏和教学方式并努力提高自己的自学能力；七是积极了解职业资格证书、普通话证书、计算机等级证书、英语等级证书考试并做必要的准备；八是积极了解你所学专业近几年的就业情况和市场需求。

二、大二年级——定向期

阶段目标：初步确定毕业方向以及相应能力与素质的培养。

实施方案：认识自己的需要和兴趣，确定自己的价值观、动机和抱负。考虑未来的毕业方向（专升本或就业），了解相关活动，并以提高自身的基本素质为主，通过参加学生会或社团等组织，培养和锻炼自己的组织领导能力以及协作精神，同时检验自己的知识技能，可以开始尝试兼职、社会实践活动，并要具有坚持性，最好能在课余时间长时间从事与自己未来职业或本专业相关的工作，提高自己的责任感、主动性和受挫能力，并从不断的总结分析中得到职业的经验；通过英语、计算机及相关职业资格证书考试。

大二开始专业课增加，学习任务更重。

这个时候重心应该放在学习和考试上，大二是整个专科期间最核心最关键的时期，有升本计划的同学可以着手开始了解考试政策，招生计划，考试科目和复习资料。同时，专业相关的职业资格证书也要开始准备。

经过一年的生活学习，熟悉了环境，也有了新朋友，对事物也有了新的认识。这个时候需要沉下心来，调整好心态，不为一年后的顶岗实习、两年后的专升本和就业过分担忧，在老师的指导下做好当下应该做的事情。在扎实学好专业知识的同时，全力以赴考取普通话证、计算机等级证、英语等级证、会计证等与所学专业相关的证书；要积极了解云南省公务员招录考试、云南省事业单位招聘考试、三支一扶、特岗教师招聘、参军入伍、大学生创业等的基本情况和有关政策。

三、大三年级——准备期及冲刺

阶段目标：掌握求职技能，为择业做好准备并成功就业。

实施方案：加强专业知识学习的同时，考取与目标职业有关的职业资格证书或通过相应的职业技能鉴定。因为临近毕业，所以目标应锁定在提高求职技能、收集公司信息上，参加和专业相关的顶岗实习工作，和同学交流求职工作心得体会，学习写简历、求职信等求职技巧，了解搜索就业渠道，如果有机会要积极尝试。加入校友网络，向已毕业的校友了解往年求职情况；如果决定专升本，也要做好复习准备。三年级下学期，这个阶段大学生的毕业方向已经基本确定，大部分学生的目标应该锁定在工作申请以及成功就业上。首先，先对前两年半的准备做一个总结，检验自己已确立的职业目标是否明确，之前的准备是否充分；要重视顶岗实习机会，通过实习从宏观上了解单位的工作方式、运转模式、工作流程，从微观上明确个人在岗位上的职责要求及规范，为正式走上工作岗位奠定良好的基础。然后，开始毕业后工作的申请，积极参加招聘活动，在实践中校验自己的积累和准备；最后，预习或模拟面试，强化求职技巧。

专科大三开始身边的同学开始分流：顶岗实习、专升本、考编制、找工作、自己创业、家里安排。

这一年对于专升本而言尤为关键，收集专升本资讯，确定报考的院校、专业和考试科目，买资料备考，这些事情一定不能再拖。

大一大二不要荒废，多去考相关资格证书和职业等级证书。不要等到大三了才想起来，计算机没考，英语AB级也没过，专业相关的证书更是一个都没有，一边想备考专升本，一边又想考证书，两头忙的结果就可能是“竹篮打水一场空”！

其实专科三年完全不必只围着专升本这一个目标转，你完全可以按照1＋X计划的模式来规划你的专科生活。即：一个大目标——专升本，X个小计划——考证书。因为从就业实际和社会需求的角度来讲，学历＋证书才是真正的“硬实力”。

练一练：结合学生活短期目标，完成四个行动计划表。

1. 年度(学期)行动计划表

实施时间	学业方面		成长方面		实践方面	
	目标	方案	目标	方案	目标	方案
1月						
2月						
3月						
4月						
5月						
6月						
⋮						

2. 月行动计划表

实施时间	学业方面		成长方面		实践方面	
	目标	方案	目标	方案	目标	方案
第 1 周						
第 2 周						
第 3 周						
第 4 周						

3. 周行动计划表

实施时间	学业方面		成长方面		实践方面	
	目标	方案	目标	方案	目标	方案
周一						
周二						
周三						
周四						
周五						
周六						
周天						

4. 日行动计划表

实施时间	学业方面		成长方面		实践方面	
	目标	方案	目标	方案	目标	方案
6:00—7:30						
7:30—12:00						
12:00—14:00						
14:00—17:30						
17:30—18:30						
18:30—21:00						
21:00—22:00						
22:00—6:00						

拓展阅读

大学期间获得成功的最佳策略

1. 认真上课。上课可以让你学到东西,与老师、同学互动。

2. 成为积极的参与者。准时上课坐在前排,积极参与,主动提问,全神贯注。

3. 了解你的任课教师和指导老师。按他们喜欢的称谓称呼他们，在办公时间内拜访他们或者给他们写邮件。每堂课早点到，以便更好地了解他们。

4. 知道期望。阅读每门课的教学大纲，知道每门课的要求，比如测验方式、论文、学分及参加次数。

5. 加入学习小组。加入学习小组的效果会好于单独学习，你可以与小组成员共同测验、总结，相互学习。

6. 尽早寻求帮助。使用所有可用的校园资源。到学习中心、咨询中心、健康中心与辅导员或导师沟通，一旦发现问题努力寻求帮助。

7. 尽最大努力学习。每学期的前三周尽可能多地投入，尽量买好教材带去课堂，提前阅读。尽早准备论文、发言等，学校中的事优先考虑。

8. 随时随地学习。在上课前复习笔记，等待上课时、排队时、上床前随时进行复习——经常短时间的复习，比一次性学到半夜效果更好。

9. 在精神状态最好的时候学习。了解自己的精力状态与学习倾向，尽可能地在白天进行复习。

10. 承担责任。不要为缺课、没交作业或得分太低找借口。诚实地面对自己，为自己的选择和错误承担责任，并从中学习。

11. 寻求反馈。当获得一个学分时，问一下自己：我从中学到了什么？我是如何学习的？我是如何提高成绩的？是否已经尽了最大努力？根据所学，为自己设定新的目标。

12. 争取更好的成绩。在期中时，对自己的成绩做出评价，想想如何才能得到更好的成绩，参加一些项目或重新考试。

13. 争取额外的学分。通过超出要求或超出期望之外的学习提高成绩，投入课程的学习，理解并发现学习的意义。

14. 为自己的教育负责。即使老师讲得枯燥无味，你也可以在课堂上学得很好。问一下自己，可以做什么使这门课的学习更有效(参加学习小组，请教老师，积极参与)。增强自己对老师教学风格的适应性。

15. 培养所需的素质。想一下，哪些是克服障碍最需要的素质，并努力培养。

16. 保持身体健康。如果生病，会影响在学校期间的学习。投入时间锻炼，保持健康的饮食、充足的睡眠，少沾烟酒，远离毒品。

17. 应对负面想法。通过积极的、现实的与有益的自我对话替代消极想法，想象成功，但不要成为完美主义者。在朝目标迈进的过程中取得小进步时，不要忘了犒劳自己。

18. 生活有条不紊。将钥匙等有序摆放，整理重要的材料，将日常事务流程化，减轻自己的压力。

19. 优先考虑学校事务。学会平衡学校、社交与其他活动。

20. 保持与老师的联系。回顾目标及自己的进步。与班主任、辅导员保持良好关系，询问相关要求，不要没有核实就增减课程。

21. 坚持。受到挫折时，保持积极的习惯与策略，直到成功。成功来自每一小步的坚持。保持耐心，坚持不懈。

22. 控制支出。不要因为新衣服、礼物、旅行以及其他非必需的东西负债。教育是保证未来幸福与工作成功的最好投资。要学会存钱。

23. 学习批判性思维，考虑决定的后果。在钱、烟、酒、性等事情上要深思熟虑。在获得情感与经济保障之前不要组建家庭；通过想象做出一些决定后自己会有什么反应，来控制自己的冲动。

24. 要避免游戏成瘾。问一下自己：遇到过游戏成瘾后生活变得更好的人吗？身边是否有人的生活因沉湎于游戏被毁掉？这将是长期影响你的生活的决定。

25. 知道自己是谁，需要什么。去职业指导中心与咨询师交流你的兴趣、价值、目标、人格、学习风格、优势和职业选择意向。要尊重自己的风格，并创造条件取得成功。

26. 创造性地解决问题。想象一下自己本学期的成功与失败。什么可以帮助你变得更成功？下学期你的新目标是什么？克服困难的创造性想法是什么？如何解决问题，而不是任由问题一直存在？

27. 奉献。寻找可以让你贡献时间和才能的机会。在课堂外做些有意义的事服务于他人，并和学校教育形成互补。

28. 尊重自己与他人。当其他人的观点、做法和你不同时，支持、容忍、尊重他们。了解不同文化与不同观点。尊重自己，扩展友谊，与积极、成功、喜欢学习、支持尊重你目标的人交朋友。

29. 感恩。想一想你生活中拥有的：健康、家庭、朋友和机遇，你有如此多可以帮助你成功的资源。

30. 实践。牛顿第一运动定律指出，物体一旦开始运动，在不受外力作用的情况下，会一直保持匀速直线运动。所以从现在开始，不断向目标前进。

资料来源：摘自《卓越表现——从大学到社会》。

第三节　大学生职业生涯规划书的撰写

一、制订职业规划前需要搞清楚的几个问题

对于那些希望自己的未来有个明确的人生目标，而且也愿意为实现这一目标而努力奋斗的大学生来讲，制订职业生涯规划就是朝着实现这一目标迈开的第一步。但制订职业生涯规划需要遵循一定的原则，这对于自我认知和生涯定位很重要。大学生在制订职业规划前，一般需要搞清如下六个问题。

(1)你是谁(Who are you)？该问题的提出是希望你对自己能有一个比较清醒的认知，这也是一次自我分析的过程。分析的内容包括：个人的兴趣爱好、性格倾向、身体状况、家庭影响、教育背景、专长、过往经历和思维能力等。通过自我反思，列出自己的优点和缺点、特长、性格类型等，并以此为基础做进一步自我评估，目的是对自己有个全面准确的评价和定位。职业生涯规划要求大学生能根据自身的兴趣、特点，将自己定位在一个最能发挥自己长处的职场平

台，这将有利于最大限度地实现自我价值。也就是说，制订职业生涯规划意义不仅在于要适应环境的变化，而且还在于能正确认识自我，寻找努力的方向，在变化的环境中适时地调整自己的坐标，确保将来的职业能顺利发展。

(2)你想要的是什么(What do you want)？大学生制订职业生涯规划实际上就是为自己在未来的职场发展提前绘制出一个比较清晰的愿景蓝图，也就是说，在进行职业生涯规划时，要搞明白自己到底需要的是什么，希望从事何种职业，在目标职业中希望得到什么。该问题的提出是希望你理清自己对职业发展有怎样的心理倾向，实际上也是你对目标职业的展望，包括职业目标、收入目标、学习目标、名望期望和成就期望等。每个人在不同阶段的兴趣和目标并不完全一致，有时甚至是完全对立的。但随着年龄和经历的增长而逐渐固定，并最终锁定自己的终身理想和目标。

(3)你能做什么(What can you do)？该问题需要你做的是对自己的能力与潜力进行全面总结并回答：自己的专业知识和技能专长是什么？能否学以致用等问题。

(4)哪些因素可支持你的生涯选择(What can support you)？此问题需要你回答的是你具有哪些职业竞争优势和能力优势？这些职业优势和竞争力包括了内、外因素对你职业选择的支撑，比如外在因素包括：经济发展、用人单位人事政策、企业制度、职业发展空间等；内在因素包括：你的各种资源，包括家庭、学校、社会的种种关系等。两方面的因素应该综合起来考虑，因为这些因素也许会影响你的职业选择。有时我们在做职业选择时常常忽视对环境的考虑，没有将一切有利于自己生涯发展的因素都调动起来，从而影响了自己未来发展路径的选择。环境既有来自家庭的影响，也有来自社会政治、经济、文化等的影响。比如当前社会、政治、经济发展趋势；社会热点职业门类分布及需求状况；所学专业在社会上的需求形势；自己所选择职业在目前与未来社会中的所处态势；社会发展对个人生涯发展的影响；自己所选择的目标单位在未来行业发展中的变化情况、在本行业中的地位、市场占有率及发展趋势等；对环境影响的分析和对社会发展大趋势问题的认识，有助于自我把握职场需求，使自己的职业选择能紧跟时代脚步。

(5)什么职业最适合你(What career is best for you)？盲目选择目标职业往往会使自己因考虑不周而得不偿失，要知道，最终做出的职业目标选择一定应该是不利条件最少、最适宜自己做的。搞清自己适合从事哪些职业/工作是职业生涯规划的关键和基础。选择看起来最好的并不一定是最合适的自己的，只有选择适合自己各方面条件的职业才是最正确的。

(6)你最后的选择是什么(What is you last choice)？最终选择什么样的目标单位很重要，这将影响你的职业生涯。对目标单位的选择实际是建立在综合分析的基础上，包括预测自己在用人单位内的职务提升路径，个人如何从低到高逐级而上，例如从技术员做起，在此基础上努力熟悉业务领域、提高能力，最终达到技术工程师的理想生涯目标。此外，还需要预测工作范围的变化情况，不同工作对自己的要求及应对措施；预测可能出现的竞争，如何相处与应对，分析自我提高的可靠途径；如果发展过程中出现偏差，如果工作不适应或被解聘，如何改变职业方向。

要回答上述问题，同学们还需要通盘考虑以下几方面的因素。

(1)自己目标职业所处行业的发展阶段。面对各行各业，究竟选择哪一个作为自己的理想职业，不仅取决于自身的偏好与能力，还取决于其行业自身的生命力。因此，在确定职业生涯目标时，一定要考察该行业的生命周期和行业所处的发展阶段。同时，选择职业生涯目标还应善于把握社会发展的脉搏，对社会大环境做出分析。虽不能面面俱到，但也要有一定的广度，包括社会政治、经济的发展趋势，社会热点职业门类的分布和需求情况，自己所学专业在社会上的需求形势，自己所选择的单位在未来发展中的情况及在本行业中的地位、市场占有率和发展趋势等，在此基础上寻求一个符合社会发展潮流、有巨大生命力的职业。

(2)自己的职业性向。所谓职业性向是指一个人所具有的、有利于其在某一职业取得成功的素质之和。它是与职业方向相对应的个性特征，也是指由个性决定的职业选择偏好。一个人如果从事符合自己性向的职业，做事情就容易顺风顺水。比如，在确定职业生涯目标时，最好优先考虑适合自己专业的职业，这样可以免去很多烦恼，不会因为专业与工作不对口等问题而心生烦躁。根据霍兰德的观点，大多数人实际上并非只有一种性向。他认为，这些不同的性向越相似或相容性越强，一个人在职业选择时所面临的内在冲突和犹豫就会越少。如果这些性向是相互对立的，那么在进行职业选择时将会面临较多犹豫不决的情况，这是因为多种性向将会驱使人们在多种不同的职业之间进行选择，结果反而会造成患得患失、举棋不定的局面。

(3)自己的技能(也就是自身的本领，比如专业、爱好、特长等)。在职业生涯目标选择与确定时，一定要看清自己的能力大小，分析自己在能力上的优势和劣势，深入了解自我，根据过去的经验选择，推断未来可能的职业发展方向与机会，并结合自身实力考虑其合理性与成功概率。如果你具有某项突出的技能，而这项技能可以成为自己获得目标职业的竞争优势，或者是能为自己带来较好的收入，那么，做职业生涯规划时就应当将其作为一个重要因素加以考虑。

(4)自己的职业锚。职业锚/动机是职业生涯规划时另一个值得认真考虑的要素。当一个人不得不做出职业选择的时候，在选择过程中无论如何都不应该放弃的至关重要的东西或价值观就是职业锚。职业锚是人们选择和发展职业时所围绕的中心。

(5)自己的职业兴趣。职业兴趣是兴趣在职业方面的表现，是指人们对某种职业活动具有的比较稳定而持久的心理倾向，使人对某种职业给予优先关注，并向往之。职业兴趣是一个人对待工作的态度，表现为有从事相关工作的愿望和兴趣。事实表明，拥有职业兴趣将会增加个人的工作满意度、职业稳定性和职业成就感。在规划职业生涯目标时，职业兴趣是主要动力，只有在自己内心不断涌动的热忱鼓舞下，一个人才能真正热爱自己准备从事的工作。例如：喜欢旅行(适合于经常出差的职业)；喜欢温暖湿润的气候(适合在华南，特别是沿海地区工作)；喜欢自己做出决定(适合自己做老板)；喜欢住在中等城市工作(不愿深陷过度竞争，适合做一些稳定性强的工作)；不想为大公司工作(宁做鸡头不做凤尾)；不喜欢整天坐办公室(不愿意坐班受约束，适合从事与公关、出差、市场开拓等方面的工作)等。

二、职业生涯规划设计的误区

(1)完美计划。“完美计划”的人，会认为职业生涯规划只要按照“通用模板”制订一系列计划，就可以大功告成，全然不考虑现实可行性，也不随着自身和环境的不断变化加以调整。

(2)随心所欲。“随心所欲”的人，大概是我们身边人数最多的一群人了。他们觉得计划没有变化快，一切跟着感觉走。他们觉得只有多尝试，多体验，才有可能知道自己到底想要什么。他们觉得在越来越不确定的时代，任何计划都毫无意义，成功靠的是机遇，凭的是运气。他们觉得机遇不对、运气不好再怎么努力也是白费，还不如享受当下自由自在的生活。

(3)成功励志。“成功励志”人，会以“一切皆有可能”“人人都能成功”作为自己的座右铭。他们特别“虔诚”，投入金钱、时间、精力学习各种成功经验和人生智慧。他们在听各种励志故事时，常常热血沸腾，但事后却无法付诸具体的行动。

(4)他人认同。“他人认同”的人，会把“获得大家认同”放在首位，习惯委屈自己迎合别人的要求，被别人的认同绑架，沦为“为别人的认同而活的工具”。我们可以在一段时间内获得所有人的认同，也可能在所有时间内获得一部分人的认同，但我们永远无法在所有时间内获得所有人的认同，因为每个人的价值观不一样。我们需要脱离他人的认同，学会自己认同。

(5)自我设限。“自我设限”的人，会在心里给自己默认一个“心理高度”，这个“心理高度”会时刻暗示自己只能做到这儿了，再也不可能逾越和突破了。久而久之，人就会变得故步自封，畏首畏尾，失去一个又一个成功的机会。他们不会努力去追求成功，而是不断地降低成功的标准，在心理上给自己一个安慰。他们因为害怕失败，而甘愿忍受平庸的生活。

三、大学生职业生涯规划书的撰写

(一)基本格式

1. A4 纸电子稿件打印，个人留用电子稿件，以便修改使用。
2. 标题依次为：“第一章”“一”“(一)”“1.”“(1)”。
3. 一级标题“第一章”三号黑体，二级标题“一、”四号黑体，三级标题(一)，四级标题“1.”均为小四宋体加粗，以后正文内容字体为宋体小四号。
4. 行间距为 1.5 倍，插入页码。
5. 竖向、左侧装订。
6. 封面形式：字体与字号和图案点缀可自行设计。

(二)主要内容

有志者事竟成

我的职业生涯规划书

姓　　名：________________________

性　　别：________________________

毕业学校：________________________

所在学院：________________________

所在班级：________________________

年　　月　　日

目　录

(一)时间跨度
(二)总目标
(三)分目标
(四)策略和措施
三、长期计划(毕业后二十年)
(一)时间跨度
(二)总目标
(三)分目标
(四)策略和措施
第五章　评估调整
一、评估的内容
(一)职业目标评估
(二)职业路径评估
二、评估的时间
结束语

正文

第一章　自我评估

一、大学生职业发展测评
(一)人格特点
1. 人格测评结果
2. 人格突出特点
(二)职业兴趣
1. 职业兴趣测评结果
2. 职业倾向
(三)职业能力
1. 能力测评结果
2. 能力突出特点
(四)综合职业匹配
二、人格特质测评
(一)气质类型测试
(二)职业性格测试
(三)霍兰德职业倾向测验
(四)职业价值观
(五)MBTI 性格测验
(六)职业技能自我探索练习

第二章　环境分析

一、家庭环境分析

二、学校环境分析

三、社会环境分析

四、职业环境分析

（一）行业分析

（二）职业分析

（三）企业分析

（四）地域分析

第三章　职业定位

一、SWOT 分析

二、确定职业发展目标

（一）我的人生目标

（二）我的职业目标

（三）我的学业目标

第四章　计划实施

一、短期计划（大学）

（一）时间跨度

（二）总目标

（三）分目标

（四）策略和措施

二、中期计划（毕业后的十年）

（一）时间跨度

（二）总目标

（三）分目标

（四）策略和措施

三、长期计划（毕业后二十年）

（一）时间跨度

（二）总目标

（三）分目标

（四）策略和措施

第五章　评估调整

一、评估的内容

二、评估的时间

结束语

(三)职业生涯规划书范本

第一章　自我评估

结合大学生职业发展测评、职业兴趣、气质类型、职业性格、职业价值观和 MBTI 性格探索、霍兰德职业倾向测验等自我探索和职业技能探索练习，对自己进行全方位、多角度、全面规范的自我分析和自我评估。进一步明确：职业兴趣——喜欢干什么；职业能力——能够干什么；个人特质——适合干什么；职业价值观——最看重什么；胜任能力——优劣势是什么等。

一、大学生职业发展测评

通过学校《大学生职业发展测评系统》，获得四个方面的数据资料。

(一)人格特点

1. 人格测评结果

以下各项分数均为在大学生群体常模基础上转换后的标准分，各项因素平均数为 5 分，标准差为 1.5 分。不同得分对应的等级分布情况如下：

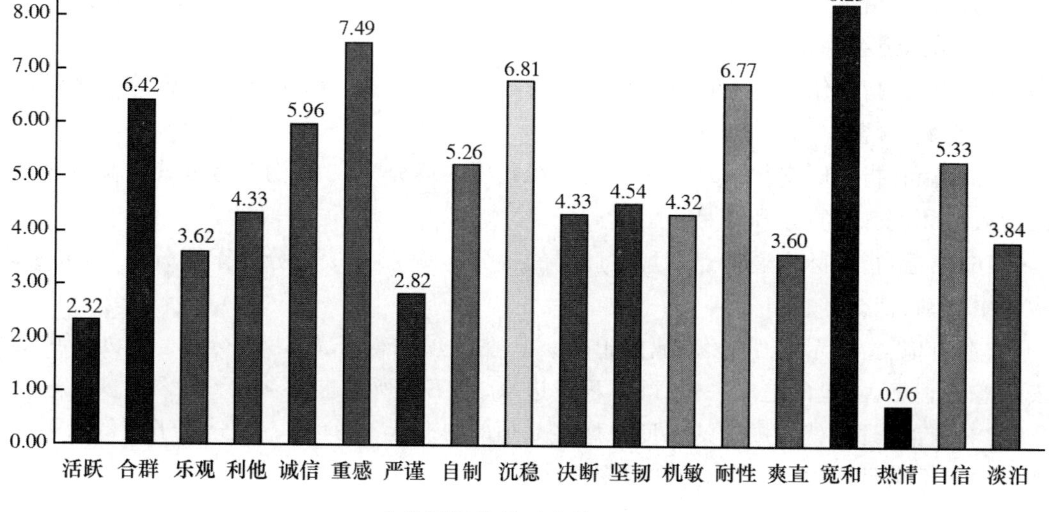

人格测评结果对应关系

1)活跃:指人际交往中的主动性和技巧特点。您在此项的得分为 2.32 分;得分处于低分水平,表示您与人交往中不善言辞、社交场合拘谨、沉默等。

2)合群:指人际交往中的亲和力特点。您在此项的得分为 6.42 分;得分处于高分水平,表示您待人亲切、温和,易于沟通和受人欢迎。

3)乐观:指个体积极乐观的特点。您在此项的得分为 3.62 分;得分处于低分水平,表示您消极和低落。

4)利他:指个体友好和关注他人的特点。您在此项的得分为 4.33 分;得分处于较低水平,表示您较容易迁怒、自私和为达目的不择手段。

5)诚信:指人际交往中的信用特点。您在此项的得分为 5.96 分;得分处于较高水平,表示您人际交往中较诚实、言行较一致和表里较如一。

6)重感情:指对情感联系或利益关系的看重程度。您在此项的得分为 7.49 分;得分处于高分水平,表示您重感情、情感丰富和正直。

7)严谨:指工作态度和自我克制的特点。您在此项的得分为 2.82 分;得分处于低分水平,表示您做事马虎、不切实际、难以合作。

8)自制:指安分、合作的特点。您在此项的得分为 5.26 分;得分处于中等水平,表示您做事安分度一般、合作度一般的特点。

9)沉稳:指做事谨慎沉着的特点。您在此项的得分为 6.81 分;得分处于高分水平,表示您做事小心谨慎和深思熟虑。

10)决断:指决断能力。您在此项的得分为 4.33 分;得分处于较低水平,表示您遇事较犹豫不决、紧张焦虑和较无主见。

11)坚韧:指做事的毅力特点。您在此项的得分为 4.54 分;得分处于较低水平,表示您做事较难以坚持、容易松懈。

12)机敏:指自信、敏锐的特点。您在此项的得分为 4.32 分;得分处于较低水平,表示您较回避困难、遇事退缩。

13)耐性:指情绪控制能力和情绪表现特点。您在此项的得分为 6.77 分;得分处于高分水平,表示您情绪稳定、平和,能够控制自己的情绪。

14)爽直:指情绪表达的特点。您在此项的得分为 3.60 分;得分处于低分水平,表示您情绪表达委婉、含蓄。

15)宽和:指人际交往的基本态度。您在此项的得分为 8.25 分;得分处于高分水平,表示您待人温和、友好、宽厚和知足。

16)热情:指人际沟通特点。您在此项的得分为 0.76 分;得分处于低分水平,表示您人际沟通中被动、拖沓和盲目。

17)自信:指表示对理想、事业的追求。您在此项的得分为 5.33 分;得分处于中等水平,表示您对理想、事业的追求一般,既不积极进取,也不无所追求。

18)淡泊:对成就和成功的态度。您在此项的得分为 3.84 分;得分处于较低水平,表示您工作中较不满足、不断追求卓越和渴望成功。

2.人格突出特点

通过测评,您具有以下人格特点:您待人温和、友好、宽厚和知足;您重感情、情感丰富和正直;但是您人际沟通中被动、拖沓和盲目;您做事马虎、不切实际、难以合作。

(二)职业兴趣

1. 职业兴趣测评结果

以下各项分数均为在大学生群体常模基础上转换后的标准分,各项因素平均数为 5 分,标准差为 1.5 分。不同得分对应的等级分布情况如下:

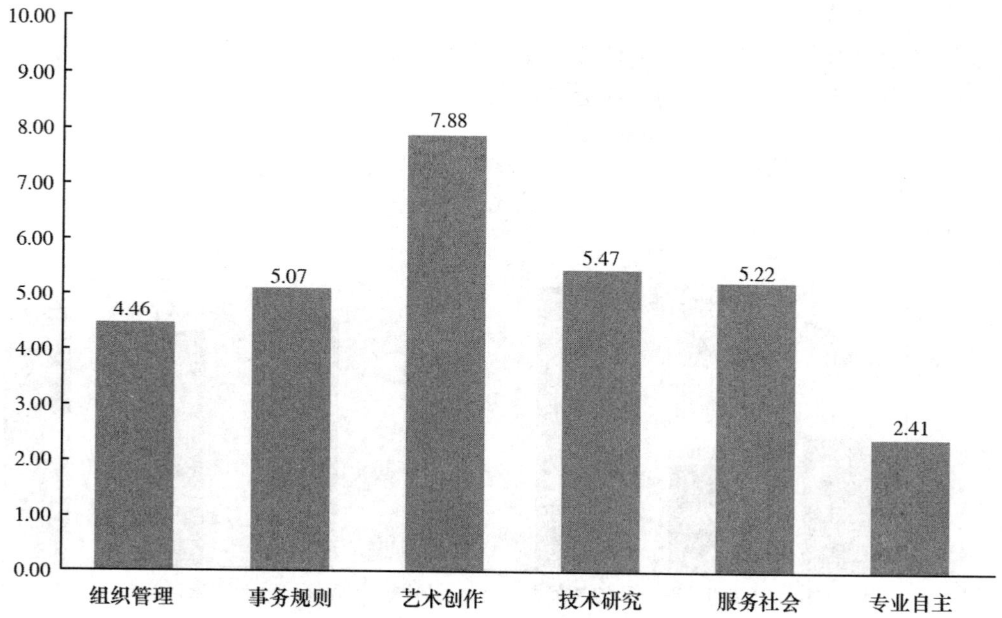

职业兴趣测评结果

1)组织/管理取向:指喜欢从事组织、控制和影响他人的工作,这类人喜欢管理人员的工作,喜欢担任组织、领导的角色,通过权力和非权力影响力来对他人施加影响。您在此项的得分为 4.46 分;得分处于较低水平,表示您在该取向上倾向较不明显。

2)事务/规则取向:此类人喜欢明确、常规性和程序化的工作,他们在工作中通常喜欢有明确的说明和要求,照章办事,通常不喜欢不确定的事情发生。您在此项的得分为 5.07 分;得分处于中等水平,表示您在该取向上倾向不太明显。

3)艺术创作取向:喜欢创新、创造性的的工作,有想象力和创造力,爱好创造新的式样和概念。您在此项的得分为 7.88 分;得分处于高分水平,表示您在该取向上倾向很明显。

4)技术研究取向:偏好对各种现象观察、分析和推理,并进行系统的研究和创新;相对而言,他们更喜欢和理论、数据打交道而不是和人打交道。您在此项的得分为 5.47 分;得分处于较高水平,表示您在该取向上倾向较明显。

5)服务社会取向:这类人喜欢从事传授、培训、教导、治疗、咨询等社会活动或是配合、帮助他人的工作,他们通常能够理解他人的处境,并且有帮助别人的意愿。您在此项的得分为 5.22 分;得分处于中等水平,表示您在该取向上倾向不太明显。

6)专业自主取向:这类人具有一定的专业特长,但不愿意受到过多的约束,一般不愿意在组织中工作,他们喜欢按照自己方式为社会或个人提供服务。您在此项的得分为 2.41 分;得分处于低分水平,表示您在该取向上倾向很不明显。

3. 职业倾向

通过测评,发现您喜欢创新、创造性的的工作,有想象力和创造力,爱好创造新的式样和概念。偏好对各种现象观察、分析和推理,并进行系统的研究和创新;相对而言,您更喜欢和理论、数据打交道而不是和人打交道。

(三)职业能力

1. 能力测评结果

以下各项分数均为在大学生群体常模基础上转换后的标准分,各项因素平均数为5分,标准差为1.5分。不同得分对应的等级分布情况如下:

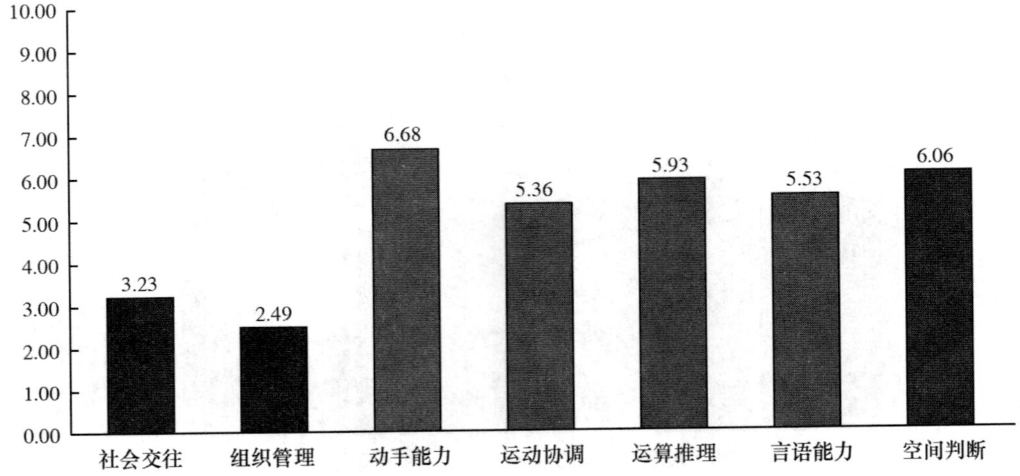

职业能力测评结果

1)社会交往能力:指善于进行人与人之间的相互交往、相互联系、相互帮助、相互作用和影响,从而协同工作或建立良好的人际关系。您在此项的得分为3.23分;得分处于低分水平,表示您不善于协调人际关系,难以建立起良好的工作和人际关系。

2)组织管理能力:指擅长于组织和安排各种活动,以及协调参加活动者之间的人际关系的能力。您在此项的得分为2.49分;得分处于低分水平,表示您缺乏组织协调能力,在活动中不善于协调各方面的关系。

3)动手能力:指手、手指、手腕能迅速而准确地活动和操作小的物体。在拿取、放置、调换、翻转物体时手能做出精巧运动和腕的自由运动能力。您在此项的得分为6.68分;得分处于高分水平,表示您手部可以迅速准确地完成一系列的活动,能使用手指和手腕完成精巧的动作。

4)运动协调能力:指眼、手脚,身体迅速准确地做出精确的动作和运动反应,手能跟随着眼所看到的东西迅速行动,进行正确控制的能力。您在此项的得分为5.36分;得分处于中等水平,表示身体做出精确的动作的能力和运动反应水平一般,手眼配合能力和控制力也一般。

5)运算推理能力:指迅速而准确地运算以及在快速准确地进行计算的同时,能进行推理,解决应用问题的能力。您在此项的得分为5.93分;得分处于较高水平,表示您能较迅速而准确的运算、推理、解决实际问题。

6)言语能力:指对词及其含义的理解和使用能力,对词、句子、段落、篇章的理解能力,以及善于清楚而正确地表达自己的观念向别人介绍信息的能力。您在此项的得分为 5.53 分；得分处于较高水平，表示您有较好的词汇理解能力，较善于表达自己。

7)空间判断能力：指对立体形以及平面图形与立体图形之间的关系的理解能力，包括能看懂几何图形，对立体图形的三个面的理解力，识别物体在空间运动中的联系，解决几何问题。您在此项的得分为 6.06 分；得分处于较高水平，表示您对几何和立体图形有较强的辨识理解力，较善于识别空间运动的物体，善于解决几何问题。

2.能力突出特点

通过测评，发现您具有以下能力特点：您手部可以迅速准确的完成一系列的活动，能使用手指和手腕完成精巧的动作；您对几何和立体图形有较强的辨识理解力，较善于识别空间运动的物体，善于解决几何问题；但是您有较好的词汇理解能力，较善于表达自己。尽管您在某些能力方面比较欠缺，但不用太担心，因为能力是可以根据您今后工作的需要通过您有意识地培养而改变的。

(四) 综合职业匹配

1.综合考虑您的人格、能力和职业倾向，您比较适合下列职业

技能类：从事的工作有一定的技术含量但技术含量较低。如会计、出纳等。

技术类：从事的工作有较高的技术含量。如财务人员、审计师、精算师、统计分析师、采矿工程师、石油工程师、材料工程师、电子工程师、硬件工程师、网络工程师、无线电工程师、通信工程师、数据库管理员、程序员、软件工程师、机械设计、机械工程师、汽车工程师、飞行机械师、电气工程师等。

2.综合考虑您的人格、能力和职业倾向，您从事下列职业比较容易成功

技术类：从事的工作有较高的技术含量。如土木工程师、数据库管理员、程序员、软件工程师等。

(五)建议选择的专业

建筑学、城市规划设计、工业设计、园林规划、机械设计与制造、计算机软件工程、财务会计等专业相关的工作。

二、人格特质测评

在职业生涯规划辅导教师的组织带领下，通过《测试手册》分别进行了气质类型、职业兴趣、职业性格、职业价值观、霍兰德职业倾向的测验，通过 MBTI 性格测验获得自己的 MBTI 性格，通过职业技能自我探索练习了解掌握自己的知识技能、自我管理技能和可迁移技能等，全面了解掌握自己的人格特质。

(一)气质类型测试

通过《气质类型》量表的测试，获得自己的气质类型是：典型胆汁质。这种气质类型对应的适合从事的职业有：______________________________

____

____

____

（二）职业性格测试。

通过《职业性格》量表测试，获得的职业性格类型是：______________。这种职业性格类型适合从事的职业有：____

____

____

（三）霍兰德职业倾向测验

通过《霍兰德职业倾向测验》量表的测试，获得自己的霍兰德职业代码是：______________。这种职业代码对应的职业类型有：____

____

____

____

（四）职业价值观

通过《职业价值观》量表的测试，获得职业价值观突出的表现类型是：________________。按照这种职业性格类型适合从事的职业有：______________________________

____

____

____

____

____

（五）MBTI 性格测验

通过《MBTI 性格测验》量表的测试分析，获得的 MBTI。性格测验职业价值观突出的表现类型是：________________________。按照这种职业性格类型适合从事的职业有：________

____

____

____

（六）职业技能自我探索练习

1. 最重要的五项知识技能：____

____

____

____

2. 最重要的五项自我管理技能：____

____

____

____

____

3. 最重要的五项可迁移技能：____________________

____

____

____

____

____

综合上述各个方面的测试结果，重复性最多的职业类型有：____________________

____

____

____

____

____

根据我的人格特质等因素的分析比较，我需要的职业发目标主要有：____________________

____

____

____

____

____

____

____

第二章　环境分析

对影响职业选择的相关外部环境进行较为系统的分析，可以得出客观职业环境可能给我提供的职业岗位目标。

一、家庭环境分析

如经济状况、家人期望、家庭文化等以及对本人的影响。

二、学校环境分析

如学校特色、优势学科、专业学习、实践经验等。

三、社会环境分析

如就业形势、就业政策、竞争对手等。

四、职业环境分析

(一)行业分析

如××行业现状及发展趋势、人业匹配分析。

(二)职业分析

如××职业的工作内容、工作要求、发展前景，人岗匹配分析。

(三)企业分析

如××单位类型、企业文化、发展前景、发展阶段、产品服务、员工素质、工作氛围等，人企匹配分析等。

（四）地域分析

如××工作城市的发展前景、文化特点、气候水土、人际关系等，人城匹配分析。

根据以上职业环境的因素分析，从我个人成长发展的客观因素来看，客观环境可能允许我从事的职业目标有：____

____

____

____

____

第三章　职业定位

一、SWOT 分析

综合以上两章“第一章　自我分析及第二章　环境分析”的主要内容得出本人职业定位的SWOT分析：

内部环境因素	优势因素(S)	弱势因素(W)
外部环境因素	机会因素(O)	威胁因素(T)

二、确定职业发展目标

根据我的SWOT分析和主观需要的职业目标和客观可能给予的职业目标，进行全面综合分析，然后得出结论：我的职业发展目标是什么？按照重要程度排序。

（一）我的人生目标

也就是我一辈子追求和从事的职业目标。是我最喜欢的、最感兴趣的、最适合的、最有价值的、最能够从事的职业目标。航天航空科学家、企业家、慈善家或大学教授、资深医生、知名律师、县长或县委书记等。

（二）我的职业目标

就是为了实现自己的人生目标而选择并从事的职业目标。是我感兴趣的、能从事的、比较适合和有价值的职业目标。业务员、技术员、工程师、大学教师、医生、律师、公务员等。

（三）我的学业目标

为了实现自己的职业目标以及最终实现自己的人生目标而设计的学业目标。大学生的学业目标主要有：专业目标（选择与职业目标和人生目标相联系或必须的专业进行学习）、升学目标（根据职业目标和人生目标的需要选择最高学业目标——学士、硕士或博士）。

第四章　计划实施

一、短期计划(大学)

(一)时间跨度

大学四年、硕士 3 年和博士。

(二)总目标

北京航空航天大学机械制造专业、工学博士。

(三)分目标

青岛农业大学机械设计与制造专业工学学士,西北工业大学航天工程专业工学硕士。

(四)策略和措施

高考分数不够,没有考取理想的北京航空航天大学,由于家庭经济困难不想复读,因此选择了青岛农业大学机械设计与制造本科专业。因为青岛农业大学本科教学质量高、校风正、学风浓、考研率高,先学好机制专业本科课程,然后考取西北工业大学航天工程专业工学硕士、再考取北京航空航天大学机械制造专业工学博士。为最终实现航天航空科学家的职业目标和人生理想目标。

大学学业目标;这是《规划书》的重点内容,要求详细设计和写作。

二、中期计划(毕业后的十年)

(一)时间跨度

毕业后的 5～10 年

(二)总目标

中国科学院 研究员(高级工程师)

(三)分目标

助理研究员(助理工程师)、实习研究员(工程师)、副研究员(高级工程师、研究员(教授级高级工程师)。

(四)策略和措施

三、长期计划(毕业后二十年)

(一)时间跨度

大学毕业后 20 年

(二)总目标

全国所在领域知名科学家

(三)分目标

科学家、本领域科学家

(四)策略和措施

第五章　评估调整

一、评估的内容

(一)职业目标评估(是否需要重新选择职业?)

假如一直……,那么我将……

（二）职业路径评估（是否需要调整发展方向？）

当出现……的时候，我就……

（三）实施策略评估（是否需要改变行动策略？）

如果……，我就……

（四）其他因素评估（身体、家庭、经济状况以及机遇、意外情况的及时评估）

二、评估的时间

一般情况下，我定期（半年或一年）评估规划；当出现特殊情况和情况发生变化时，我会随时根据评估的实际情况和现实社会客观实际，及时进行相应的调整和补充完善。

结束语

在职业规划辅导老师的指导下，进行全面系统的职业素质测评，科学规范的了解自己的职业性格、职业兴趣、职业能力、职业价值观，认真分析了自己的合理需求，客观地分析了社会职业环境和家庭环境的实际需要，确立了自己的人生目标、职业生涯和学业目标，明确了实现这些目标的具体条件和途径，为自己将来的职业生涯发展奠定的坚实的基础和准备。

社会用人单位选人难与毕业生就业难的矛盾是客观存在的事实，社会人才市场的需求我们不能左右，我们能够做到的就是根据社会用人单位的实际需要和自己的合理需求与个性特点，积极主动尽早地做好准备，努力做到“人有我优，人无我有”。满足社会用人单位对人才的要求，就业、择业、职业和事业必将成为自然的选择。“命运掌握在自己手中”“路是自己一步一步走出来的”“有思路才有出路”“有作为才有地位”。我们要为自己的未来负责任。“纸上得来终觉浅”，我需要现实生活的历练。我对自己与未来充满了信心，只要付出就一定会有收获！

参考文献

[1] 苏文平.大学生职业生涯规划与就业创业指导[M].北京:中国人民大学出版社,2018.

[2] 刘建华,张卫建.大学生职业生涯规划与就业指导[M].北京:科学出版社,2017.

[3] 储克森,姚晓峰.职业生涯规划与就业指导[M].北京:机械工业出版社,2020.

[4] 曲振国.大学生就业指导与职业生涯规划[M].2版.北京:清华大学出版社,2020.

[5] 杨洪,秦晓燕.大学生就业指导[M].北京:人民邮电出版社,2019.

[6] 金树人.生涯咨询与辅导[M].北京:高等教育出版社,2007.

[7] 樊富珉,何瑾.团体心理辅导[M].上海:华东师范大学出版社,2010.

[8] 夏体韬.高职高专大学生心理健康教育[M].北京:中国林业出版社,2021.

[9] 郭立群,张红伟.高校创新创业教育促进高质量就业的理论与实践探索[M].北京:中国农业大学出版社,2022.